Heinz-W. Hammer / Frank Schwitalla

Solidarität – Die Zärtlichkeit der Völker

Heinz-W. Hammer
Frank Schwitalla

Solidarität
—
Die Zärtlichkeit der Völker

20 Jahre
NETZWERK CUBA – Informationsbüro – e. V.

PapyRossa Verlag

Herausgegeben vom
NETZWERK CUBA – Informationsbüro – e. V.

© 2013 by PapyRossa Verlags GmbH & Co. KG, Köln
Luxemburger Str. 202, 50937 Köln
Tel.:   +49 (0) 221 – 44 85 45
Fax: +49 (0) 221 – 44 43 05
E-Mail: mail@papyrossa.de
Internet: www.papyrossa.de

Alle Rechte vorbehalten

Druck: lettero, Rheine

Die Deutsche Bibliothek verzeichnet diese Publikation in der
Deutschen Nationalbibliografie; detaillierte bibliografische
Daten sind im Internet über http://dnb.ddb.de abrufbar

ISBN 978-3-89438-523-1

Inhalt

Kapitel I: »Die wilden Jahre« – 1990-1999

1. Cubas Lage im Jahr 1990 — 7
   »Seien wir Realisten – versuchen wir das Unmögliche!«

2. Die Solidaritätsbewegung macht mobil — 13
   »Vorwärts und nicht vergessen / Worin unsre Stärke besteht! / Beim Hungern und beim Essen / Vorwärts, nie vergessen / Die Solidarität!«

3. Der Internationale Cuba-Kongress am 23. Mai 1992 in Bonn — 16
   »Es gibt nichts Gutes, außer man tut es«

4. Der Grundstein für die Tradition der Fiestas Moncada wird gelegt — 24
   »Kommt an den Tisch unter Pflaumenbäumen …«

5. Die Gründungsphase als Basis für die kommenden Jahrzehnte — 30
   »Die Mühen der Berge haben wir hinter uns, vor uns liegen die Mühen der Ebene«

6. Entwicklung von organisierter Medien- und Öffentlichkeitsarbeit — 44
   »Bei großen Begebenheiten (…) kann der Mensch nicht unterlassen, mit Waffen des Wortes und der Schrift zu kämpfen«

7. Auf die Straße! — 60
   »Keine Atempause – Geschichte wird gemacht…«

8. Granma Internacional. Die Stimme Cubas, endlich auch auf deutsch — 72
   »Konkrete politische Aufgaben muss man in einer konkreten Situation stellen… Es gibt keine abstrakte Wahrheit. Die Wahrheit ist immer konkret«

9. Nationale und Internationale Konferenzen — 79
   »Kein Volk Amerikas ist schwach, denn es ist Teil einer Familie von zweihundert Millionen Brüdern, die das gleiche Elend zu ertragen haben und die gleichen Gefühle hegen, die denselben Feind haben und die alle von einer besseren Zukunft träumen«

10. Die materielle Solidarität / Eine Karawane quer durch die BRD — 101
    »Wahre Freunde erkennt man in der Not!«

11. Förderung der Literatur 120
»Je mehr ich las, umso näher brachten die Bücher mir die Welt,
um so heller und bedeutsamer wurde für mich das Leben«

12. Staffelübergabe 123
»Es gibt kein Monopol auf Solidarität«

Kapitel II: »Und es geht weiter...«

1. Konsolidierung und neue Herausforderungen 1999-2012 128
»Wenn wir nicht verstehen zu lernen, dann werden wir niemals zu überleben lernen«

2. Kubanisch-europäische Perspektiven 130
Internationaler Kuba-Solidaritätskongress 23./24.6.2001, Berlin
»Die Nacht kann noch so dunkel sein, aber es gibt immer den Moment
des Morgengrauens, bis zum endgültigen Sieg«

3. Der Kampf für die Befreiung der Cuban 5 133
»Solidarität ist die Zärtlichkeit der Völker«

4. 10. Jahrfeier des NETZWERK CUBA 31.5.2003 135
»Jede Reise, so kurz sie auch sei, beginnt mit einem ersten Schritt«

5. Büro Buchmesse Havanna 137
»Lesen ist wachsen – leer es crecer«

6. Vom Netzwerk mitorganisierte Veranstaltungen 146
»Das Problem liegt schon nicht mehr in den Lügen, die sie aussprechen. Das können
wir nicht vermeiden. Was wir heute betrachten ist, wie wir die Wahrheit sagen«

7. Veranstaltungen in Havanna 158
»Die Grenzen verlaufen nicht zwischen den Völkern,
sondern zwischen Oben und Unten«

8. »Gemeinsam sind wir stärker« 169
Teilnahme des NETZWERK CUBA an anderen Veranstaltungen

9. Teilnahme/Organisation von Demonstrationen, Mahnwachen etc. 173
»Wer kämpft, kann verlieren, wer nicht kämpft, hat schon verloren«

10. Europatreffen der Cubasolidarität 2012 in Berlin 9.11.-11.11.2012 186
»Mit großer Hoffnung in die Jugend und darin, dass die Welt weiter existiert«

Anmerkungen 198
Autoren und Kontakt 247

Kapitel I: »Die wilden Jahre« – 1990-1999

1. Cubas Lage im Jahr 1990

> »Seien wir Realisten – versuchen
> wir das Unmögliche!« (Che)

Seit 1989 unterlag das sozialistische Cuba durch den Verrat der Konterrevolution in den ehemals sozialistischen Ländern Mittel- und Osteuropas, vorneweg durch die Jelzin-Clique, plötzlich einer doppelten Blockade.

Die seit 1960/61 bis heute andauernde umfassende Wirtschafts- Handels- und Finanzblockade durch die USA und ihre wichtigsten Partner (BRD, EG u.a.) wurde nun katastrophal verschärft durch den Umstand, dass buchstäblich über Nacht 85% der Außenhandelspartner wegfielen.

In dieser Situation saßen die Contras in Miami bereits auf gepackten Koffern und warteten auf die sich in ihren Augen endlich ergebende Möglichkeit des Einmarsches nach Cuba, um mit Machete und MG Revanche zu üben.

Vergegenwärtigen wir uns noch mal die Dramatik jener Jahre. In seiner historischen Rede zum **30. Jahrestag der Gründung der Komitees zur Verteidigung der Revolution im Theater »Karl Marx«, am 28. September 1990** analysierte der Comandante en Jefe Fidel Castro die entstandene Situation und führte u.a. aus:

> *»Eines dieser Länder, mit dem wir sehr enge Beziehungen hatten, ist sprichwörtlich schon verschwunden: die DDR. Am 3. Oktober, d.h. in fünf oder sechs Tagen, wird sie Teil des vereinigten Deutschlands. In anderen Ländern ist man dabei, beschleunigt und unverhüllt den Kapitalismus aufzubauen, so daß unser Land von einem Tag zum anderen die Stützpfeiler verlor, die die Wirtschaftsabkommen mit vielen dieser Länder des sozialistischen Lagers für uns bedeuteten. Andere kämpfen noch darum, inmitten sehr großer Schwierigkeiten möglichst viele der sozialen Errungenschaften zu bewahren, denn all diese Probleme wirken sich auch auf sie aus. Es bleibt die UdSSR. Wenn ich*

sage: die Länder Osteuropas, meine ich nicht die UdSSR, die gehört für mich in ein anderes Konzept, in eine andere Kategorie. Aber die UdSSR durchläuft eine tiefgehende politische, wirtschaftliche und soziale Krise – das ist nichts Neues, wir wissen das alle durch die Pressenachrichten –, und die UdSSR war von allen Stützpfeilern der festeste Stützpfeiler unserer wirtschaftlichen und sozialen Entwicklung. Mit Hilfe der UdSSR waren wir dabei, ein Kernkraftwerk zu bauen das vier Reaktoren mit 400.000 Kilowatt haben sollte. Der Bau von zweien ist weit fortgeschritten. Wie sehr fehlen uns jetzt diese zwei Reaktoren! Aber ihre Fertigstellung ist nicht durch unsere Schuld verzögert worden. Wann werden sie fertig sein? Wir wissen es nicht. Werden sie je fertig werden? Nicht einmal das wissen wir. Zusammen mit der UdSSR bauten wir eine große Anlage zur Produktion von Nickel in Moa, zusammen mit der UdSSR und anderen sozialistischen Ländern haben wir ein ähnliches Nickelwerk in Camarioca gebaut; mit der UdSSR haben wir große Thermo-Kraftwerke gebaut, und zum Teil bauen wir sie noch immer; zusammen mit der UdSSR haben wir den ersten Bauabschnitt der Erdölraffinerie in Cienfuegos fertig gestellt. Das sind riesige Investitionen. Ich muß erwähnen, daß das Land in das Nickel-Werk in Moa, das jetzt wegen des Kraftstoffmangels stillgelegt wurde, ungefähr eine Milliarde investiert hat, Zehntausende von Tonnen Maschinenmaterial sind dort montiert worden; Tausende von Wohnungen sind gebaut worden, ein hochmodernes Krankenhaus steht dort kurz vor seiner Fertigstellung. Man hat Straßen gebaut, Stauseen, Geschäfte, Versorgungseinrichtungen, man hat alles im Hinblick auf die Entwicklung der Nickelproduktion in dieser Gegend erstellt. Der erste Bauabschnitt der Erdölraffinerie wurde jetzt fertig gestellt, um 3 Millionen Tonnen zu verarbeiten, und sie kann jetzt nicht einmal mehr in Gang gesetzt werden. In das Kernkraftwerk haben wir viele Jahre lang die Arbeit von mehr als 10 000 Männern investiert, und sein Schicksal ist in diesem Augenblick völlig ungewiß.

(...)

Es ist eine Schande, daß wir erleben können, zu welchem Extrem der Imperialismus gelangt ist, daß er die UdSSR bittet, bitte sehr, dabei zu helfen, die kubanische Revolution zu zerstören; daß er die UdSSR bittet, daß sie sich, bitte sehr, der Blockade der Vereinigten Staaten gegen Kuba anschließen möge. Denn diese Blockade, die zum Teil für die engen Beziehungen zwischen dem sozialistischen Lager und Kuba und zwischen der UdSSR und Kuba verantwortlich war, gibt es zu dieser Stunde noch immer, diese Blockade besteht weiterhin gegenüber unserem Land, und sie ist härter und unbarmherziger als je zuvor. Und jetzt bitten die Vereinigten Staaten, die nicht in der Lage waren, uns zu besiegen, die uns nicht zerstören konnten, die UdSSR, daß sie sich der Blockade der Vereinigten Staaten gegen Kuba anschließt.

(...)

KAPITEL I: »DIE WILDEN JAHRE« – 1990-1999

Darin liegt die Hoffnung der Imperialisten. Heute besteht ihre größte Hoffnung darin, daß die Lage für uns aufgrund der Situation in Osteuropa und der UdSSR so schwierig wird, daß wir keinen Widerstand mehr leisten können, das ist ihre Hoffnung und auch die Hoffnung des konterrevolutionären Gewürms in Miami. Die sitzen schon seit geraumer Weile auf gepackten Koffern und machen alle möglichen Dinge. Es gibt Umfragen und Studien darüber, was sie machen und wie sie es machen werden, wenn sie an die nachrevolutionäre Zeit denken, zweifellos wäre ihr wichtigstes Anliegen, dieses Land in ein zweites Miami und in eine einzige Spielhölle zu verwandeln, in etwas noch Schlimmeres als etwa Puerto Rico. Das sind ihre Träume. Natürlich rechnen sie nicht mit uns, sie machen sich Illusionen, aber ihre Illusionen hängen mit diesen Problemen und dieser Situation zusammen.
(...)
Die Ausnahmeperiode, von der man jetzt spricht, entsteht als Konzept angesichts dieser Probleme, über die ich gesprochen habe; angesichts der Probleme, die in Osteuropa und der Sowjetunion aufgetaucht sind, es ist der Gedanke einer Ausnahmeperiode zu Friedenszeiten, und wir sind zweifellos schon dabei, in diese Ausnahmeperiode zu Friedenszeiten einzutreten. Es ist nahezu unvermeidlich, daß wir diese Ausnahme-Periode mit aller Härte in Friedenszeiten auf uns nehmen müssen, daß wir durch diese Prüfung hindurch müssen.
(...)
Es gibt eine Reihe von Maßnahmen, die wir ergreifen werden. Es ist tatsächlich so, daß wir die Anordnung gegeben haben, keine neue Sozialeinrichtung mehr zu bauen. Wir wollten neue Schulen bauen um die Altbauten in Havanna zu ersetzen, das Programm für Sonderschulen und Polikliniken haben wir bereits abgeschlossen; wir haben ein Programm für Kindergärten durchgeführt und fast 120 Kindergärten gebaut. Im Moment sind diese Programme gestoppt; sie sind uns sehr viel wert, sind sehr human, aber im Augenblick stellen sie keine elementare Notwendigkeit dar. Wir haben sogar vorgeschlagen, in der Stadt keine neuen Wohnungsbauten mehr zu beginnen. Aber es wird natürlich die Politik verfolgt alles, was sich im Bau befindet, weiterzubauen und fertig zu stellen, d. h., wenn sich irgendwo im Lande noch ein Kindergarten oder eine Schule im Bau befinden, dann werden sie auch fertig gebaut. Wir werden also keine andere Alternative haben, als die Sozialprogramme für ein paar Jahre zu opfern; aber ich kann Euch versichern Genossen, auch wenn wir kein einziges neues Krankenhaus mehr bauen – die im Bau befindlichen werden natürlich fertiggestellt – werden wir in fünf Jahren im Gesundheitswesen noch immer eines der ersten Länder sein, denn wir werden weiter Ärzte ausbilden und wir werden weiter vorankommen. Logischerweise werden die Universitäten nicht geschlossen, wir halten es nicht für notwendig, die

übrigen werden weiter Erfahrungen sammeln, aber wir werden keine neuen Sozialprogramme beginnen.

(...)

Aber, Genossinnen und Genossen, da ist noch ein Gedanke, von dem ich möchte, daß er Euch sehr deutlich wird. Nur ein sozialistisches System kann solche Schwierigkeiten verkraften, nur ein sozialistisches System! In einem kapitalistischen System hätte man das Problem mit der Elektrizität so gehandhabt: Man hätte den Preis um das doppelte oder dreifache erhöht und kein Wort weiter darüber verloren. All diejenigen, die ein geringes Einkommen haben, die Ärmsten, müssen halt ohne Strom auskommen und damit Schluß. Nur eine sozialistische Gesellschaftsordnung ist in der Lage, solch ein Problem auf andere Art und Weise in Angriff zu nehmen, die Elektrizität rationell einzusetzen, sie muß dieses Problem nicht über Preise lösen. Wenn wir 20 oder 25 Centavo pro Kilowatt festlegen würden, würden sehr viel mehr Kilowatt eingespart werden, da könnt Ihr sicher sein, aber diejenigen, die darunter leiden würden, die davon betroffen sein würden, denen es an den Kragen ginge, das wären die Arbeiter, die ärmste Schicht des Volkes; sie würden darunter leiden.

(...)

Kein einziger Bürger – und das ist ein Charakteristikum unseres Sozialismus, unseres Gesellschaftssystems – wird schutzlos dastehen, kein einziger Bürger wird im Stich gelassen werden. Wir fordern den Kapitalismus auf, das Problem doch auch auf diese Art zu lösen, Schwierigkeiten wie diese doch auch auf die gleiche Art zu bewältigen.

(...)

Jetzt wird von unserem Land eine außerordentliche internationalistische Mission verlangt: die Revolution in Kuba zu retten, den Sozialismus in Kuba zu retten! Und darin wird der größte internationalistische Dienst liegen, den unser Volk der Menschheit erweisen kann (...)«[1]

Bei der **Abschlussveranstaltung des XVI. Kongresses der Konföderation Kubanischer Arbeiter (CTC)** im Theater »Karl Marx« am **28. Januar 1990** war Fidel bereits speziell auf die Entwicklungen in den ehemalig sozialistischen Länder Europas eingegangen:

»Jahrzehntelang basierten unsere Programme, unsere Jahres- und Fünfjahrespläne auf der Existenz eines sozialistischen Lagers, außer auf der Sowjetunion, auf der Existenz zahlreicher sozialistischer Länder in Osteuropa, mit denen wir Abkommen, Verträge abgeschlossen und enge wirtschaftliche Beziehungen aufgebaut haben. Wir konnten für unsere Produkte auf sichere Märkte zählen, auf Lieferanten wichtiger Ausrüstungsgegenstände und zahlreicher Waren, wir unternahmen Anstrengungen in diese Richtung, An-

strengungen, um unsere Wirtschaft zu integrieren und zu vervollständigen, und dieses sozialistische Lager besteht heute politisch praktisch nicht mehr. Sollen wir uns selbst betrügen oder sollen wir unseren Pionieren sagen, daß dieses sozialistische Lager noch besteht, und daß in diesen Ländern alles wunderbar läuft?
Wir müssen diese Länder irgendwie benennen. Wenn wir sie Länder des sozialistischen Lagers nennen, geschieht das, um nicht noch ein Wort hinzuzufügen und zu sagen: Länder des ehemaligen sozialistischen Lagers. Ein wirklich sozialistisches Lager wäre eine integrierte Gruppe von Ländern, die bestimmte politische Positionen gemein haben, Entwicklungsprogramme, mit langfristigen Perspektiven der Zusammenarbeit. Der Rat für Gegenseitige Wirtschaftshilfe (RGW) besteht fort – Gott, bewahre mich davor zu sagen, daß er nicht mehr besteht, wenn ich mir Carlos Rafael in jener Ecke des Präsidiums vorstelle –; nein, der RGW besteht fort, formal besteht er fort
(...)
Aber sehen Sie, natürlich gibt es Veränderungen im RGW, z. B. daß man es gewohnt war, die auf der Versammlung Anwesenden mit »Genossen« anzusprechen, dieser Terminus »Genosse« wurde von einer ganzen Reihe der Mitglieder schon abgeschafft, die, wenn sie die Rede an die anderen richten, nun nicht mehr »Genossen« sagen, sondern die sagen: Herren, Damen und Fräulein – wenn es dort eines gibt – (Lachen und Beifall), die Terminologie ändert sich.
Einige dieser Länder haben sich zu dem Ziel bekannt, den Kapitalismus aufbauen zu wollen, in einigen ist man schon dabei, den Kapitalismus aufzubauen, und in den meisten dieser Länder gibt es starke pro-kapitalistische Strömungen. Man spricht dort viel von Privateigentum und Marktwirtschaft. Bringen Sie Privateigentum und Marktwirtschaft zusammen und es wird Kapitalismus herauskommen, oder zumindest ein Prozeß des Aufbaus des Kapitalismus. In einigen dieser Länder hat man das offen erklärt, und dort befinden sich auch die nordamerikanischen Berater, um den Aufbau des Kapitalismus zu fördern.
(...)
Und die Verwirrung ist dergestalt, daß man vom Sozialismus sogar dort spricht, wo ausschließlich der wildeste und herausforderndste Kapitalismus herrscht. Es handelt sich um eine Verkleidung, um ein Feigenblatt. Wie kann man in einigen Ländern Osteuropas noch vom Sozialismus sprechen, wenn sie die Fahnen des Antikommunismus hissen? Wo der Kommunismus sich den Haß der Reaktion gerade deshalb zuzog, weil er das Privateigentum abschaffen wollte? Wen können sie mit diesen Märchen täuschen? Und das nimmt zu, die antikommunistischen Tendenzen gewinnen immer mehr an Boden. Der Antikommunismus stand immer auf den Fahnen des Faschismus.
(...)

> *Wir wissen nicht, welche Regierungen diese Länder haben werden, wir wissen nicht, wer dort im Jahre 1990 an der Regierung sein wird. Wir hoffen, daß 1990 einige der auf der Basis vorheriger Pläne bestehenden Handelsverträge erfüllt werden, aber wir haben keine Sicherheit und können auch keine haben. In einigen dieser Länder gab es so viel Unordnung, Streiks, Unruhen und Produktionsstillstände, daß wir nicht einmal wissen, ob wir die Produkte, die wir traditionell in der Vergangenheit erhielten, auch weiterhin bekommen werden. Das gilt für 1990! Und was ist mit dem Jahr 1991? Könnt Ihr Euch vorstellen, auf welcher Basis der Fünfjahresplan für 1991-95 erstellt werden soll?*
> *(...)*
> *Wenn uns die Nachrichten über die Stabilisierung der Sowjetunion erreichen, ist es logisch, daß wir zutiefst besorgt sind; wenn uns Nachrichten erreichen, die auf die eine oder andere Weise die Integrität der Sowjetunion bedrohen, ist logisch, dass wir zutiefst besorgt sind, wenn uns Nachrichten über innere Konflikte in der Sowjetunion erreichen, ist es logisch, daß wir zutiefst besorgt sind; wenn uns Nachrichten darüber erreichen, daß sich Teile der Sowjetunion von ihr lösen wollen, ist es logisch, daß wir zutiefst besorgt sind, und daß wir die große Bedeutung sehen, die die Integrität der Sowjetunion für uns und die Welt hat, weil wir die Gefahren, die sich daraus ergeben können, daß sich nationalistische Bewegungen aller Art entwickeln, sehr klar sehen, das wäre wirklich ein großes Risiko für die Integrität der Sowjetunion.*
> *(...)*
> *Es gibt ein weiteres Phänomen: Innerhalb der Sowjetunion entstehen Strömungen, die gegen die Art von Wirtschaftsbeziehungen sind, wie sie gegenwärtig zwischen der Sowjetunion und Kuba bestehen. Das kann man in einer gewissen Presse, in einigen ungerechten, zutiefst ungerechten Artikeln nachlesen, die eine Meinungskampagne gegen die wirtschaftlichen Beziehungen zwischen Kuba und der Sowjetunion beginnen.(...)«*[2]

Hierzulande, mit der Konterrevolution »im eigenen Haus«, wurde das revolutionäre Cuba selbst von wohlmeinenden Menschen »abgeschrieben«. Aktivisten der Cuba-Solidaritätsbewegung wurden auch in »linken Zusammenhängen« immer wieder gefragt: *»Na, was meinst Du – Wie lange wird Cuba wohl noch standhalten?«*

Unsere Standard-Antwort darauf lautete: *»Die Frage ist falsch gestellt. Es muss heißen: Was können wir tun, damit Cuba standhalten und als revolutionäres Subjekt überleben kann?«* In seiner o. g. Rede am 28. Januar 1990 war Fidel auch auf das Thema der Internationalen Solidarität eingegangen und hatte u. a. angemerkt:

> *»Aber nicht nur die Feinde, auch viele Freunde auf der Welt sind besorgt, ernsthaft be-*

> *sorgt wegen dieser Situation, wegen der Probleme, die Kuba daraus entstehen können, und sie fragen sich: Wie werden sie durchhalten können? Das fragen sich diejenigen, die wirklich wollen, daß wir durchhalten; es fehlen auch nicht die, die uns fast ihr Beileid aussprechen, einige, die uns lebend beweinen und einige, die glauben, daß die Revolution hier genauso in sich zusammenfallen könnte, wie andere politische Prozesse in den letzten Monaten in sich zusammengefallen sind.«*

2. Die Solidaritätsbewegung macht mobil

> *»Vorwärts und nicht vergessen / Worin unsre Stärke besteht! / Beim Hungern und beim Essen / Vorwärts, nie vergessen / Die Solidarität!« (Bert Brecht)*

In dieser dramatischen Situation stellte sich also für die Freundinnen und Freunde Cubas weltweit die Frage, was denn wie zu tun sei. Und die Zeit arbeitete zunächst für die Feinde der Revolution.

In der Bundesrepublik gab bzw. gibt es seit 1974 die Freundschaftsgesellschaft BRD–Kuba e. V. (FG) als älteste und größte Cuba-Solidaritätsorganisation mit zahlreichen Regionalgruppen, heute naturgemäß vor allem in Westdeutschland. Darüber hinaus hatten sich aber auch andere Gruppen, die aus anderen Zusammenhängen stammten, die sich bspw. aus beruflichen und anderen Gründen (aus dem Gesundheitswesen z. B. der »Gesundheitsladen Berlin e. V.«; zur technischen Unterstützung das »Pro Cuba – Komitee« Berlin) neu für Cuba einsetzten, bisher erstrangig mit anderen Ländern des Trikont solidarische Gruppen (bspw. »Taller de la Solidaridad« Darmstadt aus der Nicaragua-Solidarität), die »Barrel-Öl-Kampagne« und andere mehr dieser Frage gestellt. So kam es zu einem ersten Treffen von interessierten Gruppen im Mai 1991 in Leipzig.[3] Die FG und ihr Bundesvorstand waren damals klug genug, hierbei keine »Konkurrenten« auszumachen, sondern erkannten die Möglichkeit, die Cuba-Solidaritätsbewegung substantiell zu verbreitern und zu vergrößern. Dabei brachte die FG ihre langjährigen Erfahrungen und Kompetenz ohne jegliche »Vormachtbestrebungen« in das sich neu entwickelnde Bündnis ein.

Das zweite Treffen dieser Art fand, organisiert von der bisher in der Nicaragua-Solidarität sehr aktiven Gruppe Taller de la Solidaridad, vom 31.01 – 02.02.1992 in Darmstadt statt. Hieran nahmen, wie es in einem Bericht der Veranstalter (veröffentlicht in der FG-Verbandszeitschrift »cuba libre« Nr. 1/92, April 1992) heißt, bereits »*30 Solidaritätsgruppen unterschiedlicher Strömungen mit ca. 130 Personen teil.*«[4]

Von allen Bundestreffen wurden nicht nur Berichte in den »cuba libre« und späteren NCN veröffentlicht, sondern auch mehrsprachige Berichte an internationale Solidaritätsorganisationen versandt.

In den ersten Jahren nahmen an diesen Treffen regelmäßig zwischen 200 und 260 Menschen teil. Diese Zahl reduzierte sich mit den Jahren auf durchschnittlich 100 Teilnehmerinnen und Teilnehmer. Beim X. Bundestreffen in Düsseldorf nahmen rund 50 Personen teil. Da der organisatorische Aufwand bei solchen Teilnahmezahlen (deren Ursachen sehr breit gefächert waren) nicht mehr zu rechtfertigen war, wurden die Bundestreffen in der bisherigen Form eingestellt.[5]

In dem Bericht von Taller von 1992 wird einleitend die Motivation dieser und der dann folgenden Bundestreffen auf den Punkt gebracht:

> *Neben dem Wunsch die gegenwärtigen Prioritäten in der Solidaritätsarbeit mit und für Cuba herauszuarbeiten, standen als weitere Diskussionspunkte Fragen zum intensiven Erfahrungs- und Informationsaustausch sowie zur effektiveren Koordinierung der praktischen Zusammenarbeit zwischen den Solidaritätsgruppen auf dem Programm.«*

Um diesem Ziel nahe zu kommen, wurden bei den Bundestreffen grundsätzlich

26.05.1995, V. Bundestreffen, Darmstadt

themenbezogene Arbeitsgruppen eingesetzt. Dabei wurde in der Tat ergebnisorientiert gearbeitet, es ging also tatsächlich niemals um deklamatorische, sondern sehr praktische Zielsetzungen. Dieser **Graswurzelcharakter** ist **DAS** entscheidende Gründungselement des späteren NETWERK CUBA – Informationsbüro – e. V.

Bei diesem Darmstädter Treffen wurde in der AG Öffentlichkeitsarbeit erstmals ein Vorschlag entwickelt, der eine ganz neue Qualität beinhaltete und in dem o. g. Artikel dokumentiert ist:

> *»Aus der Frage heraus, wie Informationen zu Cuba und über die Solidaritätsarbeit optimal gesammelt, organisiert und verbreitet werden können, wurde die Gründung einer zentralen Informationsstelle vorgeschlagen. In diesem Zusammenhang regten verschiedene Teilnehmerinnen an, bereits vorhandene Strukturen der FG BRD–Kuba, insbesondere die »Cuba Libre« dafür zu nutzen. Aufgrund der besonders kritischen Situation, die für dieses Jahr zu erwarten ist, und des gegenwärtig negativen Bildes Cubas in den meisten Medien, diskutierte die Arbeitsgruppe über die Gestaltung eines Kongresses mit internationaler Beteiligung als Gegenöffentlichkeit. Interessierte, die den Kongreß mit vorbereiten oder sich beim Aufbau einer Informationsstelle beteiligen wollen, wenden sich an (...)«*

Während es heute kaum vorstellbar ist, die nationale und internationale Kommunikation ohne Nutzung der elektronischen Medien zu betreiben, war dies damals Neuland, weshalb, quasi als »Histörchen« auch folgende Anregung zitiert werden soll:

> *»MAILBOX – Die Informationsübermittlung von und nach Kuba mithilfe einer Mailbox. Vorgestellt wurde von einem Teilnehmer die Funktionsweise einer Mailbox, an der bereits schon 200 Teilnehmer in Havanna angeschlossen sind sowie einige Presseagenturen und die von verschiedenen linken Gruppierungen als schnelle und billige Möglichkeit des Informationsaustausches genutzt wird. Dies wurde auch sofort ausprobiert und eine Solidaritätsadresse an das kubanische Volk und Fidel nahm sofort nach Abstimmung den schnellen Weg nach Havanna.«*

3. Der Internationale Cuba-Kongress am 23. Mai 1992 in Bonn

»Es gibt nichts Gutes, außer man tut es«
(Erich Kästner)

Doch zurück zur Initiative für die »*Gründung einer zentralen Informationsstelle*« und der Durchführung »*eines Kongresses mit internationaler Beteiligung*«: Diese Vorschläge wurden im Abschlussplenum mit überwältigender Mehrheit angenommen. Die endgültige Entscheidung sollte in einem für alle Interessierten offenen Trägerkreis getroffen werden. Bei dessen erstem Treffen am 14.03.1992 einigten sich die Teilnehmenden in Frankfurt/M. nach fünfstündiger Debatte darauf, dass dieser Kongress stattfinden sollte und beschlossen ein entsprechendes inhaltliches und organisatorisches Konzept. Am 29.03.1992 fand in Bonn das nächste Treffen statt, um in ergebnisorientierter Debatte weitere Details festzulegen (Aufruftext, Übersetzungen, Medienarbeit, Unterstützungsunterschriften, Plakat, Flugblätter, Entwurf einer Abschlusserklärung usw.). Weitere Treffen fanden am 03.05.1992 und schließlich am 22.05.1992 jeweils in Bonn statt. Das Auswertungstreffen folgte am 13.06.1992 in Frankfurt/M.

Das alles funktionierte keinesfalls durchweg reibungslos, schließlich taten sich hier Gruppen zusammen, die vorher noch nie so intensiv zusammen gearbeitet hatten. Dennoch war die Zusammenarbeit von Solidarität und gegenseitigem Re-

Quelle: »Reader zum Cuba-Kongreß«

KAPITEL I: »DIE WILDEN JAHRE« – 1990-1999

Quelle: »Reader zum Cuba-Kongreß«

spekt geprägt, wie Dorothee Piermont, damals Europaabgeordnete der Partei *Die Grünen*, die federführend und maßgeblich am Erfolg des Kongresses beteiligt war, in ihrem Rechenschaftsbericht vom 23.06.1992 treffend festgestellt hat:

> *»Inzwischen liegt der Kongreß bereits einen Monat zurück. Mit der Abwicklung von Kongress und Broschüre ist meine in Frankfurt gegebene Zusage, daß für die Vorbereitung und Durchführung des Kongresses mein Büro und ich zur Verfügung stehen würden, erfüllt. Seine Ergebnisse und Auswirkungen stellen sich für mich wie folgt dar:*
> - *Der Cuba-Solidaritätsbewegung ist es durch die gemeinsame Arbeit gelungen, sich mit der Abschlußerklärung eine tragfähige, inhaltliche Plattform zu erarbeiten, auf deren Grundlage weiter gearbeitet werden kann und muß. Das bedeutet einen wichtigen Schritt für die Realisierung einer Infostelle.*
> - *Die Zusammenarbeit im Trägerkreis war ausgesprochen konstruktiv und gut, eine gute Voraussetzung für die weitere Zusammenarbeit.*
>
> *Bereits jetzt ist deutlich (Anrufe, Briefe, wachsende Zahl von Veranstaltungen), daß die Vorbereitungsphase und der Kongreß selbst einen Mobilisierungsschub für die Solidarität mit Cuba bewirkt haben (...)«*

Das Zustandekommen wurde oben bereits erläutert. Es muss an dieser Stelle nochmals hervorgehoben werden, dass die Vorbereitung des Kongresses durch ein

Quelle: »Reader zum Cuba-Kongreß«

KAPITEL I: »DIE WILDEN JAHRE« – 1990-1999

durchaus heterogenes Bündnis in nur rund 2 Monaten mit 4 Sitzungen quasi »aus dem Boden gestampft« wurde.[6]

Der Erfolg des Kongresses war überwältigend. Trotz hochsommerlichen Temperaturen nahmen ausweislich der verkauften Eintrittskarten 1.150 Menschen an der neunstündigen Veranstaltung teil.

Als Rednerinnen und Redner traten auf:
- Dorothee Piermont, MdEP (Eröffnungsrede und inhaltliches Referat);
- Janey Buchan, MdEP, Großbritannien;
- Irma Barrera, Abgeordnete der cubanischen Nationalversammlung;
- Frei Betto, Befreiungstheologe, Brasilien;
- Teresa Gutierrez, »International Peace for Cuba Appeal«, New York/USA;
- Hugo Díaz, Kommission zur Verteidigung der Menschenrechte in Zentralamerika (CODEHUCA) San José/Costa Rica;
- Hermann Verbeek, MdEP Niederlande;
- Ulrich Bojé, Solidaritätsbewegung mit Nicaragua und Cuba, Berlin;
- Rosario Navas Morato, Botschafterin der Rep. Cuba in Luxemburg, Belgien und bei der EG in Brüssel;
- Daniel Flakoll Alegría, Journalist und Professor an der Universität von Managua/Nicaragua;
- Heinz Dieterich, Professor für Soziologie an der Universidad Autónoma Metropolitana in Mexico Stadt;
- Roberto Robaina, Vorsitzender des UJC, Cuba

Grußbotschaften lagen vor von:
- 16 Europa-Abgeordneten der Labour-Partei in Großbritannien;
- 32 anwesenden Lateinamerikaner/innen aus Argentinien, Bolivien, Brasilien, Chile, Cuba, Ecuador, Kolumbien, Mexico, Nicaragua und Peru

sowie von den Organisationen:
- Amistad Luxemburgo–Cuba a.s.b.L, Luxemburg;
- Asociación de Amistad Suiza–Cuba, Genf;
- DKP, Deutsche Kommunistische Partei Frankfurt;
- Deutsche Postgewerkschaft, Ortsverwaltung Kiel;
- DGB-Kreisjugendausschuß Kiel;
- Devrimci Isci Hannover;
- Devrimci Sol Gügler Movimiento Revolucionario Tupac Amaru de Peru;
- Nicaragua-Solidaritäts-Brigaden der IG Metall;
- PDS, Partei des Demokratischen Sozialismus, Berlin;

- Peru-Gruppe Hamburg;
- Sozialistische Partei der Türkei, Europäische Vertretung;
- Tedkad-Komitee Volksfedayin des Iran / BRD;

Besonderen, stehenden Beifall erteilten die Anwesenden zwei speziellen Grußadressen, nämlich der von:
- Daniel Ortega Saavedra, Comandante de la Revolución, im Namen der Mitglieder und Nationalen Direktion des Frente Sandinista de Liberación Nacional von Nicaragua und
- *Comandante en Jefe* Fidel Castro Ruz.

Letztere hatte uns erst in der Nacht vor dem Kongress erreicht. Darin schrieb der Comandante u. a.:

> *Mit Geduld und Entschlossenheit stellen wir uns dieser neuen, aufgrund äußerer Faktoren entstandenen Situation. Wir sind entschlossen, standzuhalten und vorwärtszukommen. Wir fühlen uns weder demoralisiert noch besiegt. Zielbewußt stützen wir uns auf unseren Kampfgeist, unsere Intelligenz und das von uns entwickelte wissenschaftliche Potential (...) Liebe Genossen und Freunde! Ihr gebt uns viel mehr. Ihr bietet uns in diesem entscheidenden Moment Eure uneingeschränkte politische und materielle Solidarität. In Cuba wird nicht nur über das Schicksal unseres Volkes, sondern auch über die Gerechtigkeitsprinzipien der ganzen Menschheit und über die Zukunft der Völker der Dritten Welt entschieden, die aufgrund der Unfähigkeit des Kapitalismus, die schweren sozialen, wirtschaftlichen, ökologischen und menschlichen Probleme der Welt zu lösen, völlig verarmt sind. Aus diesem Grund erlaubt mir, Euch zu versichern, dass die Cubaner die Sache des Fortschritts und der Revolution niemals verraten werden. Wir werden standhalten. Wir werden den endgültigen Sieg erringen, den sowohl unser Volk als auch Eure Solidarität verdienen.«*[7]

In der Abschlusserklärung[8], die einstimmig verabschiedet wurde, wird eingeschätzt:

> **Presseerklärung:** Großer Erfolg des Kongresses »Solidarität mit Cuba« am 23. Mai 1992 in Bonn-Bad Godesberg
> Am Samstag, dem 23.5.1992, fand in der Stadthalle Bonn-Bad Godesberg der Kongress »Solidarität mit Cuba! Schluß mit der Blockade durch USA, EG und BRD!« statt. Trotz des hochsommerlichen Wetters nahmen 1150 Teilnehmer, wie aufgrund der Anzahl der verkauften Karten genau bekannt ist, konzentriert neun Stunden an dem Kongreß teil und verabschiedeten dann die folgende

KAPITEL I: »DIE WILDEN JAHRE« – 1990-1999   21

ABSCHLUSSERKLÄRUNG
Wir, Teilnehmerinnen und Teilnehmer am Kongress »Solidarität mit Cuba! Schluß mit der Blockade durch USA, EG und BRD!« am 23. Mai 1992 in Bonn, erklären:
Das cubanische Volk hat durch seine Revolution in einem Land der Dritten Welt Enormes erreicht, insbesondere bei der Verwirklichung der Menschenrechte auf Nahrung, Gesundheit, Wohnung, Bildung, Ausbildung, Entwicklung, soziale Gerechtigkeit. Dem zollen selbst liberale bis konservative Politiker Bewunderung wie Robert McNamara, Hernando de Soto oder der brasilianische Staatspräsident Fernando Collor de Mello, der Ende März vor Journalisten erklärte, kein Land der Welt habe in der Gesundheitsversorgung und der Erziehung das kubanische Niveau erreicht. Das cubanische Volk hat außerdem immer wieder seine internationale Solidarität unter Beweis gestellt. Seine Ärzte, Lehrer und Techniker arbeiten in anderen Ländern der Dritten Welt; Verfolgten und Verletzten aus ganz Lateinamerika gewährte und gewährt es Zuflucht; Tausende von strahlengeschädigten Kindern aus Tschernobyl fanden und finden dort medizinische Betreuung. Cuba ist deshalb eine wichtige Referenz für andere Länder der Dritten Welt, gegen die wachsende Verelendung von Dreivierteln der Menschheit in der kapitalistischen neuen Weltordnung.

Doch die Lage in Cuba ist dramatisch. Seit mehr als 30 Jahren erhalten die USA ihre staatsterroristische Blockade aufrecht, ja haben sie gerade in den letzten Wochen weiter verschärft. Der Handel mit den bisher weitaus wichtigsten Handelspartnern UdSSR und osteuropäische Staaten ist fast zum Stillstand gekommen. Die EG verweigert jede Kooperation. Die Bundesregierung fuhrt die Verträge Cuba-DDR nicht weiter. Die Versorgung der Bevölkerung ist daher gefährdet, die Lieferung von Energie und Rohstoffen praktisch zum Erliegen gekommen.

Cuba soll durch wirtschaftliche Strangulierung, bewaffnete Subversion, ja ggf. offene militärische Intervention wieder in den zentralamerikanischen Hinterhof der USA eingemeindet werden. EG und BRD unterstützen die USA, um Cuba, aufbauend auf der alltäglichen Desinformation fast aller Medien, in einer weltweiten Atmosphäre der Gleichgültigkeit politisch zu isolieren und zum Abschuß freizugeben.

Gerade in dieser bedrohlichen Situation versichern wir, die Teilnehmerinnen und Teilnehmer am Cuba-Solidaritäts-Kongress, Cuba unserer umfassenden politischen und materiellen Unterstützung und beharren darauf, das Recht des cubanischen Volkes und seiner Regierung auf Entwicklung und auf eine eigene Entwicklung einzufordern. Unsere und vieler anderer internationale Solidarität muß dem cubanischen Volk einen Freiraum zur schöpferischen Fortentwicklung des Erreichten eröffnen!

Deshalb fordern wir:
- die unverzügliche, bedingungslose Aufhebung der von EG und BRD unterstützten, völkerrechtswidrigen US-Wirtschaftsblockade
- die sofortige Beendigung aller Sanktionen gegen Unternehmen und Regierungen weltweit, die mit Cuba zusammenarbeiten
- den Abzug aller US-Truppen aus Guantánamo
- Schluß mit CIA-unterstützter, bewaffneter Subversion und Terroraktionen gegen Cuba, keine offenen US-Militäraktionen
- die Erfüllung oder Fortführung der Verträge Cuba-DDR durch die BRD
- keine Einmischung in die inneren Angelegenheiten Cubas, auch nicht durch Instrumentalisierung der sogen. »Menschenrechte« zur ausschließlich gegen Cuba geschwungenen Waffe
- weder US-Hinterhof-Politik in Zentral- und Lateinamerika noch kapitalistische »neue Weltordnung«

> Wir rufen alle, für die Solidarität auch weiterhin ein grundlegender Wert bleibt, auf, sich für Cuba politisch und materiell zu engagieren.
> Wir rufen alle, die sich als Person oder Organisation als Freunde Cubas verstehen, auf, durch breite Gegeninformation dazu beizutragen, die von den Herrschenden betriebene Isolierung Cubas zu durchbrechen.
> Cuba hat viele Freundinnen und Freunde in der Welt, in Lateinamerika und anderswo. Auch in der EG und der BRD müssen wir die Solidarität gegen die zunehmenden Angriffe auf Cuba verstärken. Deshalb fordert der Kongress den Trägerkreis auf, in Zusammenarbeit mit den Initiativen der Cuba-Solidarität eine »Infostelle Cuba« aufzubauen, um eine raschere Verbreitung von Informationen aus und über Cuba sowie über die jeweiligen Aktivitäten innerhalb der Cuba-Solidarität zu erreichen.

Damit war der Grundstein gelegt für die Schaffung des späteren NETZWERK CUBA – Informationsbüro – e. V.

Über die Langzeitwirkung dieses Kongresses gibt ein Leserbrief Aufschluss, der in der Ausgabe Juni 2012 des Monatsmagazins »RotFuchs«, also 20 Jahre nach der Veranstaltung, veröffentlicht wurde:

> *»Nach der Rückwende stand für viele von uns die Frage: Was jetzt tun? Und so machte ich mich als Arbeitsloser 1992 mit wenig Geld als einziger aus Mecklenburg-Vorpommern auf die Socken nach Bad Godesberg, wo ich dann am 23. Mai am 1. Cuba-Kongreß Deutschlands gemeinsam mit ca. 1100 anderen Freunden der Inselrepublik teilnehmen konnte. Es war ein überwältigendes Erlebnis, das mir Inspiration und neue Kraft gab. Damals waren die UdSSR und die mit ihr verbundenen sozialistischen Staaten gerade zusammengebrochen. Den Stützpfeiler für die Befreiungsbewegungen in der Welt gab es nicht mehr. Wie konnte in dieser Situation das kleine Kuba – nur 200 Kilometer vor den Küsten der USA – ohne jeglichen wirtschaftlichen und militärischen Rückhalt allein eine Chance des Überlebens haben? Der Kongreß war für mich neuartig, beeindruckend, vielleicht mein schönstes Erlebnis in dieser finsteren Zeit. In der Stadthalle von Bad Godesberg wurde ein Wort Fidel Castros, das mir bis heute im Gedächtnis haftet, ausgesprochen: »Kuba durchlebt gegenwärtig die schwerste Krise seiner Geschichte. Doch es ist unsere internationalistische Pflicht zu widerstehen.« Nirgends hatte ich in jenen Tagen einen solchen Gedanken vernommen. Und das mutige Kuba widerstand tatsächlich. Es widersteht bis heute! So begriff ich, daß uns im Widerstands- und Freiheitskampf auf deutschem Boden Kubas Flagge voranweht.*
> *K. S., Schwerin, Cuba Sí«*

4. Der Grundstein für die Tradition der Fiestas Moncada wird gelegt

>*»Kommt an den Tisch*
>*unter Pflaumenbäumen ...«*
>*(F.J. Degenhardt)*

Neben der Auswertung des Kongresses wurde am 13.06.1992 auf Grundlage einer vorbereiteten Konzeption auch die erste *»Fiesta Moncada«* beschlossen. Sie war zunächst als Straßenfest <u>vor</u> der cubanischen Botschaft in Bonn konzipiert, musste dann allerdings wegen der Einwände des örtlichen Ordnungsamtes auf das Gelände der Botschaft verlegt werden. Träger waren neben der cubanischen Botschaft die FG-Regionalgruppen Bonn und Essen sowie Cuba Va (unter Federführung von Maria Rojas †). Damit wurde der Grundstein für eine Tradition gelegt, die bis heute fortgeführt wird.

Aus der <u>Konzeption</u>: Beim Vorbereitungstreffen am 19.06.92 diskutierte und beschlossene Konzeption Gartenfest am 26. Juli 92 an der Botschaft der Republik CUBA

Fiesta Moncada am 25.07.2009 in Essen

(Teilnehmer: Osvaldo, Alfredo, Thorsten und Victor – FG Bonn, Roland und Heinz -FG Essen; Entschuldigt: Maria und Mario – Cuba Va, Dortmund)

0. Inhaltliche Grundlage und Zielgruppe
1. Öffentlichkeitsarbeit
2. Programm / Ablauf
3. Logistik
4. Versorgung
5. Sicherheit
6. Sonstiges

zu O.: Inhaltliche Grundlage und Zielgruppe
Grundlage des Gartenfestes ist der Beschluß des Trägerkreises des Cuba-Kongresses 92 vom 13.06.92, anläßlich des 39.Jahrestages des Sturms auf die Moncada zu einer bundesweiten Veranstaltung mit Solidaritätscharakter aufzurufen.
(Wegen diverser schwachsinniger Verwaltungsvorschriften der Stadt Bonn können wir kein – wie ursprünglich geplant – Straßenfest durchführen. Die Vertreter der cubanischen Botschaft haben uns dankenswerterweise das Gartengelände zur Verfügung gestellt.) Das geplante Fest kann weder vom Mobilisierungsgrad noch von der politischen Qualität oder Teilnehmerzahl mit dem Cuba-Kongreß verglichen werden.
Ziel ist es, daß Menschen aus der Solidaritätsbewegung in Deutschland den cubanischen Nationalfeiertag mit cubanischen Freundinnen und Freunden feiern können und ihnen dadurch ihre Solidarität ausdrücken. Aus diesem Ansatz ergibt sich auch die Zielgruppe.
Realistischerweise (Urlaubszeit, dezentrale Aktivitäten) sollten wir davon ausgehen, daß vorwiegend Leute aus dem engeren Rhein-/Ruhrgebiet für die Veranstaltung ansprechbar sind.

(...)

Flugblatt 26. Juli 1992
26. Juli 1992: Tag der weltweiten Solidarität mit Cuba!
Am 26. Juli 1992 jährt sich zum 39. Mal der »Sturm auf die Moncada«.
Am 26. Juli 1953 versuchten cubanische Revolutionäre unter Führung Fidel Castros die Moncada-Kaserne in Santiago de Cuba zu nehmen.

Die zweitgrößte Kaserne des Landes war ein Symbol des Schreckens und der Folter der Batista-Diktatur. Der 26. Juli gilt, trotz des Scheiterns dieses Versuchs, bei dem viele Rebellen getötet wurden, seither als Beginn des organisierten Widerstands, der letztlich die Batista-Tyrannei am 1.Januar 1959 hinwegfegte.
Seither ist dieser Tag Cubas Nationalfeiertag.
Der 26. Juli erhält in diesem Jahr angesichts der aktuellen Umstände eine besondere Bedeutung – für Cuba selbst, aber auch für die weltweite Solidaritätsbewegung.
* Trotz der bekannten, großen Probleme;
* trotz der sich verschärfenden Blockade durch USA, EG und Deutschland;
* trotz aller Verleumdungen und Informationsunterdrückung hierzulande:

Die Revolution lebt und kämpft!
Der Cuba-Kongreß am 23. Mai 92 in Bonn hat deutlich gemacht: »Cuba hat viele Freundinnen und Freunde in der Welt; in Lateinamerika und anderswo. Auch in der EG und der BRD müssen wir die Solidarität gegen die zunehmenden Angriffe auf Cuba verstärken...«
Am 26. Juli 1992 wird auf Cuba -trotz alledem- auch gefeiert werden. In vielen Ländern finden kleine und größere Solidaritätsveranstaltungen statt. Auch in der Bundesrepublik werden dezentrale und regionale Solidaritätsveranstaltungen (wie z. B. in Berlin) stattfinden.

Wir laden hiermit herzlich ein zu einem
Gartenfest der Solidarität
am 26. Juli 1992
ab 15.00 Uhr
an der Cubanischen Botschaft,
Kennedyallee, Bonn
(Nähe Haltestelle »Hochkreuz«).
Kommt am 26. Juli nach Bonn!
Feiern wir mit cubanischen Freundinnen und Freunden sowie Menschen aus der Solidaritätsbewegung ein gemeinsames Fest!

WIR FAHREN AUS UNSERER STADT NACH BONN!
Treffpunkt: ....
Uhrzeit: ....

Veranstalter: Trägerkreis des Cuba-Kongresses, 92 Ausführende Gruppen: Freundschaftsgesellschaft BRD–Kuba e. V. – Gruppen Bonn und Essen; Cuba Va; Dortmund
(...)
Die nachfolgende Erklärung wurde auf deutsch und spanisch verlesen und von den Anwesenden einstimmig beschlossen:

26. JULI 1992 »TAG DER WELTWEITEN SOLIDARITÄT MIT CUBA«

AN DAS CUBANISCHE VOLK UND SEINE REGIERUNG;
AN UNSERE CUBANISCHEN FREUNDINNEN UND FREUNDE IN DER BRD

LIEBE FREUNDINNEN UND FREUNDE, LIEBE GENOSSINNEN UND GENOSSEN, LIEBER GENOSSE FIDEL CASTRO,
In diesen Tagen und Wochen feiern die Herrscher der Europäischen Länder die 500. Wiederkehr der Invasion Lateinamerikas. Diese Conquista war verbunden mit der Ausrottung ganzer Völker und der Aneignung riesiger Reichtümer der Länder Eures Kontinents. Noch heute sterben auf Grundlage dieser Ausbeutung täglich Tausende Menschen, werden sie von den Nachfolgern der Conquistadoren ihrer natürlichen Lebensgrundlage beraubt. Wir, Menschen aus der Bundesrepublik Deutschland und anderen europäischen Ländern, versuchen, mit unseren Mitteln diese Ausbeutungspolitik und -praxis zu bekämpfen und erklären uns mit den Kämpfen der Völker Lateinamerikas um das Überleben, um nationale Souveränität, um eigenständige Entwicklung und Würde solidarisch.
Die vergangenen 500 Jahre waren aber auch eine Geschichte des Widerstands, wie ein Blick in die Geschichte Cubas beweist. Von Hatuey, dem ersten indianischen Märtyrer Cubas über Antonio Maceo und Baraguá, José Martí, dem großen Dichter, Denker und Gründer der ersten Revolutionären Partei Cubas, Fidel Castro und Che Guevara, den Kämpferinnen und Kämpfern für die Alphabetisierung, den Märtyrern und Helden von Playa Girón und er Oktoberkrise reicht die Liste der Kämpferinnen und Kämpfer des antiimperialistischen Widerstands bis in die heutigen Tage, da Ihr der Welt ein Beispiel gebt für den Aufrechten Gang eines mutigen Volkes.
Der Sturm, den Fidel und die 100 Rebellen am 26. Juli 1953 auf die Moncada-Kaserne wagten, war ein entscheidender Markstein auf dem Weg zur endgültigen Befreiung Eures Volkes im Januar 1959.

Am heutigen 26. Juli 1992 trauern wir mit Euch um die Gefallenen von Moncada, um die 75 Sportler, die 1976 bei ihrem Flug von Barbados nach Havanna von Contras ermordet wurden, die heute noch unbehelligt in den USA leben.

Wir trauern mit Euch um alle Märtyrer der Revolution, um die jüngsten Opfer konterrevolutionärer Anschläge in Eurem Land und sprechen den Angehörigen unser Mitgefühl aus.

Wir beglückwünschen Euch angesichts Eure Feiertages zu allen grandiosen Errungenschaften, die Ihr unter dem Vorzeichen Eurer Revolution erreicht und aufgebaut habt.

Wir beglückwünschen Euch zu Eurem Mut und Kampfgeist, mit dem Ihr insbesondere in diesen so dramatischen Zeiten für Euer Land dem Imperium trotzt und um das Überleben der Revolution kämpft.

Mit diesem Kampf gebt Ihr uns, gebt Ihr den Völkern der Welt ein leuchtendes Beispiel für den konsequenten Widerstand gegen die neue, alte Weltordnung des Imperialismus. Dafür möchten wir Euch unseren Dank aussprechen.

Wir wissen, daß insbesondere der US-Imperialismus angesichts der Liquidierung der sozialistischen Staaten Osteuropas die Stunde seiner endgültigen Triumphes in nahe Zukunft gerückt sieht. Das hat Mr. Bush mit seiner berüchtigten »Osterbotschaft '92« deutlich gemacht. Wir wissen aber auch, daß diese arrogante Haltung der Macht Tradition hat. Bereits Anfang des 19. Jahrhunderts schrieb Thomas Jefferson an den damaligen US-Präsidenten Monroe: »Die Annexion Cubas ist genau das, was man braucht, um unsere nationale Macht abzurunden«. Und 1844 attestierte John O'Sullivan, Herausgeber der Zeitschrift »Democratic Revue«, daß die USA »den beginn einer neuen Geschichtsschreibung bedeuten, die uns von der Vergangenheit trennt und uns mit der Zukunft verbindet. Wer wird, wer kann unserem Marsch nach vorne Grenzen setzen?«

Ihr beweist täglich, daß dem Imperium, das auch heute noch nach dieser Ideologie Politik entwickelt und handelt, Grenzen gesetzt werden können.

* Wir versichern Euch anläßlich Eures heutigen Nationalfeiertages unserer herzlichen Solidarität!

* Wir versichern Euch unserer Anteilnahme in der schwierigen Speziellen Periode.

* Wir versichern Euch von unserem heutigen fest der Solidarität in Bonn, daß wir das in unseren Kräften Mögliche anstrengen werden, um auch in unseren Ländern die Blockade gegen Cuba zu durchbrechen.

KAPITEL I: »DIE WILDEN JAHRE« – 1990-1999

* Wir werden mit unseren Forderungen an unsere Regierungen, wie wir sie bei unserem Cuba-Solidaritätskongreß am 23. Mai '92 formuliert haben, nicht nachlassen!

*** Schluß mit der Blockade Cubas durch USA, EG und die Deutsche Bundesregierung!
*** Hände weg von Cuba!
*** Es lebe die Internationale Solidarität!
*** Es lebe die cubanische Revolution – Herzlichen Glückwunsch, Cuba!

BONN, D. 26. JULI 1992,
TRÄGERKREIS DES CUBA-SOLIDARITÄTSKONGRESSES 1992

Fiesta Moncada am 25.07.2009 in Essen

5. Die Gründungsphase als Basis für die kommenden Jahrzehnte

»Die Mühen der Berge haben wir hinter uns,
vor uns liegen die Mühen der Ebene.«
(B. Brecht)

Das oben bereits erwähnte Nachbereitungstreffen des »Trägerkreises Cuba-Kongress« am 13.06.1992 war zugleich der Startschuss für die Vorbereitung der Gründung einer »Infostelle Cuba«. Der nunmehr als Vorbereitungsgruppe für eine Cuba-Info-Stelle tagende Trägerkreis Cuba-Kongress traf sich (weiterhin für alle Interessierten offen) zu seinen nächsten Sitzungen am 29.08. und 17.10.1992 in Köln. Beteiligt waren jeweils rund 20 Personen, die damit weitgehend Neuland betraten. Entsprechend bunt und z. T. widersprüchlich waren auch die Vorstellungen. Sollte es eine »klassische NGO« mit »pressure group«-Charakter werden, die sich mit gelegentlich windigen, substanz- und prinzipienlosen Aktivitäten hervortun, vermeintlich um ein politisches Ziel zu erreichen, letztlich jedoch sich in ein Gestrüpp von Abhängigkeiten begeben, aus dem es kein Entkommen gibt? Möglichst direkt mit einem Büro in Brüssel? Soll es Parteigruppierungen erlaubt sein, Mitglied zu werden? Wie soll das Ganze finanziert werden? Soll es überhaupt ein eingetragener Verein (»e. V.«) werden? Was ist mit den Räumlichkeiten? Wäre es nicht einfacher und preiswerter, ein bereits vorhandenes Büro (einer Organisation/Partei) zu nutzen? Welche Aufgaben soll eine solche Stelle überhaupt haben? Und was ist mit Hauptamtlichen? Wer soll das tun und wie bezahlt werden? Wie soll die gewünschte Unabhängigkeit gewahrt bleiben? Diese und viele weitere Fragen bedurften einer Beantwortung. Nun gab es einerseits die objektive Notwendigkeit, möglichst schnell zu Ergebnissen zu kommen, um den eigenen Ansprüchen gerecht zu werden und andererseits (bei den meisten) die Einsicht, dass die Klärung der Grundsatzfragen darüber entscheiden würden, ob das gemeinsame Projekt langfristig tragfähig sein würde. Obwohl es bspw. einen potentiellen Sponsor gab, der seine Spendenzusage für eine Anschubfinanzierung wieder zurückzog, da ihm das alles nicht schnell genug ging, setzte sich glücklicherweise doch die kollektive Weisheit mit der Erkenntnis durch, dass die Fundamentlegung ausreichend Zeit beanspruchen müsse.

Also nahmen wir uns die Zeit und arbeiteten hart: Der ersten intensiven Sitzung vom 29.08.1992 folgten weitere am 28.11.1992, 06.02.1993 (Frankfurt/M.), 13.03.1993 (Bonn) und 17.04.1993 (Bonn). Schließlich konnte zur Gründungsversammlung des NETZWERK CUBA – Informationsbüro – e. V. (für diesen Namen

KAPITEL I: »DIE WILDEN JAHRE« – 1990-1999

und diese Schreibweise hatte sich die Vorbereitungsgruppe einstimmig entschieden) am 13. Juni 1993 ins DGB-Gewerkschaftshaus nach Frankfurt/M. eingeladen werden.

Mit rund 30 Anwesenden, die 17 Gruppen vertraten, wurde der Verein gegründet (16 Personen, die – ohne Doppelmitgliedschaften – 13 Organisationen vertraten, haben sich als Gründungsmitglieder eingetragen) sowie Satzung und Geschäftsordnung ebenso einstimmig verabschiedet wie einen ersten Vorstand gewählt.[9]

Diesem ersten Vorstand gehörten an: Heinz-W. Hammer (Vorsitzender), Sabine Petz (stv. Vorsitzende), Anke Pfennig (Kasse), Thomas Leinhos (Vorstand), Stelios Pavlidis (Vorstand), Manuel Parrondo (Vorstand, Redaktion).[10]

In der Folge waren die Mitglieder- und Jahreshauptversammlungen der entscheidende Ort, an dem alle Voll- und Fördermitglieder des NETZWERK CUBA – Informationsbüro – e.V. die Möglichkeit hatten, sich miteinander ebenso über Grundsätze, Selbstverständnis und Perspektiven auszutauschen wie über die Planungen gemeinsamer oder vernetzter Aktionen zu diskutieren. Hierbei galt von Beginn an das Prinzip »Eine Organisation – Eine Stimme«, das für ein Höchstmaß an Gleichberechtigung aller Beteiligten sorgte, unabhängig von der jeweiligen personellen Stärke der beteiligten Gruppen.

Der Charakter und die wichtigsten Ziele des Vereins kamen bereits im Namen komprimiert zum Ausdruck: Es sollte einerseits ein Netzwerk unterschiedlicher Gruppen sein und anderseits eine Stelle zur Verbreitung von Cuba-Informationen mit einem eigenen, zentralen Büro als Anlauf- und Auskunftsstelle.

Im Sinne des bereits erwähnten Graswurzelcharakters herrschte bei allen Beteiligten völlige Übereinstimmung in dem Grundprinzip *»Eine Organisation/Gruppe – Eine Stimme«*, das in allen Folgejahren als Basis für die gleichberechtigte Zusammenarbeit, unabhängig von personeller Größe oder Finanzstärke, diente. Dies war einer der wichtigsten Gründe für die in den Folgejahren sich erweisende Belastbarkeit und Flexibilität unseres Zusammenschlusses.

Hervorzuheben ist in diesem Zusammenhang, dass von Anfang an, also seit den ersten Bundestreffen, ein weiteres Prinzip die gemeinsame Arbeit bestimmte, nämlich die Konsenssuche. In der Regel wurden unterschiedlichen Positionen, die in einem derart heterogenen Zusammenschluss eher die Regel als die Ausnahme waren, so lange debattiert, bis gemeinsam tragfähige Kompromisse gefunden werden konnten. Mehrheitsentscheidungen bei Mitglieder-, Jahreshauptversammlungen oder Vorstandssitzungen bildeten die absolute Ausnahme.

Dieses Konsens- und Solidarprinzip war immer auch Grundlage der jeweils gewollt heterogen zusammengesetzten Vorstände und deren Tätigkeit im Auftrag des

Vereins. Es ist eine Tatsache, dass in manchen unserer europäischen Nachbarländer der politische Graben zwischen einzelnen Cuba-Solidaritätsgruppen derartig tief ist, dass deren Mitglieder auch heute noch nicht miteinander sprechen. Auch bei manchen Trägergruppen des neuen Zusammenschlusses in der BRD gab und gibt es gravierende politisch-ideologische Differenzen in allgemeinen Fragen. Es ist das bleibende Verdienst aller Beteiligten, dass all diese Differenzen zugunsten des gemeinsamen Anliegens, nämlich der solidarischen Unterstützung des revolutionären Cuba, in der praktischen Zusammenarbeit weitgehend ausgeschlossen wurden.

Das bis heute gültige Logo (optisch leicht verändert im Jahr 2011) ist in der cubanischen Nationalfarbe blau gehalten, zeigt im Hintergrund die Insel, im Vordergrund (den Hintergrund schützend) den Schriftzug NETZWERK CUBA – Informationsbüro – e.V. und wird ergänzt durch den rechts oben im Halbkreis angeordneten Text »Solidarität mit Cuba«, wobei hierbei jeder einzelnen Buchstabe einen anderen Schrifttyp hat, was die Vielfalt der beteiligten Gruppen zum Ausdruck bringen soll. Nach vielen anderen Vorlagen war es dieser, von Stelios Pavlidis eingebrachte Entwurf, der letztlich einstimmig angenommen wurde.

Hier die Satzung, Geschäftsordnung und das NCN-Statut in der jeweiligen Fassung von 1993:

SATZUNG
NETZWERK CUBA
– Informationsbüro – e.V.

§ 1

Der Verein führt den Namen »NETZWERK CUBA – Informationsbüro –«. Er hat seinen Sitz in Bonn eingetragen und führt den Zusatz »e.V.«.

§ 2

1. Zweck des Vereins »NETZWERK CUBA – Informationsbüro –« ist die För-

derung internationaler Gesinnung, der Toleranz auf allen Gebieten der Kultur und des Völkerverständigungsgedankens. Der Verein verfolgt ausschließlich und unmittelbar gemeinnützige Zwecke im Sinne des Abschnitts »Steuerbegünstige Zwecke« der Abgabenordnung.

2. Der Satzungszweck wird verwirklicht, insbesondere durch:
   a) Koordination und Veranlassung von Hilfeleistungen für die notleidende Bevölkerung in Cuba (Nahrungsmittel. Kleidung, Medizin etc.),
   b) Förderung von Kontakten in den Bereichen der Kultur, der Bildung und der Öffentlichkeitsarbeit,
   c) Verbreitung von Nachrichten und Informationen aus und über Cuba.

§ 3

1. Der Verein ist selbstlos tätig; er verfolgt nicht in erster Linie eigenwirtschaftliche Zwecke.
2. Mittel dürfen nur für satzungsgemäße Zwecke verwendet werden. Die Mitglieder erhalten weder Gewinnanteile noch irgendwelche sonstige Zuwendungen aus Mitteln des Vereins.
3. Die Mitglieder erhalten bei ihrem Ausscheiden oder bei Auflösung oder Aufhebung des Vereins weder eingezahlte Beiträge noch etwaige sonstige Leistungen zurück.
4. Die Mitglieder erhalten keine Vergütungen bzw. Spesen für ehrenamtliche Tätigkeit im Interesse des Vereins.
5. Sind Mitglieder beruflich für den Verein tätig, können sie entsprechend ihrer Tätigkeit bzw. Leistung eine angemessene Vergütung erhalten.
6. Es darf keine Person durch Ausgaben, die dem Zweck der Körperschaft fremd sind, oder durch unverhältnismäßig hohe Vergütungen begünstigt werden.
7. Die Mitglieder des Vereins haften nicht für die Verbindlichkeiten des Vereins. Der Verein haftet für die Verbindlichkeiten nur in Höhe seines jeweiligen Vereinsvermögens.
8. Das Geschäftsjahr ist das Kalenderjahr.

§ 4

1. Es gibt aktive und fördernde Mitglieder. Aktives Mitglied kann jede natürliche Person werden, die bereit ist, die Ziele und Aufgaben des Vereins zu unterstützen. über die Anträge auf Mitgliedschaft entscheidet die Mitgliederversammlung.

2. Fördernde Mitglieder können durch schriftliche Erklärung gegenüber dem Vorstand alle natürlichen und juristischen Personen. Gesellschaften, Organisationen und Gruppen werden, die bereit sind, die Vereinszwecke finanziell zu unterstützen. Sie haben das Recht, an der Mitgliederversammlung mit beratender Stimme teilzunehmen.
3. Die Mitgliedschaft endet durch Tod, Austrittserklärung oder Ausschluß.
4. Der Austritt ist schriftlich gegenüber dem Vorstand zu erklären.
5. Ein Mitglied kann ausgeschlossen werden, wenn es den satzungsgemäßen Zielen und den Beschlüssen der Mitgliederversammlung zuwiderhandelt. Ober den Ausschluß entscheidet die Mitgliederversammlung.
6. Vereinsbeiträge werden durch die Mitgliederversammlung festgesetzt.

§ 5
Organe des Vereins sind die Mitgliederversammlung und der Vorstand.

§ 6
1. Die Mitgliederversammlung hat die sich aus dem Gesetz ergebenden Rechte und Pflichten. Sie wählt und entlastet insbesondere den Vorstand und beschließt die Geschäftsordnung.
2. Die Jahreshauptversammlung findet einmal pro Jahr statt. Der Vorstand beruft durch schriftliche Einladung mit einer Frist von drei Wochen unter Bekanntgabe der Tagesordnung die Versammlung ein.
3. Außerordentliche Mitgliederversammlungen sind einzuberufen, wenn das Interesse des Vereins es erfordert oder ein Drittel der Mitglieder es schriftlich verlangt. Außerordentliche Mitgliederversammlungen werden vom Vorstand mit einer Frist von zwei Wochen unter Bekanntgabe der Tagesordnung einberufen.
4. Mitgliederversammlungen sind ohne Rücksicht auf die Zahl der Erschienenen beschlußfähig. Satzungsänderungen sowie die Auflösung des Vereins können nur mit 3/4-Mehrheit der Erschienenen beschlossen werden.
5. Die Mitgliederversammlung wird durch die/den Vorsitzende/n des Vorstandes oder bei ihrer/seiner Verhinderung durch dessen Stellvertreter/in geleitet.
6. Beschlüsse der Mitgliederversammlung sind schriftlich niederzulegen und von dem/der Protokollführer/in und dem/der Leiter/in der Mitgliederversammlung zu unterzeichnen.

§ 7

Die Mitgliederversammlung wählt jährlich zwei Kassenprüfer, deren Aufgabe es ist, nach Abschluß des Geschäftsjahres die ordnungsgemäße Führung der Kassengeschäfte zu überprüfen und die Richtigkeit durch Unterschrift zu bestätigen. Sie berichten der Mitgliederversammlung über das Ergebnis.

§ 8

1. Der Vorstand im Sinne des § 26 BGB besteht aus mindestens drei Personen, im einzelnen dem/der Vorsitzenden, seinem/ihrer Stellvertreter/in, dem/der Kassierer/in sowie ggf. Beisitzer/innen. Er führt die Geschäfte des Vereins im Rahmen der Satzung und der Beschlüsse der Mitgliederversammlung. Seine Amtszeit dauert bis zur nächsten Jahreshauptversammlung. Jeweils zwei Vorstandsmitglieder sind zur gemeinschaftlichen Vertretung *des* Vereins berechtigt.
2. Der Vorstand wird von der Mitgliederversammlung mit 2/3-Mehrheit gewählt.
3. Nähere Einzelheiten regelt die Geschäftsordnung.

§ 9

1. Die Auflösung des Vereins kann nur durch eine zu diesem Zwecke einberufene Mitgliederversammlung erfolgen.
2. Im Falle einer Auflösung oder Aufhebung des Vereins fällt das Vermögens nach seiner Feststellung durch das zuständige Finanzamt an MEDICO INTERNATIONAL e.V., der es unmittelbar und ausschließlich für gemeinnützige oder mildtätige Zwecke zu verwenden hat.

§ 10

1. Der Vorstand ist berechtigt Satzungsänderungen vorzunehmen, die vom zuständigen Amtsgericht oder vom zuständigen Finanzamt verfügt oder angestrengt werden, soweit sie dem Vereinszweck nicht widersprechen.
2. Diese Satzung wurde auf der Gründungsversammlung des »NETZWERK CUBA – Informationsbüro –« am 19.06.1993 in Frankfurt/Main beschlossen und tritt mit der Eintragung ins Vereinsregister des Amtsgerichtes Bonn in Kraft.

GESCHÄFTSORDNUNG
NETZWERK CUBA – Informationsbüro –

1. Präambel

Solidarität mit Cuba – Schluß mit der Blockade durch USA, EG und BRD!
Das cubanische Volk hat durch seine Revolution in einem Land der »Dritten Welt« enormes erreicht, insbesondere bei der Verwirklichung der Menschenrechte auf Nahrung, Gesundheit, Wohnung, Bildung, Ausbildung, Entwicklung, soziale Gerechtigkeit. Das cubanische Volk hat außerdem immer wieder seine internationale Solidarität unter Beweis gestellt. Seine Ärzte, Lehrer und Techniker arbeiten in anderen Ländern der »Dritten Welt«; Verfolgten und Verletzten aus ganz Lateinamerika gewährte und gewährt es Zuflucht; Tausende von strahlengeschädigten Kindern aus Tschernobyl fanden und finden dort medizinische Betreuung. Cuba ist deshalb eine wichtige Referenz für andere Länder der »Dritten Welt« gegen die wachsende Verelendung von Dreivierteln der Menschheit in der kapitalistischen neuen Weltordnung.
Doch die Lage auf Cuba ist dramatisch. Seit mehr als 30 Jahren erhalten die USA ihre staatsterroristische Blockade aufrecht, ja haben sie durch das Torricelli-Gesetz weiter verschärft. Der Handel mit den bisher weitaus wichtigsten Handelspartnern UdSSR und osteuropäischen Staaten ist fast zum Stillstand gekommen. Die EG verweigert jede Kooperation. Die Bundesregierung führt die Verträge Cuba – DDR nicht weiter. Die Versorgung der Bevölkerung ist daher gefährdet, die Lieferung von Energie und Rohstoffen praktisch zum Erliegen gekommen.
Cuba soll durch wirtschaftliche Strangulierung, bewaffnete Subversion, ja ggf. offene militärische Intervention wieder in den zentralamerikanischen Hinterhof der USA eingemeindet werden. EG und BRD unterstützen die USA, um Cuba, aufbauend auf der alltäglichen Desinformation fast aller Medien, in einer weltweiten Atmosphäre der Gleichgültigkeit politisch zu isolieren und zum Abschuß freizugeben.
Gerade in dieser bedrohlichen Situation versichern wir Cuba unserer umfassenden politischen und materiellen Unterstützung und beharren *darauf,* das Recht des cubanischen Volkes und seiner Regierung auf Entwicklung und auf eine eigene Entwicklung einzufordern. Unsere und vieler anderer internationale Solidarität muß dem cubanischen Volk einen Freiraum zur schöpferischen Fortentwicklung des Erreichten eröffnen!

Deshalb fordern wir:
- die unverzügliche, bedingungslose Aufhebung der von EG und BRD unterstützten, völkerrechtswidrigen US-Wirtschaftsblockade;
- die sofortige Beendigung aller Sanktionen gegen Unternehmen und Regierungen weltweit, die mit Cuba zusammenarbeiten;
- den Abzug aller US-Truppen aus Guantánamo;
- Schluß mit CIA-unterstützter, bewaffneter Subversion und Terroraktionen gegen Cuba, keine offene US-Militäraktionen;
- die Erfüllung oder Fortführung der Verträge Cuba – DDR durch die BRD;
- keine Einmischung in die inneren Angelegenheiten Cubas, auch nicht durch die Instrumentalisierung der sog. »Menschenrechte« zur ausschließlich gegen Cuba geschwungenen Waffe;
- weder US-Hinterhof-Politik in Zentral- und Lateinamerika noch kapitalistische »neue Weltordnung«.

Wir rufen alle, für die Solidarität auch weiterhin ein grundlegender Wert bleibt, auf, sich für Cuba politisch und materiell zu engagieren.

Wir rufen alle, die sich als Person oder Organisation als Freunde Cubas verstehen, auf, durch breite Gegeninformationen dazu beizutragen, die von den Herrschenden betriebene Isolierung Cubas zu durchbrechen.

Cuba hat viele Freundinnen und Freunde in der Welt, in Lateinamerika und anderswo. Auch in der EG und der BRD müssen wir die Solidarität gegen die zunehmenden Angriffe auf Cuba verstärken.

Deshalb haben verschiedene Cuba-Solidaritätsgruppen in der BRD die »Info-Stelle Cuba« eingerichtet, um eine raschere Verbreitung von Informationen aus und über Cuba sowie über die jeweiligen Aktivitäten innerhalb der Cuba-Solidarität zu erreichen, wobei die volle Eigenständigkeit der Gruppen erhalten bleiben soll.

Das Informationsbüro soll folgende zentrale Funktionen haben:
a) Vernetzung der Solidaritätsgruppen in Deutschland mit den Zielen:
   - zentrale Informationserfassung und -Verbreitung,
   - effektive Interventionsmöglichkeiten,
   - Förderung des Informationsaustausches untereinander,
   - Unterstützung von gemeinsamen Aktivitäten von Solidaritätsgruppen;
b) Verbreitung von Informationen und Koordination von Kontakten;
c) Vernetzung mit internationalen Organisationen.

2. Delegationsprinzip
- Nur Delegierte von Gruppen der Cuba-Solidarität können aktive Mitglieder des Vereins »NETZWERK CUBA – Informationsbüro –« werden. Jede Gruppe hat nur eine Stimme. Jede/r Delegierte/r kann nur eine Gruppe vertreten. Unter Gruppen werden die örtlichen und zentralen Initiativen, unabhängig von der Anzahl ihrer Mitglieder, regionale Organisationen sowie ihre bundesweiten Vorstände verstanden.
- Alle Vereinsmitglieder haben auf Mitgliederversammlungen Rederecht und Antragsrecht. Stimmrecht kommt nur den Gruppendelegierten zu.

3. Mitgliederversammlungen
- Die Jahreshauptversammlung findet einmal im Jahr statt.
- Ordentliche Mitgliederversammlungen finden mindestens zweimal im Jahr statt. Sie sind grundsätzlich öffentlich.
- Die Einladung zur Jahreshauptversammlung erfolgt mit den in der Satzung angegebenen Fristen unter Angabe mindestens folgender Tagesordnungspunkte:
- Rechenschaftsbericht Vorstand
- Finanzbericht
- Entlastung von Vorstand/Redaktionsgruppe/Finanzverantwortlichem
- Neuaufnahmen (von Gruppen)
- Anträge/Arbeitsplan für das folgende Jahr
- Neuwahlen: Vorstand/Redaktionsgruppe/Finanzmensch
- Neuaufnahmen können sowohl bei den Jahreshauptversammlungen als auch bei ordentlichen Mitgliederversammlungen stattfinden.
- Außerordentliche Jahreshauptversammlungen zu aktuellen oder dringlichen Fragen können vom Vorstand oder mindestens einem Drittel der Mitgliedergruppen einberufen werden. Die Einladung erfolgt unter Bekanntgabe der Tagesordnung mit den in der Satzung angegebenen Fristen.
- Jede Mitgliedsgruppe kann durch Antrag die Aufnahme eines Tagesordnungspunktes zur Diskussion auf der nächsten Jahreshauptversammlung beantragen.
- Die Jahreshauptversammlung und Mitgliederversammlungen fassen ihre Beschlüsse grundsätzlich mit 2/3-Mehrheit.

4. Vorstand
- Der Vorstand besteht im Regelfall aus 5 Personen. Er ist beschlußfähig, wenn mindestens 3 Vorstandsmitglieder anwesend sind.

- Die Vorstandssitzungen finden im Regelfall einmal pro Monat statt und sind vereinsöffentlich.
- Der Vorstand arbeitet ausschließlich auf der Grundlage der Beschlüsse, die in der Jahreshauptversammlung bzw. Mitgliederversammlung gefaßt werden.
- Der Vorstand hat folgende Aufgaben:
- Führung der Vereinsgeschäfte in Zusammenarbeit mit dem Informationsbüro
- Außenvertretung des Vereins bei der Vorbereitung von Kampagnen, Demonstrationen, Kongressen etc.
- Die Veröffentlichung von Presseerklärungen, Stellungnahmen etc. ist in der Konzeption (in Nürnberg beschlossen) geregelt. Die Konzeption ist inhaltlich die Grundlage der Tätigkeit des Netzwerkes.

5. Redaktionsgruppe Rundbrief
- Die Redaktionsgruppe des Rundbriefs wird von der Jahreshauptversammlung auf 1 Jahr gewählt. Alle Redaktionsmitglieder sind gleichberechtigt. Die Redaktion wählt aus ihrem Kreis eine/n Verantwortliche/n im Sinne des Pressegesetzes.
- Die Aufgabe der Redaktionsgruppe besteht hauptsächlich in der Sammlung und Auswahl sowie Herausgabe von aktuellem und für die Cuba-Solidarität wichtigen Informationsmaterial (vgl. Präambel). Der Rundbrief erscheint regelmäßig.
- Jede Mitgliedsgruppe hat das Recht, die Arbeit ihrer Gruppe und ihre Projekte vorzustellen. Alle Gruppen werden aufgefordert, Informationen an die Redaktionsgruppe weiterzuleiten sowie die im Rundbrief enthaltenen Informationen weiterzuverbreiten.
- Grundsätzlich werden Texte nur dann abgedruckt, wenn sie von mindestens 2/3 der gewählten Redaktionsmitglieder gebilligt werden.
- Die Redaktionssitzungen sind für Vereinsmitglieder öffentlich.
- Das Nähere wird durch das Redaktionsstatut geregelt. Dieses kann nur von der Mitgliederversammlung mit 2/3-Mehrheit beschlossen oder geändert werden.

6. Infobüro-Gruppe
- Die im Infobüro arbeitenden Personen verpflichten sich auf die Umsetzung der in der Präambel beschriebenen Aufgaben des Infobüros.

- Über die Besetzung des Infobüros entscheidet die Jahreshauptversammlung oder die Mitgliederversammlung.
- Die Mitgliederversammlung bemüht sich um eine möglichst lückenlose Besetzung des Infobüros.
- Den im Büro arbeitenden Mitgliedern werden alle im Interesse des Vereins begründet anfallenden Ausgaben ersetzt. Alle Ausgaben dürfen nur im Einvernehmen mit dem Vorstand (Finanzverantwortlichem) getätigt werden.
- Die Bürogruppe erstattet zu jeder Mitgliederversammlung einen Bericht über die Arbeit, sie beteiligt sich auch an der Erstellung des Finanzberichtes.

7. Mitgliedsbeiträge
- Der monatliche Mitgliedsbeitrag beträgt mindestens 20,00 DM für Gruppen (Vollmitgliedschaft) und mindestens 5,00 DM für Einzelpersonen (Fördermitgliedschaft).
- Mit der Mitgliedschaft ist die kostenlose Zusendung des Rundbriefs verbunden. Nichtmitglieder können den Rundbrief gegen Gebühr abonnieren.
- Stimmberechtigt auf Mitgliederversammlungen sind nur Mitgliedsgruppen oder Einzelmitglieder, die mit ihrer Beitragszahlung nicht wesentlich (mehr als 3 Monatsbeiträge) im Rückstand sind.
- Gruppen und Einzelpersonen können auf Antrag aus finanziellen Gründen von der Beitragspflicht ganz oder teilweise befreit werden.
- Ein Beitragsrückstand von mehr als 6 Monaten führt zur Streichung aus den Mitgliedslisten und damit auch zur Einstellung der Rundbrief-Lieferung.

....

**Statut
für die Redaktion der NETZWERK CUBA – nachrichten, der Zeitung des NETZWERK CUBA – Informationsbüro –**
beschlossen auf der Mitgliederversammlung vom 5.3.1994

(1) Herausgeber der NETZWERK CUBA – nachrichten (im folgenden NCN genannt) ist der Vorstand des NETZWERK CUBA – Informationsbüro – e.V. Die NCN sollen mindestens vier mal pro Jahr erscheinen.

(2) Die Aufgaben der Zeitung sind vor allem
- die Förderung der Vernetzung der Cuba-Solidaritätsgruppen,
- die Verbreitung von Nachrichten aus Cuba,
- die Verbreitung von Nachrichten *über* Cuba,
- die Weitergabe von Nachrichten aus der Solidaritätsbewegung.

(3) Die NCN enthalten bis auf weiteres folgende Rubriken: Editorial, Aktuelles, NETZWERK intern, NETZWERK Kampagnen, Gruppen, Kultur, Termine.

(4) Die Redaktion bestimmt in gegenseitigem Einvernehmen Verantwortliche für die einzelnen Rubriken; diese müssen nicht Mitglieder der gewählten Redaktion sein.

(5) Jede Mitgliedsgruppe hat gleichermaßen das Recht, die Arbeit ihrer Gruppe und ihre Projekte in der Zeitung darzustellen.

(6) Die Redaktion der Zeitung wird von der Jahreshauptversammlung für jeweils ein Jahr (bis zur nächsten Jahreshauptversammlung) nach den Konsensprinzip bestimmt. Soweit kein Konsens erzielt wird, ist eine 2/3-Mehrheit erforderlich.

(7) Mitglied der Redaktion kann jede/r werden die/der die Ziele de Vereins im Sinne der Präambel unterstützt.

(8) Die Anzahl der Redaktionsmitglieder ist nach oben unbegrenzt soll aber mindestens 4 betragen.

(9) Die Redaktionsmitglieder wählen aus ihrer Mitte eine/n Verantwortliche/n im Sinne des Presserechts.

(10) Die Aufgabe der Redaktion besteht hauptsächlich in der Sammlung und Auswahl sowie Herausgabe von aktuellem und für die Cuba- Solidarität wichtigem Informationsmaterial.

(11) Die NCN erscheinen regelmäßig. Die Redaktion bestimmt in Ab sprache mit dem Vorstand Redaktionsschluß und Erscheinungsdatum. Die Redaktion hat dafür Sorge zu tragen, daß die jeweilige Ausgabe in der vorgesehenen Zeitspanne fertiggestellt werden kann.

(12) Die Redaktionsmitglieder sollen sich – soweit möglich – an da E-Mail-Netz anschließen, um die gemeinsame redaktionelle Arbeit auch über große Entfernungen zu ermöglichen.

(13) An die Redaktion eingesandte Texte sollen grundsätzlich veröffentlicht werden, soweit sie im Einklang mit den Zielen des Verein stehen. Kürzungen bleiben der Redaktion vorbehalten.

(14) Wichtige offizielle Texte, Reden, Erklärungen und Dokument sollen nach Möglichkeit im Wortlaut und ungekürzt abgedruckt werden.
(15) Besteht innerhalb der Redaktion Uneinigkeit über die Veröffentlichung von Texten in den NCN, so wird auf einer gemeinsamen Sitzung von Redaktion und Vorstand mit einfacher Mehrheit über die Veröffentlichung entschieden.
(16) Die jeweils letzte Redaktionssitzung einer Ausgabe ist gemeinsam mit einer Vorstandssitzung abzuhalten. Vorstand und Redaktion entscheiden auf dieser Sitzung gemeinsam über den Inhalt der anstehenden Ausgabe. Bei Uneinigkeit entscheidet die einfache Mehrheit der Vorstands- und Redaktionsmitglieder über die Veröffentlichung von Texten.

Diese Texte wurden im Laufe der Jahre geringfügig aktualisiert.[11]

Anschließend wurde eine Mitteilung an die Medien und an ausländische Solidaritätsorganisationen in sechs Sprachen (deutsch, spanisch, englisch, französisch, griechisch und türkisch) veröffentlicht:

NETZWERK CUBA, Wolfstraße 10, 53111 Bonn
Telefon: 02 28 – 69 85 47 Telefax: 0228-698547
e-Mail: cubared@pdsll.comlink.de

Information an interessierte Presse und
ausländische Solidaritätsorganisationen

Solidarität mit Cuba – Schluß mit der Blockade durch USA, EG und BRD!

In Folge des international besuchten Cuba-Solidaritätskongresses vom 23.Mai 1992 gründete sich am 19.06.93 in Frankfurt am Main das NETZWERK CUBA – Informationsbüro – e.V.
Rund 30 Menschen, die 17 verschiedene Gruppen der Cuba-Solidarität in Deutschland repräsentierten, verabschiedeten einstimmig eine Satzung nebst Geschäftsordnung und wählten, ebenfalls einstimmig, einen Vorstand.
Das NETZWERK CUBA versteht sich als eine Koordinationsstelle der in Deutschland tätigen Cuba-Solidaritätsgruppen.

Ihre politische Zielsetzung deckt sich mit der Abschlußerklärung des o. g. Cuba-Kongresses.
Gefordert werden u. a.
* die sofortige Aufhebung der völkerrechtswidrigen Blockade Cubas durch die USA, EG und BRD,
* der Abzug aller US-Truppen aus Guantánamo,
* die Erfüllung oder Fortführung aller Verträge Cuba – DDR durch die BRD
* die Beendigung CIA-unterstützter, bewaffneter Subversion und der Terroraktionen gegen Cuba.

In der Konzeption des NETZWERK (Präambel der Geschäftsordnung) sind u. a. folgende Ziele und Aufgaben festgeschrieben:
»a) Vernetzung der Solidaritätsgruppen in Deutschland mit den Zielen
* zentrale Informationserfassung und -Verbreitung
* effektive Interventionsmöglichkeiten
* Förderung des Informationsaustausches untereinander
* Unterstützung von gemeinsamen Aktivitäten Solidaritätsgruppen.
b) Verbreitung von Informationen und Koordinierung von Kontakten
c) Vernetzung mit internationalen Organisationen der Cuba-Solidarität.«

Das NETZWERK CUBA verfügt bereits über ein eigenes Büro sowie nunmehr auch einen Vorstand und eine Redaktionsgruppe für den mindestens 4 x jährlich erscheinenden NETZWERK – Rundbrief.
Wir bekräftigen hiermit unsere Bereitschaft zur Zusammenarbeit mit allen, die sich ebenfalls der materiellen und politischen Solidarität mit dem revolutionären Cuba im Sinne der o. g. Konzeption verpflichtet fühlen und rufen zur Mitarbeit im NETZWERK CUBA – Informationsbüro – e. V. auf.
Wir schlagen allen ausländischen Cuba-Solidaritätsgruppen Kontaktgespräche sowie einen regelmäßigen Informations- und Ideenaustausch vor.
Das NETZWERK CUBA hat bereits eine Reihe von Informationsmaterialien – so z. B. bisher mehrere NETZWERK-Rundbriefe, Satzung, Geschäftsordnung inclusive der kompletten politischen Konzeption, Sitzungsprotokolle etc. – herausgegeben, die beim Informationsbüro (Adresse siehe oben) angefordert werden können. (Da unser Büro nicht regelmäßig besetzt ist, bitten wir um Verständnis für eventuelle Verzögerung bei der Beantwortung der eingehenden Post.)

> Zur Finanzierung unserer laufenden Arbeit bitten wir um Spenden auf das
> angegebene Konto.
> Mit freundlichem Gruß
> NETZWERK CUBA – Informationsbüro – e.V., Vorstand und Rundbrief-Redaktion:
> Heinz-W. Hammer (Vors.), Sabine Petz (stellv. Vors.),
> Anke Pfennig (Kasse), Thomas Leinhos (Beisitzer), Stelios Pavlidis (Beisitzer),
> Manuel Parrondo (Redaktion)

Abends wurde gemeinsam mit der örtlichen DGB-Jugend ein internationalistisches Fest gefeiert. Der neugewählte Vorsitzende eröffnete die Fiesta mit einem kurzen Statement, in dem er allen Beteiligten für die Anstrengungen der vergangenen Monate dankte und betonte, dass der neue Zusammenschluss weder jetzt noch in der Zukunft jemals zum Selbstzweck werden dürfe. Im Mittelpunkt all unserer Anstrengungen müsse, bei allen vorhandenen Differenzen zwischen beteiligten Organisationen in anderen Fragen, auch zukünftig die Verteidigung und Unterstützung der cubanischen Revolution stehen.

6. Entwicklung von organisierter Medien- und Öffentlichkeitsarbeit

> *»Bei großen Begebenheiten (…)*
> *kann der Mensch nicht unterlassen,*
> *mit Waffen des Wortes und der Schrift zu kämpfen«*
> *(Johann Wolfgang von Goethe)*

Doch der Trägerkreis hatte sich in den o.g. Sitzungen nicht ausschließlich mit Formalfragen beschäftigt. Bereits Anfang 1993 war beschlossen worden, schon vor offizieller Vereinsgründung eine Nullnummer der »NETZWERK CUBA – NACHRICHTEN (NCN)« zu veröffentlichen. Der Aufmacher dieser 10seitigen Ausgabe (undatiert, ca. April 1993) war ein Spendenaufruf wegen der vom 12. bis 14.03.93 durch einen Hurrikan verursachten Schäden. Neben einem Bericht über die stattgefundenen Wahlen in Cuba und aktuellen Meldungen, u.a. über den ersten Besuch beim NETZWERK CUBA durch den ICAP-Vertreter Gabriel Benítez in Bonn, gab es ein Editorial zum Selbstverständnis der NCN:

Endlich liegt sie vor uns und vor Euch. Die Nullnummer der NETZWERK CUBA -NACHRICHTEN, Rundbrief des Cuba-Informationsbüros. Fast ein Jahr ist vergangen seit dem Cuba-Kongress, der ein Zeichen setzen sollte, der den Anfang des Aufbaus einer entschlossenen Bewegung für Cuba machen sollte und der schließlich dem Trägerkreis dieses Kongresses den Auftrag erteilte, eine Infostelle zu gründen, die sich hör- und sichtbar für die Belange Cubas einsetzen soll.

Der Trägerkreis war der Meinung, daß es nun höchste Zeit ist, mit dem Rundbrief zu beginnen und es wurde eine provisorische Redaktion beauftragt, den Rundbrief zu erstellen, bis eine von den Mitgliedern des noch zu gründenden Vereins eine Redaktion gewählt wird.

Denn Cuba braucht Presse und Öffentlichkeit.
Cuba ist seit der Revolution 1959 Zielscheibe von Hetze und Verleumdungen der sogenannten freien Presse der sogenannten freien Welt. Nach dem Sieg der Kalten Krieger über das »Reich des Bösen« scheint sich die Strategie geändert zu haben.

In Erwartung des Niedergangs der »letzten Bastion des Sozialismus« wird Cuba nicht nur ökonomisch und politisch isoliert, auch aus dem Blickfeld der Öffentlichkeit ist die Insel weitgehend verschwunden. (FAZ: »Wir werden nichts veröffentlichen, was den Sturz Fidel Castros aufhalten könnte.«)

Wir wollen mit Hilfe des Informationsbüros Cuba und des Rundbriefes informieren, Stellung beziehen und uns einmischen. Es soll zu einem unüberhörbaren Organ der Cuba-Solidarität und zu einem Gegengewicht gegen die bürgerliche Meinungsmache werden. Es soll dazu beitragen, daß Cuba bleibt, was es ist: nicht nur Bastion des Sozialismus sondern auch das erste unabhängige Land Lateinamerikas.

Wir wünschen Euch viel Spaß beim Lesen und bitten ausdrücklich um Kritik, zumal wir wissen, daß diese erste – fast möchten wir sagen »provisorische«

– Ausgabe einem »professionellen« Infoblatt noch in vielem nachsteht, und daß es noch viel zu verbessern gibt.

Aus technischen Gründen konnten wir die bisher eingesandten Selbstdarstellungen verschiedener Solidaritätsgruppen in diesem 1. Rundbrief noch nicht veröffentlichen. Trotzdem rufen wir Euch auf, weiterhin Beiträge über eure Soliaktionen und Projekten an uns zu schicken. Nicht vergessen, daß wir uns bis jetzt keine große Ausgaben leisten können, weil wir nicht die dafür nötigen Mittel (Finanzen, Struktur) besitzen. Auch hier seid ihr gefordert uns mit Sach- und Geldspenden zu unterstützen.

Über all das, Beiträge, Meinungen, Kritik, Spenden würden wir uns freuen. Wir wollten auf keinen Fall der Diskussion, wie der Rundbrief aussehen soll unsere Vorstellung »aufs Auge drücken«. Wir wollten vor allem einen Anfang machen. Wie sagte der spanische Dichter Antonio Machado: Caminante no hay camino, se hace camino al andar.

P.D. Nachdruck und zitieren aus dem Rundbrief ausdrücklich erwünscht. Wir wären für eine kurze Information dankbar.

Es war von Anfang an Konsens, dass die NCN ein zentrales Standbein der Vereinstätigkeit sein würde. Ähnlich wie beim Büro sollte es einerseits eine eigenständige Redaktion geben, die andererseits eine direkte personelle Anbindung an die laufende Vorstandstätigkeit haben sollte und über deren Tätigkeit bei jeder Vorstandssitzung und Mitgliederversammlung berichtet wurde sowie als eigene Rubrik in den Rechenschaftsberichten bei den Jahreshauptversammlungen erschien.

In der genannten Nullnummer wurde auch ein Artikel zum letzten Stand der inhaltlichen Vorbereitungen der Vereinsgründung veröffentlicht, der unmittelbar den Diskussionsprozess auf breitester Basis befördern sollte:

NETZWERK CUBA – Informationsbüro! Was ist das?
Auf dem Cuba-Kongress, der am 23.5.92 in Bonn stattfand, brachten die über 1.200 Anwesenden in einer Abschlußerklärung die Notwendigkeit der Schaffung einer Infostelle Cuba zum Ausdruck. Auf dem 3. bundesweiten Treffen der Cuba- Solidaritätsgruppen vom 8.-10.1.93 in Nürnberg wurde eine Konzeption für die Infostelle Cuba ausgearbeitet, die vom Plenum einhellig angenommen wurde. Wir gaben uns eine politische Grundlage und erstellten einen Aufgabenkatalog. Es gründete sich dort ein Trägerkreis, der für jede/n offen ist, mit der Aufgabe die konkreten Schritte zu diskutieren und zu realisie-

ren. Mittlerweile haben wir Räumlichkeiten gefunden und haben beschlossen einen Verein zu gründen. Damit Ihr die Grundlage, Ziele und Aufgaben des Vereins kennenlernt, drucken wir die Präambel unserer Konzeption und den Aufgabenkatalog im Wortlaut ab.

Konzeption der Info-Stelle Cuba
1.: Präambel
SOLIDARITÄT MIT CUBA – SCHLUSS MIT DER BLOCKADE DURCH USA, EG UND BRD!
Das cubanische Volk hat durch seine Revolution in einem Land der Dritten Welt Enormes erreicht, insbesondere bei der Verwirklichung der Menschenrechte auf Nahrung, Gesundheit, Wohnung, Bildung, Ausbildung, Entwicklung, soziale Gerechtigkeit. Das cubanische Volk hat außerdem immer wieder seine internationale Solidarität unter Beweis gestellt. Seine Ärzte, Lehrer und Techniker arbeiten in anderen Ländern der Dritten Welt; Verfolgten und Verletzten aus ganz Lateinamerika gewährte und gewahrt es Zuflucht; Tausende von strahlengeschädigten Kindern aus Tschernobyl fanden und finden dort medizinische Betreuung. Cuba ist deshalb eine wichtige Referenz für andere Länder der Dritten Welt, gegen die wachsende Verelendung von Dreivierteln der Menschheit in der kapitalistischen neuen Weltordnung. Doch die Lage auf Cuba ist dramatisch. Seit mehr als 30 Jahren erhalten die USA ihre staatsterroristische Blockade aufrecht, ja haben sie durch das Torricelli-Gesetz weiter verschärft. Der Handel mit den bisher weitaus wichtigsten Handelspartnern UdSSR und osteuropäischen Staaten ist fast zum Stillstand gekommen. Die EG verweigert jede Kooperation. Die Bundesregierung führt die Verträge Cuba-DDR nicht weiter. Die Versorgung der Bevölkerung ist daher gefährdet, die Lieferung von Energie und Rohstoffen praktisch zum Erliegen gekommen.
Cuba soll durch wirtschaftliche Strangulierung, bewaffnete Subversion, ja ggf. offene militärische Intervention wieder in den zentralamerikanischen Hinterhof der USA eingemeindet werden. EG und BRD unterstützen die USA, um Cuba, aufbauend auf der alltäglichen Desinformation fast aller Medien, in einer weltweiten Atmosphäre der Gleichgültigkeit politisch zu isolieren und zum Abschuß freizugeben. Gerade in dieser bedrohlichen Situation versichern wir Cuba unserer umfassenden politischen und materiellen Unterstützung und beharren darauf, das Recht des cubanischen Volkes und seiner Regierung auf Entwicklung und auf eine eigene Entwicklung einzufordern. Unsere und vieler anderer internationale Solidarität mit dem cubanischen Volk will einen Freiraum zur schöpferischen Fortentwicklung des Erreichten eröffnen!

Deshalb fordern wir:
* die unverzügliche, bedingungslose Aufhebung der von EG und BRD unterstützten, völkerrechtswidrigen US-Wirtschaftsblockade;
* die sofortige Beendigung aller Sanktionen gegen Unternehmen und Regierungen weltweit, die mit Cuba zusammenarbeiten;
* den Abzug aller US-Truppen aus Guantánamo;
* Schluß mit CIA-unterstützter, bewaffneter Subversion und Terroraktionen gegen Cuba, keine offene US-Militäraktionen;
* die Erfüllung oder Fortführung der Verträge Cuba-DDR durch die BRD;
* keine Einmischung in die inneren Angelegenheiten Cubas, auch nicht durch die Instrumentalisierung der sog. »Menschenrechte« zur ausschließlich gegen Cuba geschwungenen Waffe;
* weder US-Hinterhof-Politik in Zentral- und Lateinamerika noch kapitalistische »neue Weltordnung«.

Wir rufen alle, für die Solidarität auch weiterhin ein grundlegender Wert bleibt, auf, sich für Cuba politisch und materiell zu engagieren.

Wir rufen alle, die sich als Person oder Organisation als Freunde Cubas verstehen, auf, durch breite Gegeninformation dazu beizutragen, die von den Herrschenden betriebene Isolierung Cubas zu durchbrechen.

Cuba hat viele Freundinnen und Freunde in der Welt, in Lateinamerika und anderswo. Auch in der EG und der BRD müssen wir die Solidarität gegen die zunehmenden Angriffe auf Cuba verstärken. Deshalb haben verschiedene Cuba-Solidaritätsgruppen in der BRD die »Info-Stelle Cuba« eingerichtet, um eine raschere Verbreitung von Informationen aus und über Cuba sowie über die jeweiligen Aktivitäten innerhalb der Cuba-Solidarität zu erreichen, wobei die volle Eigenständigkeit der Gruppen erhalten bleiben soll.

* Die Info-Stelle soll folgende zentralen Funktionen haben:

a) Vernetzung der Solidaritätsgruppen in Deutschland mit den Zielen
   - zentrale Informationserfassung und -Verbreitung,
   - effektive Interventionsmöglichkeiten,
   - Förderung des Informationsaustausches untereinander,
   - Unterstützung von gemeinsamen Aktivitäten von Solidaritätsgruppen;
b) Verbreitung von Informationen und Koordinierung von Kontakten;
c) Vernetzung mit internationalen Organisationen der Cuba Solidarität.

2.: Aufgabenkatalog
Hieraus ergeben sich für die praktische Tätigkeit folgende Aufgaben:

a) Informationserfassung
* Alle Solidaritätsgruppen werden gebeten, eine kurze Selbstdarstellung sowie ihre Rundbriefe, Informationen über Aktivitäten und Vorhaben an die Info-Stelle zu senden.
* Die cubanische Seite wird gebeten, der Info-Stelle aktuelle Informationen aus Havanna (Reden, offizielle Stellungnahmen, Gegendarstellungen etc.) so wie Informationen der Botschaft in Deutschland zur Verfügung zu stellen.
* Anlegung eines Adressenpools der Solidaritätsgruppen und -Organisationen. Zur Vernetzung untereinander: Die Gruppen, die ihre Adresse bei der Info-Stelle angeben, erklären sich mit der Weitergabe einverstanden, so daß die Info-Stelle auf Anfrage Kontaktadressen (z.B. für die Recherche über Schwerpunktaktivitäten einzelner Gruppen) weitergeben kann.
* Einstieg in Mailbox
* Anlegung einer Übersetzer/innen-Kartei (nach Sprachen und Regionen des Wohnorts).
* Erstellung einer Medienliste (nach Themen) Falls eine solche bereits bei anderen Gruppen existiert, sollte diese genutzt werden.
* Erstellung einer Kartei von Referentinnen und Referenten (nach Themen, Regionen, Bedingungen für Einsatz)
* Adressen- und Informationssammlung von Solidaritätsbewegungen aus dem europäischen und außereuropäischen Ausland mit dem Ziel der Koordinierung und gegenseitigen Zuarbeit (bspw. Nutzung vorhandener Übersetzungen, Berichte über Aktionen und Kampagnen usw.)
* Presseauswertung nationaler und internationaler Presse mit dem Schwerpunkt: Zentrale inhaltliche Sammlung und Systematisierung der Informationen, die von allen Interessenten eingebracht werden zum Zwecke der Weitergabe.

b) Interventionsmöglichkeiten
* Erstellung eines regelmäßigen Rundbriefes an die Solidaritätsgruppen und weitere Multiplikatoren auf Grundlage einer qualifizierten allgemeinpolitischen und tagesaktuellen Auswahl – unter Nutzung der o.g. nationalen und internationalen Informationssammlung. Hierzu bedarf es der Einrichtung einer Redaktionsgruppe sowie der Erarbeitung eines Redaktionsstatuts.
* Verbreitung von Originaltexten auf Spanisch an Interessenten.
* In Absprache mit der cubanischen Seite Koordinierung von Vertrags- oder sonstigen Tourneen cubanischer Vertreter/innen in Deutschland.

* In Absprache mit der cubanischen Seite Koordinierung von auf Cuba gestarteten internationalen Kampagnen.
* Informationsvermittlung an Organisationen im europäischen Ausland/Absprache und Koordinierung bei Kampagnen und/oder zentralen Aktionen.
* Für außerordentliche Ereignisse ist eine Telefonkette einzurichten.
* Legitimation der Info-Stelle: bei brisanten Situationen soll die Info-Stelle Standpunkte der einzelnen Organisationen einholen und für deren Verbreitung sorgen. Eigene politische Stellung nahmen sollen ihr strikt untersagt sein. Solche Erklärungen kann nur das zu schaffende Trägergremium nach dem Konsensprinzip festlegen.
* Medien-/Pressearbeit: Herausgabe regelmäßiger Informationen an die Presse.

3.: Bürokraft, Struktur und Finanzierung
a) Die Frage der Bürobesetzung wird vom Trägerkreis Info-Stelle Cuba nach dem Konsensprinzip entschieden.
b) Strukturell kommen zwei Varianten in Betracht:
* ausschließlich politische Struktur.
* »e. V.«
Für die weitere Klärung wird dem Trägerkreis Info-Stelle das Mandat erteilt.
c) Die Info-Stelle Cuba muß sich vorläufig selbst tragen durch Beiträge der beteiligten Gruppen sowie durch Spenden von Förderern/Förderinnen und Sympathisantinnen und Sympathisanten.

4.: Logistik
Für die weitere Klärung der Bürologistik und örtlichen Anbindung wird dem Trägerkreis Info-Stelle das Mandat erteilt.
Zum Namen der zu schaffenden Stelle liegen verschiedene Vorschläge vor. Eine Festlegung erfolgt im Trägerkreis Info-Stelle nach Konsensprinzip.
Den Einstieg in die praktische Tätigkeit der Info-Stelle bildet die Erstellung einer Nullnummer für
einen gemeinsamen Rundbrief, der dem Trägerkreis der Info-Stelle als Entwurf vorgelegt wird.)

In der auf diese Nullnummer folgenden, bereits 16 Seiten umfassenden Ausgabe vom Juli/August 1993 fasste der Gründungsvorsitzende im Auftrag des neu gewählten Vorstands in einem Editorial den Gründungsprozess zusammen und umriss die sich daraus ergebenden Aufgaben

NETZWERK CUBA – Informationsbüro – e. V. gegründet: Formaljuristischer Akt oder neue Qualität der Zusammenarbeit?
Editorial von Heinz-W. Hammer

»*Seit einiger Zeit wird immer mehr Menschen bewußt, daß Cuba und seine Errungenschaften gegen die Angriffe des Imperialismus verteidigt werden müssen. Cuba soll erdrosselt werden, weil es ein lebendes Beispiel für andere Länder ist, wie ein Volk sein Schicksal in die eigene Hand nehmen kann und dabei eine konsequente Politik gegen IWF-Diktat und Massenverelendung betreibt. Immer mehr Initiativen gibt es, die durch Öffentlichkeitsarbeit hier und durch konkrete Hilfeleistung Cuba praktisch unterstützen ... Gemeinsam ... soll überlegt werden, wie unsere Arbeit verbessert und verbreitert werden kann, sowie der Versuch einer besseren längerfristigen Koordination unternommen werden.*«

Diese »Weg weisenden« Aussagen entstammen dem Einladungsschreiben der Kolleginnen und Kollegen von Taller de la Solidaridad, mit dem sie zum zweiten bundesweiten Treffen der Cuba-Solidaritätsgruppen zum 1. Februar 1992 nach Darmstadt einluden.

Bei diesem Treffen wurde gegenseitig über die laufenden Projekte informiert und – angesichts der doppelten Blockade Cubas – der Grundstein gelegt für die Durchführung des großen Cuba-Kongresses am 23. Mai 92 unter dem Motto »Solidarität mit Cuba – Schluß mit der Blockade durch USA, EG und BRD« in Bonn. Entgegen der sonstigen Gepflogenheit der hiesigen Linken, sich zuförderst trefflich zu fraktionieren, gelang es uns gemeinsam, diese herausragende Manifestation binnen knapp 3 Monaten zu organisieren. Bei den Vorbereitungstreffen des Trägerkreises wurde debattiert und gestritten, politische Gemeinsamkeiten und Grenzen zeichneten sich ab; viel hing von der großen Einsatzbereitschaft der einzelnen mitwirkenden Menschen ab. Das Programm wies schließlich 18 Gruppen, Initiativen, Organisationen aus, die offiziell als Trägerkreis firmierten. Hinzu kamen weitere Einzelpersönlichkeiten, Vertreterinnen und Vertreter aus dem EP. Unser Adressenverteiler erreichte schließlich über 400 Menschen und Organisationsvertreter/innen.

Es war eine Phase harter Arbeit, aber auch des Lernens: Über die Einheit in der Vielfalt; über Sensibilisierung für verschiedene Zugänge und Motivationen; über das Überwinden persönlicher oder traditioneller Gruppen-Animositäten und vor allem über die Bewußtwerdung der Kraft und Effizienz der eigenen Bewegung, wenn, Differenzen beiseitestellend, im Interesse der einigenden Solidarität mit Cuba alle an einem Strick ziehen.

Der Cuba-Kongreß gab dem Trägerkreis in seiner einmütig verabschiedeten Abschlußerklärung einen eindeutigen Arbeitsauftrag:

»... Auch in der EG und der BRD müssen wir die Solidarität gegen die zunehmenden Angriffe auf Cuba verstärken. Deshalb fordert der Kongreß den Trägerkreis auf, in Zusammenarbeit mit den Initiativen der Cuba-Solidarität eine ›Infostelle Cuba‹ aufzubauen, um eine raschere Verbreitung von Informationen aus und über Cuba sowie über die jeweiligen Aktivitäten innerhalb der Cuba-Solidarität zu erreichen.«

Im Sinne dieses Auftrags erledigte der Trägerkreis anschließend nicht nur die finanzielle und organisatorische Nachbereitung des Kongresses (worunter u. a. auch die hervorragende Broschüre fällt, wovon es noch einige Exemplare für 5,- im Info-Büro gibt), sondern erarbeitete auch den Entwurf einer -Konzeption, eine politischen Plattform für eine solche Infostelle.

Sicher – es gab manchmal Unwillen über die Zähflüssigkeit dieser Diskussion.

Sicher – es läßt sich kritisieren, daß wir mit diesen Diskussionen dem Tempo der Verschärfung von Cubas Krise ›hinterhergehinkt‹ haben.

Andererseits darf nicht vergessen werden, daß es allen Beteiligten – inklusive unserer cubanischen Freundinnen und Freunde – vor allem um eine tragfähige Grundlage ging, also weniger um eine Wunderkerze dafür eher um einen Dauerbrenner.

Weiterhin sei darauf hingewiesen, daß die Leute, die da alle ein bis zwei Monate zusammenkamen, um an den Strukturpapieren zu basteln, ja darüber hinaus in der Zwischenzeit mit ihren Gruppen und Organisationen vor Ort ständig in verschiedenen Solidaritätsprojekten aktiv waren/sind. Die mittlerweile allseits bekannte Konzeption (siehe Nullnummer des NETZWERK-Rundbriefs; noch im Info-Büro erhältlich) wurde beim 3.Treffen der Cuba-Solidaritätsgruppen vom 8.-10.Januar '93 in Nürnberg diskutiert und nach Veränderungen beschlossen.

Der Trägerkreis Infobüro erfüllte in den vergangenen Monaten seinen Arbeitsauftrag, eine Satzung und Geschäftsordnung für den Verein NETZWERK CUBA – Informationsbüro – zu erarbeiten. Zwischenzeitlich wurde bereits/ endlich eine erste Null-Nummer des NETZWERK-Rundbriefes herausgegeben und an den uns zur Verfügung stehenden Adressenverteiler (der noch seiner Ergänzung harrt und wofür wir um Unterstützung bitten) versandt.

Die eingangs für die Vorbereitung des Cuba-Kongresses skizzierten Lernprozesse fanden hierbei ihre folgerichtige Fortsetzung und die bis dato erreichte Diskussions- und Zusammenarbeitskultur fand ihren eindeutigen Niederschlag bei der Vereinsgründung am 19. Juni '93 in Frankfurt.

Rund 30 Teilnehmerinnen und Teilnehmer, die 17 verschiedene Gruppen und Organisationen vertraten, diskutierten die vorliegenden Entwürfe der Satzung und Geschäftsordnung. Wer jemals in linken Zusammenhängen Satzungs-/Geschäftsordnungsdiskussionen erlebt hat, wird die Befürchtung mancher verstehen, die eine Mammutsitzung für nicht ausgeschlossen hielten. Doch – die gut eineinhalb Jahre des Kennenlernens, der konstruktiven Zusammenarbeit und damit verbundenen solidarischen Streitkultur haben eindeutig ihre kräftigen Spuren hinterlassen. Hier wurde wieder einmal die Tatsache bekräftigt, daß die Zusammenarbeit, ja gar ein längerfristiges Bündnis unterschiedlicher Kräfte keine »Kopfgeburt« sein kann. Hierzu bedarf es der gemeinsamen – und gemeinsam erfahrenen – praktischen Zusammenarbeit.

Eingangs wurden Informationen über aktuelle Projekte der Gruppen ausgetauscht. Hierbei stellte sich heraus, daß wir alle jetzt lernen müssen, mit dem Instrument NETZWERK, das wir uns selbst geschmiedet haben, auch effektiv umzugehen. So wurde z.B. zu Recht moniert, daß es wenig Sinn macht, wie jetzt geschehen, wenn zwei oder drei Organisationen für den Herbst parallel je eine bundesweite Veranstaltung zum Thema Ökologie planen. Hierdurch organisieren wir uns selbst Konkurrenzsituationen, die im Gegensatz zur gemeinsam gewollten Effektivierung der hiesigen Solidaritätsaktivitäten mit Cuba stehen.

Die von der ÖKG (Wien) übersandten Mitteilungen über die anticubanische Hetzanzeigen-Kampagne in der Zeitung »Standard« wurden bekannt gemacht. Die Gruppen wurden aufgefordert, im Sinne der von der ÖKG gemachten Vorschläge (Faxe ohne Ende an den Standard) zu reagieren. Als Beispiel wurde auf einen bereits vorliegenden Text von einer Gruppe verwiesen.

Sowohl die Freunde aus Berlin als auch die Wessis warben heftig für die jeweiligen Fiestas zum 40.Jahrestages des Sturms auf die Moncada: In Berlin am 23. Juli und in Bonn am 24. Juli '93 – jeweils auf cubanischem Territorium. (Wer sehr mobil ist, ...) Im Mittelpunkt der Satzungs- und Geschäftsordnungsdebatte stand der gemeinsame Wille, formaljuristische und politische Rahmenbedingungen zu schaffen, die der bisherigen erfolgreichen Zusammenarbeit gerecht werden. In einer sensationellen Zeit von 2 1/2 Stunden (die, angesichts sonstiger linker Gepflogenheiten, vermutlich selbst die cubanischen Erfolge bei den Panamerikanischen Spielen in den Schatten stellen könnten) waren

sich die Teilnehmerinnen und Teilnehmer über beide Dokumente einig, die dann auch einstimmig beschlossen wurden.
Ebenfalls einstimmig wurden die Mitglieder des NETZWERK CUBA – Informationsbüro – e. V. Vorstand gewählt, der sich wie folgt zusammensetzt:
- Vorsitzender: Heinz-W. Hammer, FG BRD–Kuba e. V.
- 2. Vorsitzende: Sabine *Petz*, Regensburg Arbeiterbund / KAZ
- Finanzen/Kasse: Anke Pfennig, Bonn Cubagruppe Bonn
- Beisitzer: Thomas Leinhos, Berlin Alexander v. Humboldt-Gesellschaft
  Stelios Pavlidis, Aachen, FG Aachen

Konsens bestand darüber, daß eine der zentralen und wichtigsten Aufgaben die Schaffung einer arbeitsfähigen Redaktion für den NETZWERK-Rundbrief (die im Übrigen eng mit dem Vorstand zusammenarbeiten soll) ist. Als verantwortlicher Redakteur wurde Manuel Parrondo, Frankfurt bestimmt. Ihm stehen bisher eine Kollegin und ein Kollege (deren Namen hier nicht aufgeführt sind, weil ich ihr ausdrückliches Einverständnis für eine Veröffentlichung nicht habe) zur Seite. Darüber hinaus erklärten Freundinnen und Freunde aus Berlin und Nürnberg, daß sie vor Ort um weitere Mitarbeiter/innen werben werden.

Mit der nunmehr erfolgten offiziellen Vereinsgründung und der Wahl dieses Vorstands und der Redaktion hat sich insoweit einiges geändert, als daß wir uns nunmehr (endlich) einen verbindlichen Rahmen, eine verbindliche Struktur geschaffen haben.

Kein sanftes Ruhekissen, eher der Auftakt zu einer qualitativ höheren Stufe der gemeinsamen Bemühungen, für das durch die doppelte Blockade, zwei historische Unwetterkatastrophen im ersten Halbjahr '93 und nun auch noch die Epidemische Neuropathie geschundene sozialistische Cuba, eine effektivere, gemeinsam koordinierte und vernetzte, materielle und politische Solidarität zu entwickeln, die der historischen Situation angemessen sind.

Wir haben einen großen Schritt nach vorne getan in der Überwindung von Zersplitterung und Vereinzelung verschiedenster Cuba-Solidaritätsgruppen. Wir sollten bei unserem bisher entwickelten Prinzip bleiben, diese Strukturen niemals als Selbstzweck oder gar Selbstbeweihräucherung zu mißbrauchen. Wir sind – so unterschiedlich auch das Selbstverständnis und die jeweiligen Zugänge der einzelnen Gruppen sein mögen – angetreten, um das in unseren Kräften Stehende zu tun, um in unserem Teil der Nordhalbkugel gegen die barbarische Blockade Cubas, gegen die tägliche Menschenrechtsverletzung eines 11-Millionenvolkes, gegen die Aushungerung des stolzen, souveränen Cubas zu kämpfen.

Laßt uns hierfür auch die nun geschaffenen Strukturen des NETZWERK CUBA – Informationsbüro – e. V. nutzen. Unterstützt das NETZWERK!
Wir brauchen
* jede Menge Fördermitglieder, also Organisationen, Gruppen, Initiativen etc., die monatlich mit mindestens DM 20,- dabei sind und dafür den regelmäßig erscheinenden Rundbrief erhalten;
* weitere aktive Mitglieder, also Einzelpersonen oder Gruppendelegierte, die nicht nur bereit sind, dem Verein NETZWERK beizutreten, sondern auch aktiv an den Treffen sowie an der Umsetzung gemeinsam verabredeter Projekte vor Ort mitzuarbeiten;
* jede Menge Adressen von interessierten Einzelpersonen und/oder Gruppen, denen wir unsere bisher erschienenen Unterlagen zusenden und somit für Unterstützung werben können;
* jede Menge internationaler Adressen, mit denen wir als NETZWERK zum Zwecke des Informationsaustausches in Verbindung treten können;
* Menschen, die gerne in der Redaktion des NETZWERK-Rundbriefes mitarbeiten wollen;

* Menschen aus der Bonner Gegend, die bereit sind, mal ein paar Stunden Büroarbeit im NETZWERK zu machen;
* jede Menge Informationen von Aktionen und Projekten vor Ort (nicht kurzfristig!), um einen Fundus zu bekommen, aus dem die Redaktion dann schöpfen kann (grundsätzlich sollen alle Aktivitäten nach Möglichkeit veröffentlicht werden; Einschränkungen redaktioneller Art – Umfang, Aktualität etc. – natürlich vorbehalten);
* aktuelle Selbstdarstellungen von Solidaritätsgruppen mit dem Ziel, sie entweder in lockerer Reihenfolge im Rundbrief zu veröffentlichen oder ggfs. einen separaten Reader zu erstellen;
* Spenden ohne Ende, um die zaghaften Anfänge unserer Bürologistik im NETZWERK CUBA – Informationsbüro – e.V. (Adresse siehe Deckblatt) auszubauen und mittelfristig sogar eine hauptamtliche Bürokraft anstellen zu können (»Wer keinen Mut zum Träumen hat...«)

Also: Bitte überschwemmt uns mit den o.g. Dingen, mit Vorschlägen und Kritiken, mit Spenden und Adressen, mit Materialanfragen (z.B. gibt's im Büro die Satzung und Geschäftsordnung) und beigelegtem Porto oder Schecks, mit Artikeln und anderen vorwärtsweisenden Dingen.
Falls bei Anfragen oder kritischen Briefen nicht sofort eine Antwort kommt: Habt Geduld! Es gibt (s.o.) keine hauptamtliche Bürokraft. Kolleginnen und

> Kollegen der Cubagruppe Bonn besorgen z. Zt. den Bürodienst ehrenamtlich nach ihrem Tagwerk.
> Das NETZWERK CUBA – Informationsbüro – e. V. und seine Gremien (Vorstand, Redaktion, Büro) sind nur so wirksam, wie es die unterstützenden Gruppen und Menschen wollen. Deshalb meine herzliche Bitte an alle: Laßt uns – neben der unverzichtbaren Arbeit vor Ort – weiterarbeiten am gemeinsamen Koordinations- und Vernetzungsprojekt. Unterstützt auch weiterhin mit Ideen, Geld und Arbeitskraft das NETZWERK CUBA!
>
> Spendenkonto:
> Manfred Sill, Stichwort NETZWERK CUBA,
> Kto. xxx xxx, BLZ 380 5000 00, Sparkasse Bonn

Erfahrungsgemäß ist das Büro einer Organisation eine entscheidende Drehscheibe der Kommunikation und die »Visitenkarte« in der Außendarstellung. Wir hatten die Erfahrungen anderer Verbände vor Augen, wonach sich ein solches Büro im schlechtesten Fall verselbstständigen und damit insgesamt kontraproduktiv werden kann. Daher sollte die personelle Besetzung von Anfang an direkt von Aktiven aus der Solidaritätsbewegung besetzt werden, was in den »Bonner Jahren« durch die Cubagruppe Bonn (federführend mit Manfred Sill und Anke Pfennig) und später weiteren regionalen Gruppen (Köln, Aachen u. a.) mit großem Engagement und grundsätzlich ehrenamtlich abgesichert wurde. Das Thema »Bericht aus dem Büro« war Tagesordnungspunkt einer jeden Vorstandssitzung und Mitgliederversammlung sowie eigener Bestandteil aller Rechenschaftsberichte bei den Jahreshauptversammlungen. So wollten und haben wir eine breitestmögliche Kollektivität und Einbindung des Büros gewährleistet.

Von 1992 bis 1996 hatten wir einen Büroraum in der Reuterstraße 44. Innerhalb des Hauses sind wir 1996 umgezogen. Wegen einer Eigenbedarfskündigung fand im April 1998 ein Umzug innerhalb Bonns zur Maxstraße 50 statt.

Bei der 5. Jahreshauptversammlung am 06.02.1999 gab es, vor allem aus personellen Gründen, eine Debatte über einen möglichen Büroumzug nach Frankfurt/M. oder Berlin. Der Vorstand hatte hierzu eine Vorlage mit Vor- und Nachteilen vorbereitet. Die JHV einigte sich auf einen Umzug nach Berlin. Dieser fand im Frühjahr 1999 in die Kreutziger Straße 18, 10247 Berlin, statt. Der letzte Umzug innerhalb Berlins in die Weydingerstr. 14-16, 10178 Berlin erfolgte im Dezember 2003.

Die NCN, deren langjähriger verantwortliche Redakteur Manfred Sill war, wurden dann später auch in der Präsentation professioneller. Ab der Ausgabe Nr. 4 vom Januar 1994 war es ein klassisches Heft mit durchschnittlich 40 – 44 Seiten pro Ausgabe und erschien in dieser Form viermal jährlich bis zur Nr. 31 vom März 2001. Der Einzelpreis betrug 4,- DM. Danach erschien die NCN als geheftete, kopierte Artikelsammlung noch bis zur Ausgabe 36 vom März 2003. Seither wird sie ausschließlich auf digitalem Wege vertrieben.

Zum Verbreitungsgrad der NCN heißt es im Rechenschaftsbericht des NETZWERK CUBA – Vorstands bei der 4. JHV am 24.01.1998 in Essen:

> »Wir merken an Rückmeldungen von Gruppen, auch solchen, die nicht Mitglieder im NETZWERK CUBA sind, daß Interesse an den angebotenen Informationen besteht und sich die Zeitschrift immer mehr zu einem Forum für den Austausch von Informationen entwickelt.
>
> Die Auflage der NCN ist nach wie vor bescheiden: Sie liegt derzeit bei 650 Stück, von denen aber im Vergleich zu früheren Ausgaben nur noch etwa 100 Stück übrigbleiben.
>
> Wie teilen sich die 650 Exemplare auf? Die Vollmitglieder erhalten pro angefangene 7,- DM 1 Exemplar der NETZWERK CUBA – Nachrichten zugeschickt. Auf diese Weise versenden wir rund 127 Stück pro Ausgabe. Weitere 55 Exemplare sind in der gleichen Anzahl von Fördermitgliedschaften enthalten. Die Zahl der einfachen Abonnent/inn/en beträgt derzeit 100 mit leicht steigender Tendenz. Ein größerer Posten von ca. 180 Stück wird kostenlos verschickt. In dieser Zahl sind sowohl Werbeexemplare enthalten als auch solche, die an »Multiplikatoren« versandt werden, d.h. an Adressen, die zwar nicht abonniert haben, die aber aus politischen Gründen mit der Information versorgt werden sollen. (Typisch hierfür: Die Botschaften in Deutschland und dem deutschsprachigen Ausland, die Granma Internacional, ICAP, einige ausländische Organisationen, die uns ebenfalls unentgeltlich mit ihren Publikationen versorgen, Pflichtexemplare für die Deutsche Bibliothek und andere) Außerdem gibt es noch Freiabos. Da dies sehr viele sind, was auch hohe Kosten verursacht, bauen wir diese behutsam und Schritt für Schritt ab.«

Heute ist es eine Selbstverständlichkeit, bspw. die Reden von Fidel bzw. später seine reflexiónes im Internet abzurufen. Das war Anfang der 90er Jahre noch nicht so. Die zentrale Seite der cubanischen Regierung http://www.cuba.cu/gobierno/discursos/index.html wurde erst später eingerichtet. Die dort zusam-

KAPITEL I: »DIE WILDEN JAHRE« — 1990-1999   59

mengetragenen Reden ab 1959 erschienen zunächst nur in spanischer Sprache, dann (ab Mai 1998) auch in französisch und englisch und erst ab Januar 1999 in deutscher und anderen Sprachen. Die NCN veröffentlichte daher schon ab der Ausgabe Nr. 3 vom Oktober/November 1993 regelmäßig von Mitgliedern besorgte Übersetzungen jeweils aktueller Fidel-Reden und Regierungserklärungen. Hierzu zählte bspw. auch die in acht Teilen veröffentlichte deutsche Übersetzung des cubanischen Verfassung (Nr. 13/Mai 1996 bis Nr. 21/Mai 1998), die von Barbara Muñoz besorgt wurde.

Die Homepage des NETZWERK CUBA ging nach einer halbjährigen Vorbereitungsphase erstmals am 15.10.1998 online.

7. Auf die Straße!

»Keine Atempause –
Geschichte wird gemacht...«
(Gruppe Fehlfarben)

Bereits vor der NETZWERK – Gründung war aus der Vorbereitungsgruppe heraus der Vorschlag für eine **bundesweite Solidaritätsdemonstration** entstanden. Zu diesem Zweck hatte es dann schon am 15.05.1993 in Bonn ein separates Vorbereitungstreffen gegeben. Ziel war es, unsere Anklage gegen die Blockade und deren aktive Unterstützung durch die BRD-Regierung im Wortsinne auf die Straße zu tragen. In einem Bündnis, das weit über die Mitgliedsgruppen des neugegründeten NETZWERK CUBA e. V. hinausreichte, wurde diese Manifestation dann in mehreren Sitzungen inhaltlich und organisatorisch vorbereitet sowie ein Aufruf verabschiedet, der von diesem Bündnis-Charakter geprägt war.

Mit rund 2.500 Teilnehmerinnen und Teilnehmer war diese bunte, laute, kämpferische und international geprägte Manifestation am **16.10.1993** sehr erfolgreich – wiewohl nicht verschwiegen werden soll, dass es berechtigten Ärger über den Umstand gab, dass uns die Bonner Polizei kurzfristig über längere Strecken über »totes Gebiet« gezwungen hat. Die Abschlusskundgebung in Sichtweite der cubanischen Botschaft war dafür umso lebendiger.

In einer attraktiven DIN A4-Broschüre wurden anschließend alle Dokumente veröffentlicht, darunter auch die folgenden:

AUFRUF

Cuba befindet sich in der schwierigsten ökonomischen Lage seit der Revolution von 1959. Das cubanische Volk kämpft im wahrsten Sinne des Wortes um seine Existenz.

Mit dem Zusammenbruch des RGW hat es innerhalb weniger Monate 85% seiner Außenwirtschaftsbeziehungen eingebüßt. Die Beziehungen zu den ehemaligen RGW-Staaten boten für Cuba in den vergangenen Jahrzehnten Ausgleich und Gegengewicht zu der seit nunmehr 32 Jahren währenden Wirtschaftsblockade seitens des US-Imperialismus.

Die BRD-Regierung beteiligt sich aktiv an dieser Blockade durch den völkerrechtswidrigen Vertragsbruch bezüglich der bis 1989 geltenden über 100 Verträge zwischen Cuba und der DDR.

Im Dezember 1992 wurde diese Blockadepolitik weiter verschärft durch die Verabschiedung des sogenannten »Torricelli-Gesetzes«. Auch die neue Regierung Clinton ließ bisher keinen Kurswechsel erkennen. Die Strategie des US-Imperialismus, in den CIA-Zentralen ersonnen und schon mehrfach erprobt, zielt auf das Aushungern des albanischen Volkes. Mit dieser Strategie ist das Schüren von Unzufriedenheit, Unruhe und Schaffung eines Oppositionspotentials verbunden, das dann mit kräftigem Sponsoring durch die USA das sozialistisch-orientierte System Cubas stürzen soll.

Die bereits genannte BRD-Politik ist in diese gemeinsame Strategie des Imperialismus eingebettet.

Gleichzeitig wird die Forderung nach Einführung eines Mehrparteiensystems und »freien« Wahlen erhoben mit dem Ziel, Cuba in den US-Hinterhof zurück zu führen und in die kapitalistische »Neue Weltordnung« einzufügen. Diese Forderung wird von denselben Regierungen und Parteien – auch in der BRD – erhoben, die sich nicht scheuen, Diktaturen in aller Welt zu unterstützen.

Bei den im Februar auf Cuba trotz verschärfter Lage durchgeführten Wahlen zur Nationalversammlung hat die übergroße Mehrheit der cubanischen Bevölkerung dieser Alternative (»Neue Weltordnung« und kapitalistischer Hinterhof) eine deutliche Abfuhr erteilt und deutlich gemacht, daß es seine Entwicklungsprobleme autonom lösen will.

Daher ist weiter damit zu rechnen, daß verdeckte und offene Interventionsversuche, von denen Cuba in den vergangenen 30 Jahren jede Menge zu spüren bekam, der cubanischen Bevölkerung die »richtige«, sprich prokapitalistische, Sichtweise von »Freiheit und Demokratie« beibringen sollen. Der Stützpunkt Guantánamo, eine US-Marinebasis auf Cuba, bietet dafür einen günstigen Ausgangspunkt –

ebenso wie das nur 132 km entfernte Miami. Dort rufen die »Miami-Cubaner« tagtäglich zum Sturz der cubanischen Regierung auf, planen Terroraktionen und militärische Interventionen. Sabotageaktionen, Unterstützung bewaffneter Terrorbanden, Medienkrieg gehörten und gehören schon immer zum Arsenal der Kriegsführung gegen die cubanische Revolution und den revolutionären Prozeß in Lateinamerika. Mit dem »Torricelli-Gesetz« wird die Verschärfung der Blockadepolitik vorangetrieben, indem gegen Firmen, Organisationen und Regierungen, die mit Cuba Handel treiben wollen, Sanktionen verhängt werden.

Ein alternatives Entwicklungsmodell soll zerschlagen werden
Das cubanische Volk hat durch seine Revolution in einem Land der Dritten Welt Enormes erreicht, so bei der Verwirklichung der Menschenrechte auf Selbstbestimmung, Nahrung, Gesundheit, Wohnen, Bildung, Ausbildung, Entwicklung, soziale Gerechtigkeit.
Das cubanische Volk hat dabei immer mit anderen geteilt. Seine Lehrerinnen und Lehrer, Ärztinnen und Ärzte, Technikerinnen und Techniker arbeiten in zahlreichen Ländern der Dritten Welt; Verfolgten und Verletzten aus ganz Lateinamerika gewährte und gewählt das sozialistische Cuba Zuflucht und medizinische Versorgung.
Tausende von Strahlungsgeschädigten Kindern aus Tschernobyl fanden und finden hochqualifizierte medizinische Betreuung.
Cuba war und ist deshalb für andere Länder, vor allem in der Dritten Welt, eine Ermutigung. Es ist ein Aktivposten gegenüber der wachsenden Verelendung von Dreiviertel der Menschheit in der kapitalistischen »Neuen Weltordnung« Durch die Embargo- und Blockadepolitik sind weltweit anerkannte Errungenschaften auf Cuba bedroht.
Nach Informationen der UNICEF und des cubanischen Gesundheitsministeriums führt die Krise der Lebensmittelversorgung bei 35% der Schwangeren zu deutlichen Zeichen von Blutarmut. Bei der Hälfte der Säuglinge im Alter von sechs bis zwölf Monaten hat sich innerhalb der letzten zwei Jahre das Geburtsgewicht bedeutend verringert,

Die BRD ist mitverantwortlich
Auch die BRD-Regierung beteiligt sich an den Strangulierungsversuchen gegen Cuba. So hat die Regierung Kohl entgegen den von ihr eingegangenen Verpflichtungen im deutsch-deutschen Einigungsvertrag einseitig und völkerrechtswidrig alle gültigen Verträge Cubas mit der DDR aufgekündigt.

Die selbsternannten Hüter der Menschenrechte stoppten die Handelsverträge über Futterhefe gegen Milchpulver für Cubas Kinder und alte Menschen.
Die Bundesregierung sabotiert den Aufbau einer Nickelfabrik, mit deren Hilfe die cubanischen Exporteinnahmen aus dem Nickelgeschäft von 150 Mio. auf 800-1.000 Mio. $ pro Jahr gesteigert werden könnten. Die deutsche Regierung weigert sich, mit der DDR vereinbarte 70 Mio. $ für die Fertigstellung des zu drei Vierteln errichteten Betriebes zur Verfügung zu stellen.
Verstärkung der internationalen Solidarität – Gerade jetzt!
Gegen diese menschenrechtsverletzende Blockade Politik gibt es weltweiten Widerstand.
Auch von der 47. UNO-Vollversammlung im Herbst 1992 wurde sie (gegen drei Stimmen) als ein Verstoß gegen die UNO-Charta und als Angriff nicht nur auf die Souveränität Cubas verurteilt.
Der UN-Generalsekretär Boutros Ghali wurde beauftragt, auf der kommenden 48. UNO-Vollversammlung im November 1993 einen Bericht über die Einhaltung dieser Resolution vorzulegen.
Es kommt darauf an, die interna0tionale Solidarität mit Cuba zu verstärken. Deshalb rufen wir auf zu einer bundesweiten Demonstration und Kundgebung am
16. Oktober 1993 in Bonn, Treffpunkt: Münsterplatz um 11 Uhr)

Wir fordern
die unverzügliche, bedingungslose Aufhebung der durch EG und BRD unterstützten völkerrechtswidrigen Blockade Cubas;
• die Einhaltung der UNO-Beschlüsse zur Beendigung der Blockade durch die Bundesregierung;
• die sofortige Erfüllung aller Verträge Cuba-DDR durch die BRD;
• die sofortige Wiederaufnahme der vertraglichen Lieferungen und Bereitstellung der vereinbarten erforderlichen Kredite;
• den Abzug aller US-Truppen aus Guantánamo!
• Schluß mit CIA-unterstützter, bewaffneter Aggression und Subversion und Terroraktionen gegen Cuba, keine offenen US-Militäraktionen!
• Keine Einmischung in die inneren Angelegenheiten Cubas!
• Keine Instrumentalisierung der Menschenrechte zur Einmischung in die inneren Angelegenheiten Cubas!
• Schluß mit dem Medienkrieg gegen Cuba!
• Weder US-Hinterhofpolitik in Lateinamerika noch kapitalistische »Neue Weltordnung«!

Wir rufen alle, für die Solidarität auch weiterhin ein grundlegender Wert bleibt, auf, sich für Cuba materiell und politisch zu engagieren. l Wir rufen alle, die sich als Person oder als Organisation, als Freundinnen und Freunde Cubas verstehen, dazu auf, l an der Cuba-Solidaritätsdemonstration am 16. Oktober in Bonn mit eigenen Plakaten, Flugblättern, Transparenten usw. teilzunehmen. Setzen wir ein deutliches Zeichen gegen die unmenschliche Blockade Cubas, an der sich die deutsche Regierung aktiv beteiligt!

Erstunterzeichnerinnen und Erstunterzeichner: (in alphabetischer Reihenfolge; Organisations- und Funktionsangaben dienen nur der Information) AKTIF (Föderation der Kurdisch-Türkischen Arbeitervereine e. V.); Arbeiterbund für den Wiederaufbau der KPD Frankfurt/M.; AStA-ANTIFRIS-Referat Bonn; Arbeitsgemeinschaft Christinnen bei der PDS, Berlin; Ludger Baack, Frankfurt/M.; Prof. Dr. Theodor Bergmann (Mitgl. PDS, Stuttgart); Sigmut Gräfin Bernstorff (Dipl.-Psych. Klin.-Psych. BDP, München); Friedhelm Julius Beucher (MdB, Bonn); Norbert Bockers, Aachen; Eberhard Bork (Cuba Sí, Berlin); Eva Böller, Bremen; Hans-Peter Brenner (DKP-Parteivorstand); Ferdinand Burkert (Deutscher Freidenker-Verband Offenbach); Ernst Busche, Bremen; Ernst Buschmann (Gemeinschaft der ehem. republikanischen Spanienfreiwilligen); Helmut Carduck (Vors. DKP-Kreisorg. Neckar-Fils, Betriebsrat, ÖTV-Mitglied); Emil Carlebach (Internationales Buchenwald-Komitee); Werner Cieslak (Sprecher des Solidaritätskomitees gegen die Verfolgung von Kommunisten in Deutschland); Cuba-Gruppe Bonn, Cuba Sí, Arbeitsgemeinschaft der PDS, Berlin; Franz-Josef Degenhardt, Quickborn; Deutscher Freidenkerverband e. V. München; Devrimci Sol Gü'cler, Europa; F6 BRD–Kuba e. V. Oldenburg; Dieter Fiesinger (L Vors. Landesjugendring Schleswig-Holstein); Freie Flüchtlingsinitiative Nürnberg e. V.; Freunde der Comisiones Obreras C.C.O.O., Frankfurt/M.; Dr. Ernst-Fidel Fürntratt-Kloep (Universitätsprofessor, Hackas/Schweden); Horst-Eckart Gross (FG BRD–Kuba e. V. Bielefeld); M. Gunkel, Oldenburg; Frieda Hafenrichter (Mitgl. ÖTV, Esslingen); Dr. Wolfgang Haible (Mitgl. PDS, Stuttgart); Heinz-W. Hammer (Bundesvorstand Freundschaftsgesellschaft BRD–Kuba e. V.); Kurt Heiler (Vorstand, Vereinigung der Verfolgten des Naziregimes – Bund der Antifaschisten VVN/BdA Aachen); Karl Holzmann (Gewerkschaftliche Cuba-Hilfe Stuttgart); Otto Hommel (Vertrauensmann IG Metall); Harry Hoppe (Computergrafiker, Hamburg); Infoladen Würzburg; Infoladen Anschlag, Bielefeld; Informationszentrum für Freie Völker e. V. Köln, Özgür-Halklar-Komitesi; Jutta und Hans Jeschke, Halle/Saale; Kampagne »Weg mit der Blockade«, CH-Luzern; Dietrich Kittner

(Schriftsteller, Kabarettist); Hans Kloep (Journalist, Bergisch-Gladbach); Dr. Marion Kloep (Universitätslektorin, Hackas/Schweden); Heide Kreuzinger-Janik, Oldenburg; Jürgen Kuczynski, Berlin; Christian Lehsten (Fotograf, München); Benita und Herbert Lederer, Essen; Ekkehard Lentz, Bremen; Hanne List, Nürnberg; Siga Luthner (Mitgl. GEW, München); Henning Mächerle (FG BRD–Kuba e.V. Gießen); Michael Opperskalski (Redakteur »Geheim-Magazin«, Hrsg.«Top Secret«-Magazin);Dr. med. Nasrin Opperskalski (Vorstand »Verein zur Förderung des Studiums der Arbeiterbewegung/Köln«); Markus Pachowiak (Context-Pressebüro Berlin); Manuel Parrondo (Mitgl. der Kommunalen Ausländervertretung Frankfurt/M.); Stelios Pavlidis (FG BRD–Kuba e.V. Aachen); Wolfgang Peter (FG BRD–Kuba e.V. Langenau/Ulm); Dr. Werner Petschick (Mitgl. DJU-Bundesvorstand/IG Medien); Sabine Petz, Regensburg; Anke Pfennig, Bonn; Thomas Pillich (Bundesvorstand Sozialistische Deutsche Arbeiterjugend); Friedrich Pospiech (Dipl. Volkswirt, Mitgl. IG Medien); Redaktion Kommunistische Arbeiterzeitung, München; Peter Rolf (FG BRD–Kuba e.V. Münster/Münsterland); Roter Winkel, Antifa-Zeitung Bielefeld; Margret E. Sari, Hamburg; Dipl. Psych. MA A. Schön (DKP Darmstadt-Dieburg); Manfred Scholz (Bildjournalist, Essen); Dr. Hannelies Schulte, Heidelberg; Ekkehard Schulz (PDS-Landesverband Brandenburg); Marianne Schweinesbein (FG BRD–Kuba e.V. Nürnberg); Dr. Robert Steigerwald (Deutscher Freidenkerverband); Gabi Ströhlein (Vorsitzende der FG BRD–Kuba e.V.); Werner Ströhlein (FG BRD–Kuba e.V. Südbayern); Hannes Stütz, Bremen; Taller de la Solidaridad, Darmstadt; TKEP (Kommunistische Partei der Arbeit der Türkei); Vereinigung Schweiz-Cuba, Sektion Zürich; Etelka und Sigmund Voigt (FG BRD–Kuba e.V. Ludwigsburg); Florian von Bothmer (JRE – Jugend gegen Rassismus in Europa); Zentralamerikakomitee (ZAK) Tübingen.
Weitere Unterstützungsunterschriften* von:
Bunte Liste Oberhausen; Erasmus Schöfer, Köln; Uta Kohlenberg, Aachen, Dagmar Ploetz (Übersetzerin, München), *Es konnten nur Rückmeldungen bis zum 30. August 1993 berücksichtigt werden.*

Nach Redaktionsschluß eingegangene Erstunterzeichner/innen und Unterstützungsunterschriften

Erstunterzeichner/innen: AK »Dritte Welt« e.V., Oldenburg; Aktion 3. Welt, Merzig-Wadern; K. Anastassiadov, Aachen; M. Elena Bayola, Aachen; Erika

Beltz, DKP-Kreis Gießen; Bremen-Cuba: Solidarität Konkret; Brigitte Engl, Lateinamerika-Komitee, Augsburg; D. Fehrentz, VVN-BdA – Kreisvereinigung Heidelberg; Dr. Dieter Frielinghaus, Pfarrer, Bergholz; Gisela Frielinghaus, Postarbeiterin, Bergholz; Georg Fülberth-Sperling, Marburg; Lothar Geisler, Redaktion UZ – Zeitung der DKP; Gesellschaft der Freunde des Sahrauischen Volkes, München; Peter Gingold, Verband Deutscher in der Resistance, den Streitkräften der Antihitlerkoalition und der Bewegung »Freies Deutschland«, Frankfurt; Rolf Gössner, Rechtsanwalt, Publizist; Gregor Gysi, MdB PDS/LL; Werner Hallmann, Nürnberg; Norman und Roman Hansmeyer, Gruppe Leo Trotzki – IV. Internationale; Prof. Uwe Jens Heuer, MdB PDS/LL; Internationalismusreferat ASTA Freie Universität Berlin; Sidney Kerstein, Gruppe Leo Trotzki – IV. Internationale; Kurdistan-Komitee, Marburg; Kurtulus, Befreiungsorganisation der Türkei u. Nordkurdistan, München; Andreas Lohse, Gruppe Leo Trotzki – IV. Internationale; Otto Marx, DKP, Oberhausen; Ivar Matuserich, Juventud Peronista Revolucionario, Sta. Fe, Argentinien; Jugendverband Rebell, Verbandsleitung, Essen; Leo Mayer, DKP, München; Gerhard Melzer, Oberhausener Friedensinitiative; Nord-Süd-Forum München; Christian Schäflein, DFG/VK, Jugendclub Courage, Antifa-Plenum, Schwein-

furt; Hansjörg Schupp, GEW Schwaben/By.; Oliver und Nicolai Seiffarth, Gruppe Leo Trotzki – IV. Internationale; Dorothee Sölle, Hamburg; Verein zur Förderung des Studiums der Arbeiterbewegung, Köln; Eva Wanninger, Internationale Jugend, Mainz; Peter Weißpfennig, Redaktionsleiter Jugendmagazin Rebell.

Weitere Unterstützungsunterschriften: Autonome Kommunistinnen Marburg; Brigitte Kiechle, Sozialistische Linke Karlsruhe; BUKO-Koordinationsausschuß; Bundestagsgruppe PDS/Linke Liste; Cuba-Gruppe Marburg; Henry-Crämer-Haus, Berlin; Dr. Diether Dehm, Bad Homburg; Revolutionäre Marxistinnen Marburg; Ulrike Voß, Freie Flüchtlingsstadt Nürnberg.

Pressemitteilung und Abschlusserklärung
Bonn/Essen/Berlin, 17.10.1993

Sehr geehrte Damen und Herren, wir bitten um Veröffentlichung nachfolgender Pressemitteilung in Ihrer geschätzten Zeitung.
Parallel zur derzeit in New York stattfindenden UNO-Vollversammlung fanden in Bonn und Berlin zwei Manifestationen der Solidarität mit Cuba statt.
Unter dem Motto »Solidarität mit Cuba Schluß mit der Blockade durch USA, EG und BRD« fand in Bonn am 16. Oktober 1993 eine Solidaritätsdemonstration statt.
Mit den Forderungen »Schluß mit der verbrecherischen und anachronistischen Blockade Cubas durch die USA – Abzug der US-Truppen aus dem Stützpunkt Guantánamo – Verurteilung der US-Großmachtpolitik auf der UN-Vollversammlung jetzt – mit den Stimmen der BRD und der anderen EG-Staaten!« beteiligten sich vom 15.-17. Oktober 1993 viele über die US-Blockade empörte Menschen an der Mahnwache, die abschließend eine Protestnote an US-Präsident Clinton mit über 450 Unterschriften in der Außenstelle der US-Botschaft überreichte. Die Veranstaltungen teilten solidarische Grußadressen aus.
In Bonn beteiligten sich über 2.500 Menschen an der Solidaritätsdemonstration, die sich u.a. durch ihren internationalen Charakter auszeichnete. Vertreten waren u.a. eine große Delegation aus Belgien sowie zahlreiche Teilnehmer/innen türkischer und kurdischer Gruppen.
Namhafte Rednerinnen und Redner* verschiedener Nationalität und aus den unterschiedlichsten gesellschaftlichen Bereichen forderten die Bundesregierung auf, die Beteiligung an der US-Blockade gegen Cuba zu beenden und

die einseitig aufgekündigten Verträge zwischen der DDR und Cuba fortzuführen. Die UNO-Vollversammlung wurde aufgefordert, sich gegen die Aufrechterhaltung der Blockade auszusprechen.
Von der US-Regierung wurde verlangt, endlich ihre Konfrontationspolitik gegen den kleinen karibischen Staat aufzugeben und normale zwischenstaatliche Beziehungen mit Cuba aufzunehmen.
Unter großem Beifall wurde die Abschlußdeklaration verabschiedet, die die genannten und weitere Forderungen zum Inhalt hat und der US-Botschaft, der US-Regierung, dem Bundeskanzler und Bundesaußenminister, dem Europäischen Parlament sowie der UNO-Vollversammlung übermittelt wurden. Die Teilnehmerinnen und Teilnehmer bekräftigten ihren Willen, sich weiterhin vor Ort für die Solidarität mit Cuba einzusetzen.
Derzeit ist ein Reader in Arbeit, der über o.g. Adressen angefordert werden kann. Informationen über regionale Aktivitäten der hiesigen Cuba-Solidaritätsgruppen können angefragt werden beim NETZWERK CUBA – Informationsbüro – e.V., Wolfstraße 10, 53111 Bonn, Tel. & Fax: 02 28 – 69 85 47.
Wir bedanken uns im Voraus für die Veröffentlichung und verbleiben mit freundlichem Gruß i.A. Heinz-W. Hammer
In der Anlage übersenden wir Ihnen die per Akklamation angenommene Abschlußerklärung der Bonner Demonstration sowie die Protestnote der Berliner Mahnwache.
- In der Reihenfolge des Auftritts:
- eine Vertreterin ausländischer Kolleginnen und Kollegen in der BRD;
- Ludwig Jost, IG Metall, Aachen;
- Frau Ingeborg Philipp, MdB PDS/LL, AG ChristInnen i.d. PDS, Bonn;
- Leo Mayer, DKP, München;
- Frau Dr. Charlotte Lamkewitz, IPPNW, Grüne, Germering;
- Frau Mireya Garcia, Cubanerin i.d. BRD.

Abschlußerklärung der Cuba-Solidaritätsdemonstration am 16.10.1993 in Bonn

Solidarität mit Cuba – Schluß mit der Blockade durch USA, EG und BRD! Unter diesem Motto haben sich am 16. Oktober 1993 in Bonn mehrere Tausend Menschen zusammengefunden und ihren Protest gegen den Versuch, ein unbotsames Volk der Dritten Welt auszuhungern, zum Ausdruck gebracht.
Seit mehr als 30 Jahren besteht die menschenrechtswidrige Blockade des sozialistischen Cuba durch die USA.

An dieser Politik beteiligen sich bis heute auch die EG und die deutsche Bundesregierung.

Obwohl die BRD als reiches Land des Nordens ihrer Milchseen und Butterberge kaum Herr wird, hat sie nach Übernahme der DDR deren gültige Verträge über Milchlieferungen für Cubas Kinder und Alte sofort gestoppt und sich zu einem aktiven Partner der US-Blockade gemacht.

Mit dieser brutalen Form neokolonialer Politik soll der Versuch des Aufbaus einer alternativen Gesellschaftsordnung mit allen Mitteln zerschlagen werden.

Tatsache ist, daß in keinem anderen Land der lateinamerikanischen Region die sozialen Menschenrechte derart entwickelt sind wie auf Cuba. Massenelend und blutiger Terror wie in den meisten Ländern Süd- und Mittelamerikas sind dort unbekannt.

Es gibt eine flächendeckende medizinische und schulische Versorgung, die sich mit dem Stand selbst hochindustrialisierter westlicher Länder messen lassen kann.

Rassismus als gesellschaftlich relevante Erscheinung ist nicht existent, die Schwächsten der Gesellschaft, vor allem die Kinder, genießen den meisten Schutz und die intensivste Zuwendung der Gesellschaft.

Diese und weitere Errungenschaften des cubanischen Modells machen die Insel zu einer Hoffnung nicht nur der Völker der Dritten Welt.

Wir, die Teilnehmerinnen und Teilnehmer der Cuba-Solidaritätsdemonstration am 16. Oktober 1993 in Bonn erklären unsere Solidarität mit dem bedrohten Cuba, mit seinem Volk und seiner jüngst neugewählten Regierung.

Wir verurteilen die Blockade Cubas als einen barbarischen, menschenfeindlichen Akt und fordern ihre sofortige Aufhebung.

Wir bekräftigen die im Aufruf zur Demonstration aufgestellten Forderungen und treten aktiv ein für das Recht auf Selbstbestimmung und eine eigenständige politische und ökonomische Entwicklung für Cuba.

Wir fordern von der US-Regierung, Cuba als souveränes Land mit einem eigenen Entwicklungsweg anzuerkennen und sich im Rahmen einer solchen neuen Politik nicht mehr gegen unvoreingenommene und gleichberechtigte Gespräche, wie sie auf Regierungsebene zwischen allen zivilisierten Ländern der Welt üblich sind, zu sperren.

Wir begrüßen die einstimmige Entschließung des Europäischen Parlaments, das am 16.9.93 die Blockade sowie in diesem Zusammenhang insbesondere

das sog. »Torricelli-Gesetz« verurteilte und ihre Mitgliedsländer auffordert, sich der Blockadepolitik nicht zu beugen.
Wir fordern den Europarat auf, sich diese Erklärung zu eigen zu machen sowie in diesem Sinne Einfluß auf die nationalen Regierungen zu nehmen.
Wir rufen die in New York bei der Vollversammlung der UNO versammelten Nationen der Welt auf, sich nicht länger dem internationalen Druck der USA zu beugen, sondern unabhängige und souveräne Beziehungen mit Cuba aufzunehmen bzw. weiterzuentwickeln.
Wir rufen den UNO-Generalsekretär Boutros Boutros-Ghali auf, das ganze Gewicht seiner Persönlichkeit und seines Amtes entsprechend dem Beschluß der letzten UNO-Vollversammlung gegen die völkerrechtswidrige Blockade in die aktuelle UNO-Politik einzubringen.
Nicht zuletzt fordern wir die deutsche Bundesregierung auf, sich unverzüglich die Erklärung des Europäischen Parlaments zu eigen zu machen, alle aufgekündigten bzw. ausgelaufenen Verträge zwischen Cuba und der DDR einzuhalten bzw. fortzuführen, die vertraglichen Lieferungen sofort wieder aufzunehmen und die vereinbarten erforderlichen Kredite bereitzustellen.
Die Teilnehmerinnen und Teilnehmer der Cuba-Solidaritätsdemonstration am 16. Oktober 1993 in Bonn bekräftigen ihren Willen, diesen Forderungen auch weiterhin durch aktive Solidarität mit dem bedrohten Cuba in allen Städten und Gemeinden der BRD Nachdruck zu verleihen.

Schluß mit der Blockade –
Hände weg von Cuba –
Solidarität hilft siegen.

per Akklamation angenommen durch die Teilnehmerinnen und Teilnehmer der Cuba-Solidaritätsdemonstration am 16. Oktober 1993 in Bonn.
Adressaten:
- UNO-Vollversammlung, c/o Seine Exzellenz Boutros-Boutros Ghali
- Europäisches Parlament
- US-Regierung, c/o Präsident William Clinton
- US-Botschaft in Bonn
- Deutsche Bundesregierung, c/o Bundeskanzler Helmut Kohl via Bundeskanzleramt
- Deutsches Außenministerium, c/o Außenminister Klaus Kinkel via Außenministerium
Zur Information an
- Regierung der Republik Cuba via Cubanische Botschaft

Bei dieser Demonstration wurde auch unmittelbar materielle Solidarität geübt und 950,- DM Spenden für Cuba gesammelt. Der ICAP-Präsident Sergio Corrieri würdigte diese Geste in einem Brief an das NETWERK CUBA »*als ein Zeichen der Freundschaft und Solidarität gegenüber Cuba, seiner Revolution und seiner sozialen Errungenschaften*«:

INSTITUTO CUBANO DE AMISTAD CON LOS PUEBLOS
Calle 17 No. 355 e/ g y h, vedado, Telefonos: 32-7601 – 32-5405 – 32-7479 Fax: 33-3181 – 33-3041
Ciudad de la Habana, 14 de febrero de 1994
»Año 36 de la Revolución«

Heinz-W. Hammer, NETZWERK CUBA
Wolfstr. 10
53111 Bonn 1

Lieber Heinz,
zum Zeitpunkt der Verschärfung der ungerechten und inhumanen Blockade durch die Regierung der USA gegen unser Volk, welches für eine gerechtere Gesellschaft kämpft und arbeitet, und in Anbetracht der klimatischen Katastrophen, die unser Land 1993 gegeißelt haben, bedanken wir uns im Namen unseres Volkes für die solidarische Geste in Form von der Bereitstellung von DM 950,-, die am 16. November 1993 während der Demonstration gegen die Blockade der USA in Bonn gesammelt wurden und die für den Kauf von Medikamenten für das cubanische Volk bestimmt sind.
Wir bestätigen den Eingang des Betrages und erachten es als ein Zeichen der Freundschaft und Solidarität gegenüber Cuba, seiner Revolution und seiner sozialen Errungenschaften.
Saludos,

KAPITEL I: »DIE WILDEN JAHRE« – 1990-1999

Eine ausführliche Nachbetrachtung zu dieser Demonstration wurde in der NCN Nr. 4 vom Januar 1994 veröffentlicht.

8. Granma Internacional.
Die Stimme Cubas, endlich auch auf deutsch

> »Konkrete politische Aufgaben muss man
> in einer konkreten Situation stellen ...
> Es gibt keine abstrakte Wahrheit.
> Die Wahrheit ist immer konkret«
> (W.I. Lenin)

Parallel zu solch ganz praktischen Aktionen wurde auch an langfristigen Maßnahmen »gebastelt«. So gab es schon seit vielen Jahren den Wunsch, die *Granma Internacional* »irgendwann einmal« auch in deutsch erscheinen zu lassen. Die rasante Entwicklung der Cuba-Solidaritätsbewegung in der Bundesrepublik setzte dieses Vorhaben erneut auf die Tagesordnung. Es wurden Modelle entwickelt, wie dieses Projekt technisch und organisatorisch in Angriff zu nehmen sei, Personen für eine deutschsprachige Redaktion gesucht, Finanzierungspläne erstellt.

Nachdem als zukünftiger Leiter der deutschsprachigen Gruppe der frühere FG-Bundesvorsitzende Hans-Werner Richert feststand, konnten am Rande des Europatreffens der Cuba-Solidarität in Havanna im Dezember 1993 die letzten Festlegungen mit allen Beteiligten (PCC, ICAP, NETZWERK CUBA, Verlag in der BRD) getroffen und Verträge unterzeichnet werden.

Zu einem Zeitpunkt, zu dem es in Cuba buchstäblich an allem mangelte, war es natürlich erforderlich, das nötige Equipment auf Spendenbasis zu organisieren, was Dank der Hilfe vieler auch gelang.

Beispielhaft sei hier ein Dankesschreiben des Granma-Direktors Gabriel Molina dokumentiert:

»An die
Vorsitzende der Freundschaftsgesellschaft
BRD–Kuba e. V.
Cra. Gabi Ströhlein
(...)
BRD

Havanna den 4.5.94
36. Jahr der Revolution

Liebe Cra. Gabi,
im Namen der Direktion der Zeitungen Granina und Granma Internacional, sowie der des Zentralkomitees der Kommunistischen Partei Kubas möchte ich mich auf diesem Weg für die uns übersandte Spende von acht Tischcomputern, einem Laptop, zwei Nadeldruckern, einem Tintenstrahldrucker, einer elektrischen Schreibmaschine, Wörterbüchern und diversem Büromaterial herzlich bedanken. In diesen Dank möchte ich ausdrücklich auch die Organisationen Cuba Sí, NETZWERK CUBA, die Gruppe Nürnberg der Freundschaftsgesellschaft und alle Einzelpersonen mit einbeziehen, die an dem Zustandekommen dieser für uns so wichtigen Spende mitgewirkt haben.
Eine neue Ausgabe einer Zeitung zu realisieren (in diesem Fall die deutschsprachige Ausgabe der Granma Internacional) ist immer ein schwieriges Unternehmen und mit außerordentlichen Anstrengungen verbunden. Wir gehen dieses Wagnis ein in einer Zeit der wirtschaftlichen Probleme und der Umgestaltungen in vielen Bereichen unseres Landes. Die ›periodo especial‹, bedingt durch die doppelte Blockade und die veränderte Weltsituation, legt uns viele Beschränkungen auf. Trotzdem arbeiten wir daran unser Land weiter zu entwickeln und die Errungenschaften des Sozialismus zu verteidigen.
Dabei ist die solidarische Hilfe von Freunden besonders wichtig. Sie hilft uns aktuelle Engpässe zu überwinden und gleichzeitig aller Welt zu verdeutlichen, daß Kuba nicht isoliert ist.
Granma Internacional in deutscher Sprache will dazu beitragen die Anzahl unserer Freunde noch zu erhöhen. Durch die regelmäßige Veröffentlichung einer Zeitung aus und über Kuba im deutschsprachigen Raum werden wir der Desinformation und Unwissenheit über unser Land entgegentreten indem wir offen und mit Objektivität, aber nicht ohne Parteilichkeit über das Geschehen in Kuba und Lateinamerika berichten.

Laßt uns gemeinsam weiter daran arbeiten, daß dieser Versuch zu einem sichtbaren Erfolg unserer Zusammenarbeit wird und zu ihrer Vertiefung beiträgt. Weiterhin erhoffen wir uns Kritik und Anregungen in bezug auf unsere Arbeit. Diese Form der Rückkopplung ist für uns unverzichtbar.

Mit brüderlichen Grüßen

Gabriel Molina, Direktor«

(Quelle: *cuba libre*, Nr. 2/94, Juni 1994, S. 45)

Bislang war die *Granma Internacional* auf spanisch, englisch, französisch und portugiesisch erschienen. Nun sollte die deutschsprachige Ausgabe hinzukommen.

Nachdem sich die deutschsprachige Gruppe in Havanna konstituiert hatte und alle technischen Vorbereitungen abgeschlossen waren, erfolgte am 17. Mai 1994 um 23:00 Uhr Ortszeit Havanna der Andruck für die Nullnummer der deutschsprachigen *Granma Internacional*. Sie erschien mit dem Titel *»Jetzt gibt es ein neues Südafrika, ein Land des Friedens«* über den Besuch von Fidel bei Nelson Mandela im befreiten Südafrika. Weitere Themen dieser historischen Ausgabe waren die Entwicklung des Tourismus (*»Havanna und Varadero sammeln Freunde«*), die Umsetzung der Beschlüsse der Nationalversammlung zur Sanierung der Staatsfinanzen (*»Jetzt beginnt die schwierigste Etappe«*) die Dokumentation eines internen Schreibens der US-Interessenvertretung SINA an das State Department in Washington (*»Streng Geheim«*) mit eine entlarvenden und zugleich resignierten Einschätzung der US-Vertreter über die innere Konterrevolution und andere mehr.

Im Editorial hieß es:

»Wenn die Fahrten von Christoph Kolumbus Kuba mit Spanien verbinden, wenn der Sklavenhandel tiefe Beziehungen zu Afrika geschaffen hat, dann kann man auch schlußfolgern, daß die Forschungen Alexander von Humboldts die Insel mit den besten Traditionen Deutschlands verknüpfen. Dennoch gab es bis heute keine kubanische Zeitung in deutscher Sprache.
Um diese moralische Verpflichtung zu erfüllen und die Informationsblockade, die über das kubanische Volk und seine Revolution verhängt wurde, zu brechen, erscheint GRANMA INTERNACIONAL in deutscher Sprache. Sie bietet ein Panorama des lateinamerikanischen Geschehens, das von der gro-

KAPITEL I: »DIE WILDEN JAHRE« – 1990-1999

Granma INTERNACIONAL

HAVANNA
MAI 1994

Jahrgang 29 / Nummer 0
Preis in Kuba: 0,50 USD

Wochenzeitung
in Deutsch,
Spanisch,
Englisch,
Französisch,
Portugiesisch

Havanna und Varadero sammeln Freunde

SEITEN 11 UND 16

"Jetzt gibt es ein neues Südafrika, ein Land des Friedens"

● PRETORIA: "Jetzt gibt es ein neues Südafrika, ein Land des Friedens, das Kuba Achtung und Liebe entgegen bringt", sagte Präsident Fidel Castro zum Abschluß seines Staatsbesuches in Pretoria, wo er an den Feierlichkeiten zur Amtseinführung Nelson Mandelas teilnahm.

Dieser Erklärung an die kubanische Presse, die ihn auf der Reise begleitete, war die Aufnahme diplomatischer Beziehungen zwischen beiden Ländern vorausgegangen. Es eine der ersten außenpolitischen Entscheidungen der Regierung Mandelas.

Der kubanische Außenminister, Roberto Robaina, und sein südafrikanischer Amtskollege Alfred Nzo, unterzeichneten das Protokoll, das einen neuen Abschnitt in den Beziehungen zwischen Pretoria und Havanna einläßt.

Beide Regierungen unterhielten bisher keine diplomatischen Beziehungen, da Kuba das rassistische Apartheidsystem, das jetzt beseitigt ist, strikt abgelehnt hatte.

Zu den letzten Aktivitäten Fidels in Südafrika gehörte ein Gespräch im privaten Rahmen mit Nelson Mandela. Danach gab er dem südafrikanischen Fernsehen SBC (South African Broadcasting Company) im Hotel Arcadia, in dem er mit seiner Delegation untergebracht war, ein Exklusivinterview.

In Presseerklärungen versicherte Fidel, daß ihm während seines Aufenthalts nicht nur vom Afrikanischen Nationalkongreß (ANC), sondern von allen gesellschaftlichen Kräften eine sehr respektvolle Haltung entgegengebracht worden sei:

"Wir müssen alle zu Frieden und Harmonie in Südafrika beitragen," äußerte er," damit die Ergebnisse der Anstrengungen und Opfer dazu führen, das Land zu einer Art Modell für die ganze Welt zu machen."

Sehr bewegt zeigte sich Fidel auch von dem offiziellen Akt der Amtseinführung Mandelas. Dazu waren mehr als etwa 5.000 Personen, darunter Staats- und Regierungschefs aus etwa 40 Ländern, im Amphitheater des Union Building zusammengekommen.

In der neuen Nationalversammlung nimmt der ANC 252 der insgesamt 400 Sitze ein. Er hat auch die Mehrheit in den gesetzgebenden Versammlungen von sieben der insgesamt neun Provinzen, in die das Land aufgeteilt ist. Die Nationale Partei, angeführt von Frederick de Klerk, erhielt 20 % der Stimmen und auf Inkhata unter Mangoshutu Buthelezi entfielen 10 %, wobei sie 53 % in ihrer Hochburg, der Provinz Kwarzulu-Natal, erringen konnte.

DIE FREIHEIT IST SCHON REALITÄT

Begleitet von stürmischem Beifall trat der Repräsentant der schwarzen Mehrheit, Nelson Mandela, seine Präsidentschaft an. Für die südafrikanische Nation ist dies das bedeutendste Ereignis der letzten 300 Jahre.

Mandela leistete den Amtseid vor 140 Delegationen sowie Staats- und Regierungschefs aus aller Welt. Präsident Fidel Castro wurde von der Menge umjubelt, als er vor dem Union Building eintraf, um an den historisch bedeutsamen Feierlichkeit teilzunehmen. "Fidel Castro, Fidel Castro", hallte es ihm in einem Riesenchor entgegen.

"Die Freiheit ist schon Realität," rief Mandela bewegt aus. Seine erste öffentliche Rede war der nationalen Versöhnung gewidmet und er ermutigte alle Südafrikaner, keine Furcht in ihren Herzen zu tragen

FORTSETZUNG SEITE 7

Maßnahmen gegen die Krise
SEITE 4

Konferenz der Emigranten ist ein erster Schritt
SEITEN 8 BIS 10

Wirtschaftliche und kulturelle Beziehungen zu Deutschland
SEITEN 12 UND 14

ßen Presse fast ausgeklammert wird. Im 28. Jahr nach ihrer Gründung wird sie in 76 Ländern gelesen und an fünf verschiedenen Orten nachgedruckt. Bisher gab es sie in vier Sprachen (spanisch, englisch, französisch und portugiesisch). Im deutschen Sprachraum schon lange in anderen Sprachen bekannt, vergrößert GRANMA INTERNACIONAL nun ihren Aktionsradius, um in der Landessprache wahrheitsgetreu über Kuba, sein Volk und seine Revolution zu informieren. Dies geschieht trotz der gegenwärtigen wirtschaftlichen Schwierigkeiten, die mit dem Begriff período especial in Friedenszeiten charakterisiert werden, trotz der eisernen Blockade, die von den USA vor mehr als 30 Jahren verhängt wurde und trotz der Folgen, die das Verschwinden der UdSSR und des sozialistischen Lagers in Europa mit sich brachten.

Die vorliegende Ausgabe ist das Ergebnis einer fruchtbaren Zusammenarbeit von Solidaritätsorganisationen mit Kuba in Deutschland und in anderen deutschsprachigen Ländern. Ihr Anliegen ist es, Ihnen grundlegende Informationen in Ihrer Muttersprache leichter zugänglich zu machen.

Wenn das erste Exemplar etwas später als geplant erscheint, so darum, weil wir noch die Berichte über die Konferenz ›Nation und Emigration‹ und die Maßnahmen der Nationalversammlung zur Sanierung der Wirtschaft aufnehmen wollten.

Bis Ende 1994 wird die deutsche Ausgabe der GRANMA INTERNACIONAL monatlich erscheinen. Wir nutzen diese Zeit, um die Kosten besser kalkulieren zu können und Erfahrungen zu sammeln, die wir ab 1995 bei der Herausgabe der GRANMA INTERNACIONAL als Wochenzeitung verarbeiten wollen.

Schließlich sehen wir diese Anstrengung als eine Ehre an, die wir mit unseren deutschsprachigen Lesern teilen wollen. Wir laden Sie darum ein, uns bei diesem Unternehmen zu helfen – mit Abonnements und der Verbreitung unter Freunden, die mehr über Kuba und Lateinamerika aus erster Hand wissen möchten.«

Beigelegt waren dieser Nullnummer zwei Anschreiben: Eines des NETZWERK CUBA e. V. mit einer Begrüßung aller Abonnentinnen und Abonnenten incl. technischer Hinweise, unterzeichnet von Manfred Sill, sowie eine Einladung der FG BRD–Kuba e. V. zu ihrem Solidaritätsfest »*Cuba – Südafrika – Vietnam*« am 25. Juni 1994 in der Münchner Muffathalle anlässlich deren zwanzigjährigen Bestehens; u. a. mit dem am 29.02.2008 im Alter von 69 Jahren leider verstorbenen ICAP-

Präsidenten Sergio Corrieri und dem damaligen Botschafter Cubas in der BRD, Rodney López Clemente.

Der NETZWERK-Gründungsvorsitzende übernahm auf Wunsch der cubanischen Partner die Funktion des offiziellen Repräsentanten der Granma Internacional für den deutschsprachigen Raum. Diese Funktion nahm er bis September 2003 wahr.

Die materielle Unterstützung war natürlich weiterhin und laufend nötig. So gab es immer wieder Bitten für die Besorgung von technischer Ausrüstung, Literatur, Lexika, Büromaterial, Medikamente für die Betriebsapotheke u.a.m., die über das NETZWERK an die Gruppen weitergeleitet wurden oder seitens des Vorstands selbst erledigt wurden. Hinzu kam die Organisierung von elf kostenlosen Solidaritätsabonnements deutscher Zeitungen, die regelmäßig und relativ zeitnah der Redaktion per Kurieren überbracht wurden.

Die ersten Versendungen der neuen Zeitung hatten recht abenteuerlichen Charakter. Nach der Zusendung durch die Druckerei erfolgte das Eintüten bei »subbotniks« der FG Essen im Garten einer Compañera im Essener Norden. Versandt wurden die hunderte Couverts dann als »Drucksache« mittels Einwurf in verschiedene Postkästen. Später wurde auch dies professioneller betrieben.

Im Februar 1995 gingen 36 Exemplare an ebenso viele Adressen im Ausland, 110 Ex. als Inlandssammelbestellungen und 952 Ex. an 866 Inlandadressen als Postvertriebsstücke. Im Juli 1995 gingen bereits 149 Exemplare an 44 Auslandsadressen, 1.371 Ex. als Inlandssammelbestellungen sowie 1.008 Ex. an 1.041 Inlandsadressen. Das machte, bei der damaligen Druckauflage von 3.500 Stück eine Gesamtzahl von 2.528 Ex. an 1.041 Adressen.[12]

Im Dezember 1997 gab es bereits 1.677 Einzelbezieher (ein Plus von 201 seit Januar dieses Jahres), 1.430 Sammelbestellungen frei und 646 Sammelbestellungen mit Rechnung.[13]

Die Geschichte der Höhen und Tiefen des hiesigen Vertriebs würde eine eigene Publikation ergeben und soll daher an dieser Stelle nicht weiter vertieft werden. Angemerkt werden soll aber, dass in den 90er Jahren niemand auf die Idee gekommen wäre, dem Herausgeber, also dem ZK der PCC, mitzuteilen, dass sich das Erscheinungsbild der Zeitung zunächst ändern müsse, damit hierzulande eine intensivere Werbung betrieben werden könne.

Im Rechenschaftsbericht des damaligen Granma-Repräsentanten bei der 5. JHV am 06.02.1999 heißt es hierzu:

»Um es noch einmal deutlich klarzustellen: Die Granma Internacional ist ein 100%ig cubanisches Produkt. Inhalt wie Form werden unter Federführung der PCC in Havanna festgelegt. Das NETZWERK CUBA sowie alle Cuba-Solidaritätsgruppen in der BRD, Österreich und der Schweiz sind aufgerufen, für die Verbreitung zu werben, um neue Abonnenten zu kämpfen sowie materielle Solidarität mit der Granma Internacional (für alle Sprachgruppen) zu üben.«

Die NCN veröffentlichte in der Ausgabe Nr. 16 vom Februar 1997 anlässlich einer Dienstreise des Leiters der deutschsprachigen Gruppe, Hans-Werner Richert, ein ausführliches Interview mit diesem unter dem Titel *»Granma Internacional – Die Stimme Cubas in der Welt«* zum damals aktuellen Stand der Dinge. Ein weiteres Interview (*»Granma Internacional – Eine kleine Erfolgsstory«*) folgte in der NCN Nr. 20 vom Februar 1998.

Zu unserer systematischen und kontinuierlichen Unterstützung der deutschsprachigen Granma Internacional äußerte sich grundsätzlich der Granma-Direktor Frank Agüero Gómez am 28. 01.1999 in einer Grußadresse an die 5. JHV am 06.02.1999:

»Die Direktion der Granma
offizielles Organ des Zentralkomitees der Kommunistischen Partei Kubas

Havanna, den 28. Januar 1999
»Jahr des 40. Jahrestages des Sieges der Revolution«

Heinz W. Hammer Vorsitzender des NETZWERK CUBA

Lieber Freund,
ich habe die Freude mich über Ihre Person an alle Compañeros zu wenden, die im NETZWERK CUBA zusammengeschlossen sind. Als erstes und vor allem, um Euch unsere Anerkennung und unsere Zufriedenheit über die außerordentliche Arbeit, die Ihr in den vier Jahren, die die deutsche Ausgabe von Granma Internacional besteht, geleistet habt, und die sie an die Spitze unserer im Ausland durchgeführten Nachdrucke gebracht hat.
Die Deutsche Ausgabe hat in bemerkenswertem Umfang dazu beigetragen, die Wahrheit über Kuba zu verbreiten und unserer Meinung nach hat sie auch eine wichtige Arbeit als Sprachrohr der Solidaritätsbewegung geleistet. Über

diesen letzten Punkt denken wir, daß er in Zukunft einen noch höheren Stellenwert einnehmen kann.
Wir bedanken uns aufrichtig für Eure systematischen Hilfe, die es uns erlaubt hat, unsere Publikationen in technologischer Hinsicht zu modernisieren. Diesen Aspekt gilt es auch in Zukunft weiterzuverfolgen.
Wir freuen uns darüber, daß Ihr in Eurer Tagesordnung für die Jahreshauptversammlung auch den Punkt Granma Internacional eingeplant habt, damit es uns durch die Anwesenheit einer Delegation unserer Zeitung ermöglicht wird, Meinungen und Vorstellungen über das gemeinsame Ziel auszutauschen und dieses Medium noch effizienter zur Sicherung der
Errungenschaften des kubanischen Volkes einzusetzen.
Ich wünsche Euch von ganzem Herzen Gesundheit, neue Erfolge im persönlichen Leben und in den Aufgaben, die Euch dazu gebracht haben, euch in dieser Organisation zusammenzuschließen.
Es grüßt Euch
Frank Agüero Gómez Direktor«

9. Nationale und Internationale Konferenzen

»Kein Volk Amerikas ist schwach, denn es ist Teil einer Familie von zweihundert Millionen Brüdern, die das gleiche Elend zu ertragen haben und die gleichen Gefühle hegen, die denselben Feind haben und die alle von einer besseren Zukunft träumen«
(Zweite Deklaration von Havanna, 1962)

Wie bereits erwähnt, fand vom 5. bis 11. Dezember 1993 in Havanna der »Kongreß der Europäischen Cuba-Solidarität« in La Habana statt:

Programm:
KONGRESS DER EUROPÄISCHEN KUBA-SOLIDARITÄT

Termin: Montag, 6.12., bis Samstag, 11.12.1993
Ort: Villa Panamericana, Cojimar, Havanna Stadt

Ziele:
- Vertiefung der Beziehungen zu verschiedenen europäischen Solidaritätsorganisationen
- effizientere Koordination der politischen und materiellen Solidarität gegenüber Kuba
- Vermittlung von Informationen aus erster Hand über die wichtigsten Aspekte der gegenwärtigen Situation Kubas
- allgemeine Stärkung der Kuba-Solidaritätsbewegung im Rahmen des 35. Revolutionsjahres.

Teilnehmer/innen:
An dem Treffen sollen führende Vertreterinnen und Mitglieder als Delegierte der europäischen Kuba-Solidaritäts- und Freundschaftsorganisationen teilnehmen, die von den Gruppen selbst ausgewählt werden.
Nach entsprechender Absprache mit dem Kubanischen Institut für Völkerfreundschaft (ICAP) können auch Persönlichkeiten und Vertreterinnen ausländischer Institutionen, die mit der Solidaritätsarbeit in Verbindung stehen, als Gäste teilnehmen.
Die Einladung zu dem Kongreß richtet sich auch an Osteuropa sowie an die

im Zuge der neuen internationalen Bedingungen neu entstandenen Kuba-Solidaritätsgruppen.

Teilnahmebedingungen:
Die ausländischen Delegierten müssen die Kosten für die internationalen Flüge selbst übernehmen und sich für eine der folgenden Varianten entscheiden:
- Unterbringung in den Aparthotels (Hotel-Appartements) »Brisas« oder »Vista del Mar« in Appartements mit 2 bzw. 3 Zimmern für jeweils 4 und 5 Personen für 6 Nächte und 7 Tage.
Mit Halbpension (Frühstück und Abendessen): 200 $.
Mit Vollpension (Frühstück, Mittag- und Abendessen): 250 $.
(In diesen Preisen ist das gesamte Paket für den Aufenthalt in Kuba, d.h. Unterkunft und Verpflegung, enthalten).
- Es bestehen weitere Angebote von Einzel- und Doppelzimmern Minisuiten und Suiten im Hotel »Panamericano«.
Alle Varianten schließen den Transfer Flughafen-Hotel-Flughafen sowie andere im Programm vorgesehene Transporte ein.

PROGRAMM:
- Ankunft der verschiedenen Delegationen; Unterbringung und Akkreditierung

Photo: Hammer

- Eröffnungsveranstaltung, Plenum
- Empfang bei ICAP mit dem akkreditierten Diplomatischen Corps und geladenen Gästen
- Arbeitstag zur politischen und materiellen Solidarität
- freiwillige Arbeit in einem neuen Camp
- Besuch im Nationalen Zentrum für Biotechnologie
- Teilnahme an einer Großveranstaltung
- Round-Table-Gespräch über die US-Blockade gegen Kuba
- Abend bei den Komitees zur Verteidigung der Revolution (CDR)
- Kulturabend im ICAP
- feierliche Verleihung der Freundschaftsmedaillen
- Gespräche und Diskussionen zu folgenden Themen:
1. Die Außenpolitik der Kubanischen Revolution
2. Demokratie in Kuba: Treffen mit Abgeordneten der Nationalversammlung der Volksmacht sowie Bezirks-, Gemeinde- und Provinzdelegierten
3. Die kubanische Ökonomie: Reale Bedingungen und Perspektiven
4. Menschenrechte
- Schlußversammlung

Solche Europatreffen hatten auch schon vorher auf dem »alten Kontinent« stattgefunden. Nun, mitten in der schwersten Krise seit 1959, fand ein solches aber erstmal direkt in Havanna statt. Das Motto der Konferenz war *»Defendamos la Eperanza – Verteidigen wir die Hoffnung!«* Damit sollte sowohl dem cubanischen Volk als auch den Feinden unsere internationale Solidarität demonstriert werden. Aus der Bundesrepublik nahm eine starke Delegation mit insgesamt 21 Vertreterinnen und Vertretern des NETZWERK CUBA sowie mehrerer Mitgliedsgruppen teil. Im Vorfeld waren bereits Festlegungen getroffen worden, dass neben der Teilnahme an allen Veranstaltungen zusätzliche Ziele angestrebt werden sollten, die vor allem den Aufbau unserer internationalen Vernetzung, also insbesondere Kontaktaufnahmen, Adressenaustausch (Fax, e-mail) usw. betrafen. Grundsatzdokumente des NETZWERK CUBA waren vorab ins spanische übersetzt worden und konnten bei der Konferenz verteilt werden. Außerdem kümmerten sich die Mitgliedsgruppen natürlich noch zusätzlich um ihre eigenen Solidaritätsprojekte vor Ort. Zudem waren die Teilnehmerinnen und Teilnehmer immer wieder Interviewpartner für cubanische Medien.

Wie im Programm ausgewiesen, sollte am Montag, d. 6. Dezember, abends eine *»Feierliche Auszeichnung – Begrüßungsempfang des ICAP für die Teilnehmer unter*

Beteiligung des Diplomatischen Corps und cubanischer Persönlichkeiten« stattfinden. Es stellte sich heraus, dass es dabei um die Auszeichnung einer Reihe von Delegierten mit dem vom Staatsrat der Rep. Cuba vergebenen »Orden der Freundschaft – Medailla de la Amistad« ging. »Betroffen« waren u. a. Arnaldo Cambiaghi / Generalsekretär der Freundschaftsgesellschaft Italien – Cuba, Froule Carlos / Präsident der spanisch-cubanischen Freundschaftsgesellschaft Bartlomé de las Casas, Pete Stania / Vizepräsident der Freundschaftsgesellschaft Österreich-Cuba, Brian Rasmussen / Publizist aus Dänemark sowie aus der Bundesrepublik Deutschland Dorothee Piermont / MdEP und Heinz-W. Hammer, Vorsitzender NETZWERK CUBA – Informationsbüro – e. V.

Diese würdige Zeremonie wird sicherlich allen Beteiligten im Gedächtnis bleiben. Ebenso der Umstand, dass bei der Abschlußsitzung am Morgen des Samstag, d. 11.12.1993, als alle Koffer (incl. der meisten Kameras) bereits gepackt waren, völlig überraschend der *Comandante en Jefe* erschien und ein mitreißendes, ca. 1 ½ Stunden dauerndes Referat hielt.

Am 3. September 1994 fand die 1. ordentliche Jahreshauptversammlung (JHV) des NETZWERK CUBA in Bremen statt.[14]

Hierbei ging es vor allem um eine Bestandsaufnahme der Stabilisierung des Vereins, die Auswertung der bis dahin stattgefundenen, nicht wenigen Aktivitäten und schließlich die anstehenden bundesweiten Aktionen (siehe unten).

Vom 21. bis 25. November 1994 fand in Havanna das **erste Welttreffen der Cuba-Solidarität** statt, zu dem 18 cubanische Verbände und Massenorganisationen einluden. Es stand unter dem einfachen und unmissverständlichen Motto »Por Cuba – Solidaridad / Für Cuba – Solidarität«. Der Aufruf wurde in der Bundesrepublik Deutschland vom NETZWERK CUBA und seinen Mitgliedsgruppen verbreitet:

Aufruf zum Welttreffen der Solidarität mit Cuba
Die gesellschaftlichen Organisationen rufen in Vertretung der cubanischen Nation und des gesamten Volkes zur Teilnahme am Welttreffen der Solidarität für Cuba auf. Wir wenden uns, gestützt auf die Forderungen der internationalen Solidaritätsbewegung, an alle diejenigen, die mit uns ihren Widerstand gegen die Blockade deutlich zum Ausdruck bringen wollen. Dieses Treffen wird vom 21. bis 25. November 1994 in Havanna stattfinden.
In aller Welt verurteilen nationale Parlamente und internationale Gremien, Organisationen unterschiedlicher ideologischer Ausrichtung sowie maßgeb-

liche Persönlichkeiten aus Politik, Kultur und religiösen Institutionen die Blockade als völkerrechtswidrig und menschenverachtend; dennoch hält die US-Regierung ihren Belagerungsring gegen das cubanische Volk aufrecht und zieht ihn noch enger zusammen.

In ihren letzten beiden Sitzungsperioden hat die UNO-Vollversammlung klar und offen die Blockade verurteilt, dennoch ignoriert Washington diese Abstimmungsergebnisse und bekräftigte wiederholt, daß seine Isolationspolitik gegen Cuba fortgeführt wird. Die cubanische Regierung zeigt sich nach wie vor bereit, auf gleichberechtigter Grundlage und ohne Vorverhandlungen über ihre Differenzen mit der US-Regierung Gespräche zu führen; dennoch mußten im Laufe der Zeit verschiedene Vorwände für den Versuch herhalten, die unausgesprochene Absicht zu verschleiern: Cuba soll das Recht auf seine volle Souveränität verweigert werden.

Die vielfältigen und kraftvollen Stimmen der Weltöffentlichkeit können von der US-Regierung nicht für alle Zeiten ignoriert werden.

Aus diesen Gründen

* rufen wir all jene zusammen, die sich ungeachtet unterschiedlicher Weltanschauungen oder Glaubensbekenntnisse in aller Welt der Blockade widerset-

zen. Sie sollen an diesem Welttreffen der Solidarität teilnehmen, um dadurch erneut eine unleidliche Politik zurückzuweisen, die der Notwendigkeit eines zivilisierten Zusammenlebens der Völker auf diesem Planeten Hohn spricht;
* rufen wir all jene zusammen, die den Vormachtanspruch einer Regierung verurteilen, den Willen eines Volkes durch Hunger und Elend zu brechen, das unter so widrigen Umständen für das Recht kämpft, sein eigenes Schicksal selbst zu bestimmen.

Nach einem Dichterwort »ist jedes Sterben in einem Schweigen verborgen«. Aber für uns hat weder die Stunde des Sterbens noch die des Schweigens geschlagen. Die Zeit ist für uns reif, um auf jede mögliche Weise zu fordern, daß endlich diese unmenschliche Politik aufhört; gerichtet gegen eine Nation, die lediglich ihre Unabhängigkeit und das Recht ihres Volkes auf menschliches Wohlergehen verteidigt.

Unterzeichnende Organisationen:
1. Cubanisches Institut für Völkerfreundschaft (ICAP)
2. Cubanischer Frauenverband ((FMC)
3. Cubanischer Gewerkschaftsbund (CTC)
4. Kommunistischer Jugendverband Cubas (UJC)

Photo: Hammer

Photo: Hammer

5. Nationale Vereinigung der kleinen Landwirte (AMAP)
6. Komitees zur Verteidigung der Revolution (CDR)
7. Vereinigung der Universitätsstudent/innen (FEU)
8. Nationaler Verband der Schriftsteller/innen und Künstler/innen Cubas (UNEAC)
9. Vereinigung der Mittelschüler/innen (FEEM)
10. Vereinigung der Revolutionskämpfer/innen Cubas (ACRC)
11. Casa de las Américas (Haus der Kunst und Kultur der ›beiden Amerikas‹)
12. Cubanische Bewegung für den Frieden und die Unabhängigkeit der Völker
13. Nationaler Jurist/innen-Verband Cubas
14. Journalist/innen-Verband Cubas (UPEC)
15. Nationaler Verband der Architekt/innen und Bauingenieur/innen (UNAIC)
16. Vereinigung der Wirtschaftswissenschaftler/innen Cubas (AEC)
17. Ökumenischer Rat Cubas (CEC)
18. Gedenkzentrum für Martin Luther King jr.
Informationen zu den Kosten:

Aus verständlichen Gründen müssen alle Teilnehmerinnen und Teilnehmer für die entstehenden Kosten selbst aufkommen bzw. diese Frage in und mit den sie delegierenden Organisationen klären.

Die cubanischen Gastgeber/innen bieten allerdings für den Aufenthalt auf Cuba ein Gesamtpaket für die Unterbringung und sonstigen Dienstleistungen an, das – dem Anlaß angemessen – im Preis weit unter einem normalen Touristik-Aufenthalt liegt.

Preise pro delegierter Person in US-Dollar:
Villa Panamericana (Apartmentshotels mit Blick aufs Meer) 250,-
Hotel Panamericano 300,-
Hotel Presidente 310,-
Hotel Copacabana 380,-

In den Preisen inbegriffen sind:
* Frühstück und Abendessen (Halbpension)
* Transfer in-out (Vorausgesetzt, Ankunft und Abflug erfolgt gruppenweise am 19. oder 2o. bzw. 25. oder 26.11.1994)
* Sämtliche Transfers zum offiziellen Kongreßprogramm
* Die Zahlung erfolgt in bar bei der Ankunft in der Hotelrezeption.

Verbindliche, schriftliche Anmeldungen werden ab sofort entgegengenommen beim
NETZWERK CUBA – Informationsbüro – e.V., Reuterstraße 44, 53113 Bonn.

Wie bereits zum Europatreffen im Vorjahr, so wurde auch zum Welttreffen aus der Bundesrepublik eine starke Delegation aus den verschiedensten Gruppen entsandt. Über das NETZWERK CUBA wurden 38 Personen zur Teilnahme angemeldet. Hinzu kamen noch diverse Parteienvertreter u. a. m., so dass aus der Bundesrepublik insgesamt rund 90 Personen angereist waren, darunter einzelne MdB. Aus aller Welt waren insgesamt 12 Nobelpreisträger sowie 56 Abgeordnete des Europäischen Parlaments angereist.

Und mehr noch als im Vorjahr nahm ganz Cuba Anteil an diesem Ereignis. Radio, Fernsehen und Zeitungen berichteten täglich. Die mehrsprachigen Granma-Ausgaben titelten u. a.: *»Freunde von jedem Kontinent – Freund, die cubanische Nation braucht Dich – 2.700 Reisende auf der Suche nach Gerechtigkeit – Stellungnahmen von Repräsentanten von rund um den Globus – Ein Kongress von Freunden – Botschafter der Freundschaft – Über dreitausend Verteidiger des Friedens sagten NEIN zur US-Blockade und traten für das Recht Cubas auf Selbstbestimmung ein«*

Die Novemberausgabe in spanisch, englisch, französisch und portugiesisch und die deutschsprachige Ausgabe Dezember '94/Januar '95 brachten ein halbseitiges Interview mit Gabi Ströhlein (Vorsitzende FG BRD–Kuba e.V.) und Heinz-W. Hammer (Vorsitzender NETZWERK CUBA e.V.) mit dem Titel »*Deutsches Engagement für die Granma*«.

Schließlich konnte festgestellt werden, dass insgesamt 3.072 Menschen aus 109 Ländern zu dieser globalen Manifestation nach Havanna gekommen waren.

Bei der hochemotionalen Eröffnungsveranstaltung waren u.a. die im Vorjahr mit der Medailla de la Amistad ausgezeichneten europäischen Vertreter/innen sowie weitere Persönlichkeiten aus der ganzen Welt im Präsidium platziert worden.

Neben zahlreichen Teilnehmerinnen und Teilnehmern ergriffen im Laufe der Konferenz der stv. Staatsratsvorsitzende Carlos Lage ebenso das Wort wie Ricardo Alarcón de Quesada, Präsident der Nationalversammlung, Außenminister Roberto Robaina, ICAP-Präsident Sergio Corrieri und andere namhafte cubanische Persönlichkeiten. Präsident Fidel Castro nahm an allen Tagen an den Plenarveranstaltungen teil. Neben diesen Vollversammlungen gab es Treffen in den Arbeitsgruppen 1.: Aktionen gegen die Blockade, 2.: Hetzkampagnen und die Wahrheit über Cuba, 3.: Gedanken- und Erfahrungsaustausch für die Solidarität mit Cuba, Kulturveranstaltungen, Besichtigungen, Besuche und bilaterale Treffen.

Die NETZWERK CUBA-Delegation traf sich zwecks Koordination und organisatorischen Absprachen täglich. Die vielfältigen Kontakte und Aktivitäten unserer Delegation können an dieser Stelle auch nicht annähernd dargestellt werden. Der für die Plenumsveranstaltung vorbereitete Beitrag des NETZWERK CUBA – Vorsitzenden konnte aus Zeitgründen dort nicht gehalten werden und wurde dafür anschließend in den NCN, Nr. 8, Februar 1995, veröffentlicht.

Redebeitrag von Heinz-W. Hammer zum Plenum des ENCUENTRO MUNDIAL DE SOLIDARIDAD CON CUBA vom 21.- 25.11.94

Dieser Beitrag konnte in Havanna nicht vorgetragen werden und wird hiermit auf mehrfachen Wunsch den cubanischen Genossinnen und Genossen sowie den interessierten Cubafreundinnen und -freunden in der BRD ›nachgereicht‹ Der Autor hatte den folgenden Beitrag für den 22.11.94 vorbereitet. Er wurde allerdings erst am Freitag, den 25.11.94 vormittags aufgerufen – zu einem Zeitpunkt, an dem er einen unaufschiebbaren ärztlichen Termin im Hospital wahrnehmen mußte (...). Für die Leserinnen und Leser aus der BRD, die nicht am Kongreß teilnehmen konnten, sei angemerkt, daß die-

ser Beitrag erst im Laufe des Kongresses entstanden und daher sprachlich und inhaltlich von dieser Atmosphäre geprägt ist...

Lieber Comandante en Jefe Fidel,
liebe Genossinnen und Genossen der Revolutionsregierune und des Tagungspräsidiums, liebe Genossinnen und Genossen ich bin genauso nervös wie der Compañero Pionero heute früh.
Allerdings habe ich eine Granma mitgebracht. Daran kann man sich bekanntermaßen in jeder Situation gut festhalten...
Ich spreche hier als Vorsitzender des NETZWERK CUBA – Informationsbüro – in der Bundesrepublik Deutschland.
Das NETZWERK ist eine Koordinationsstelle der sehr vielfältigen Cuba-Solidaritätsgruppen in der BRD. Zur Zeit haben sich rund 30 Gruppen unter diesem Dach organisiert – bei gleichzeitiger Bewahrung der absoluten Autonomie ihrer jeweiligen speziellen Tätigkeit.
Wir kommen aus Deutschland, und ich brauche vor diesem Forum nicht zu erklären, welche Gefahr von den nunmehr grobdeutschen Imperialismus weltweit ausgeht. Die antiimperialistischen und internationalistischen Kräfte in Deutschland sind zur Zeit schwach. Wir arbeiten daran, diesen Zustand zu ändern. Konkret haben wir in diesem, dem INTERNATIONALEN JAHR DER SOLIDARITÄT MIT CUBA in der BRD
erstmals eine bundesweite Solidaritätskarawane organisiert. Hierfür haben wir seit Januar 8 Monate lang gearbeitet und im September in ca. 50 Städten Sammelzentren organisiert Als Ergebnis konnten wir 32 Fahrzeuge, darunter 11 guaguas für Santiago, sowie rund 200 Tonnen Hilfsgüter im Hafen von Bremen verladen.
Ein sehr wichtiger Aspekt ist, daß wir bei dieser Aktion erstmals bundesweit die Medienblockade gegen Cuba durchlöchern konnten. Erstmals ist es uns bei einer nationalen Aktion gelungen, mit unseren Aktivitäten auch in den nationalen kapitalistischen Medien Gehör zu finden.
Als Beleg habe ich – das ist das zweite, woran ich mich hier festhalte – eine gerade fertiggestellte Pressedokumentation mitgebracht. Ich habe natürlich keine 2.700 Stück dabei, aber die eine möchte ich gleich gerne – wenn mich die Compañeros der Sicherheit lassen, dem Comandante en Jefe überreichen – wir werden sehen.
Ich erzähle Euch die Ergebnisse unserer Solidaritätskarawane nicht, um zu zeigen, wie toll wir sind – Im Gegenteil. Es gab viele Schwierigkeiten und

Fehler, es gab Auseinandersetzungen über diese Aktionsform und auch jetzt, nachdem wir die Aktion abgeschlossen haben und diese allgemein als großartiger Erfolg eingeschätzt wird, dauert es noch einige Zeit, bis alle beteiligten Gruppen alle Aspekte ausgewertet haben werden.

Ich spreche zu diesem Thema, um Euch aufzufordern, gemeinsam über diese und andere effektive Solidaritätsaktionen für Cuba zu diskutieren. Wir wollen Eure Meinungen wissen, Eure Erfahrungen und Ratschläge. Wir möchten in diesen gleichberechtigten Dialog in gemeinsamer Sache unsere diesbezüglichen Erfahrungen einfließen lassen.

Zweiter Punkt: Seit gestern früh hören wir kämpferische Grußadressen aus allen Teilen dieser Erde an unseren gemeinsamen Kongreß. Das gibt moralische Kraft, zeigt, daß wir – wo auch immer wir leben und kämpfen – niemals allein sind im weltweiten solidarischen Kampf.

Auch ich bin stolz darauf, vor diesem Weltforum die solidarischen und kämpferischen Grüße des NETZWERK CUBA und der ihm angeschlossenen Solidaritätsgruppen übermitteln zu dürfen.

Nur: Meiner Meinung nach reicht das nicht!

Ich frage Euch: Ist es nicht ebenso, wenn nicht wichtiger, die Grüße des revolutionären Cubas in die Welt zu tragen?

Ist es nicht wichtiger, die Wahrheit Cubas, de wir hier täglich erleben, unter unsere Völker zu bringen?

Sieht es denn nicht so aus, daß – heute mehr denn je – da Imperium mit all seinen Massenmedien die Köpfe der Menschen überall auf der Welt beherrscht, wir also – so stark wir hier auch moralisch sind – objektiv in der Minderheit sind?

Ich beantworte alle Fragen mit JA! Was also tun?

Wir haben unsere eigenen Publikationen, die wichtig sind und an denen wir weiter arbeiten müssen.

Aber da gibt's noch mehr: Es gibt die GRANMA – DIE Zeitung der cubanischen Revolution.

Wir sind in der Bundesrepublik z.Zt. dabei – im Vergleich zu anderen verspätet – diese Zeitung in der BRD unter schwierigen Bedingungen zu etablieren. Es ist kompliziert, wir sind noch nicht ›über dem Berg‹, aber wir kämpfen darum.

Wir wollen auch in diesem Punkt Eure Erfahrungen mit den unseren austauschen, wollen lernen von denen, die diese wichtige Zeitung bereits länger herausgeben, wollen diskutieren mit Genossinnen und Genossen, die sich mit

> dem Gedanken tragen, die GRANMA in ihren Ländern herauszugeben usw. Ich meine: Die GRANMA ist eine einzigartige Waffe im ideologischen Klassenkampf (der sowieso von oben betrieben wird; es geht für uns nur darum, ob wir ihm ›was entgegenzusetzen haben…). Diese Waffe sollten wir nutzen.
> Laßt uns gemeinsam von diesem einzigartigen Weltforum der Solidarität das Licht der Wahrheit der cubanischen Revolution unter die Völker der Welt tragen!
> Es lebe das cubanische Volk und seine einzigartige Revolution!
> Es lebe die revolutionäre Regierung und Fidel sehr lang! Es lebe die internationale Solidarität!
> Ich danke für Eure Aufmerksamkeit.

Bei der Abschlussveranstaltung schließlich hielt der Comandante en Jefe eine mitreißende Rede, in der er u. a. konstatierte:

> *»Die besten Werte unserer Zeit zogen hier vorüber (…) Ich glaube, daß dieses außergewöhnliche Treffen und ihre großzügigen und solidarischen Worte zum Teil die solidarische Geschichte unserer eigenen Revolution widerspiegeln (…) Es sind keine leichten Probleme, mit denen wir konfrontiert sind, aber wir begegnen ihnen, indem wir das durchsetzen, was Robertico sagte: das Wenige, was wir haben, unter vielen zu verteilen und nicht das Viele nur unter sehr wenigen zu verteilen (BEIFALL). Wir haben immer geteilt, was wir hatten (…) Also, wenn man das Wenige unter vielen verteilt, kann man viel machen; und es gibt viele Länder in der Welt, die viel mehr als wir haben, aber sehr wenig machen (…) Wir begreifen, was es für alle progressiven Kräfte, für alle revolutionären Kräfte, für alle friedliebenden und gerechtigkeitsliebenden Kräfte in der Welt bedeuten würde, wenn es dem Imperialismus gelänge, die kubanische Revolution zu erdrücken. Deswegen sehen wir es als unsere grundlegendste und unsere ehrenvollste Aufgabe an, mit Ihnen die Revolution zu verteidigen, sollte es auch das Leben kosten (BEIFALL).«*[15]

In diesem Sinne beschlossen die Teilnehmerinnen und Teilnehmer eine Abschlusserklärung und Grundvereinbarungen:

Abschlussdokumente

Abschlußerklärung der Weltkonferenz der Cuba-Solidarität
In der Stadt Havanna sind vom 21. bis 25. November 1994 insgesamt 3.039 Teilnehmerinnen und Teilnehmer aus 108 Ländern in 5 Kontinenten zusammengetroffen, die an der Weltkonferenz der Cubasolidarität teilnahmen. Wir erklären, daß die Verteidigung von Cubas souveränem Recht, sich ohne Einmischung einem Ziel zu widmen, das mit seinen Bedürfnissen und seiner historischen Entwicklung übereinstimmt, auch das Recht darauf beinhaltet, eine eigene Wahl seines Weges zu treffen angesichts der politischen und ökonomischen Dogmen, die weltweit auferlegt werden.
In den Arbeitstagungen und im direkten Kontakt mit dem Volk haben wir einmal mehr festgestellt, daß, während Cuba die Möglichkeit des freien Handels mit der übrigen Welt verwehrt ist, während seine Anstrengungen zum Wiederaufbau seiner Wirtschaft behindert werden, die cubanische Wirklichkeit in einer unvergleichbaren Propagandakampagne systematisch falsch dargestellt und verzerrt wird. Wir haben mit eigenen Augen die grausamen Auswirkungen der Blockade auf das Leben des cubanischen Volkes wahrgenommen und fordern daher von der Regierung der Vereinigten Staaten, auf den Protest weiter Bereiche der öffentlichen Meinung in der Welt sowie auf die Generalversammlung der Vereinten Nationen zu hören und diese ungerechtfertigte Maßnahme zu beenden, die seit mehr als dreißig Jahren andauert. Wir konnten überdies den Geist und den Willen zum Widerstand des cubanischen Volkes feststellen sowie seine Entschlossenheit, die erreichten sozialen Errungenschaften zu verteidigen. Wir kehren zurück in unsere Länder, mehr denn je überzeugt von der Notwendigkeit, uns weiterhin für die cubanische Sache einzusetzen.
In den nächsten Tagen wird Cuba, blockiert und verleumdet, nicht auf dem Gipfeltreffen vertreten sein, das in Miami von der Regierung der USA einberufen wurde. Die Gastgeber fürchten es wegen seiner stolzen Stimme, die die Vergessenen, die Ausgeplünderten, die Ausgegrenzten und die Schwachen vertritt Aber Cuba steht nicht allein. Das beweist dieser Kongreß, an dem nur ein Teil der enormen Fülle von Menschen teilnimmt, die wir uns in allen Teilen der Erde an die Seite dieses würdevollen Volkes stellen.
Unser Weltkongreß der Cubasolidarität hat stattgefunden während in ganz Cuba und in Lateinamerika die Vorbereitungen getroffen werden für den Jahrestag von José Martís Tod im Kampf. Marti erkannte immer die große Bedeutung, die die cubanischen Unabhängigkeitskämpfe auch für das Ziel besaßen,

das er »Unser Amerika« nannte, sowie für die »Ausgeglichenheit der Welt«. In diesen Tagen eröffnet sich uns die Prophezeiung Martís in all ihrer Tiefe und Größe. »Wer sich heute an der Seite Cubas erhebt, wird sich für alle Zeiten erheben«.
Die Blockade gegen Cuba muß beendet werden!
Das unveräußerliche Recht des cubanischen Volkes, seine Zukunft aufzubauen, muß respektiert werden!

<u>Grundvereinbarungen</u> des Ersten Weltkongresses der Solidarität mit Cuba
1. 1995 als Internationales José Martí-Jahr und Jahr des Kampfes gegen die Blockade zu erklären.
2. Zum 19. Mai, dem Jahrestag von José Martís Tod im Kampf, einen Martí-Tag zu Ehren dieses cubanischen Nationalhelden durchzuführen. Dieser Tag wird mit Aktionen unterschiedlicher Art begangen, die durchgeführt werden entsprechend den Initiativen der Solidaritätsbewegung in jedem Land.
3. Die nationalen und regionalen Treffen der Cubasolidarität unter Beteiligung aller Kräfte und Gruppen, die sich für die Freundschaft mit Cuba einsetzen, fortzusetzen und zu verbessern.
4. Gegen den Ausschluß Cubas aus dem kontinentalen Gipfel in Miami, der von den USA einberufen wurde, zu protestieren.
5. Die Kampagnen zur materiellen und ökonomischen Unterstützung Cubas als Ausdruck der Solidarität mit Cuba fortzuführen und zu steigern.
6. Sich für das Anwachsen der Solidaritätsbewegung einzusetzen, die alle nur möglichen Bereiche jeder Art von Solidarität einschließt; den gegenseitigen Austausch zu fördern sowie die Besuche in Cuba, den Tourismus und die Investitionen in die cubanische Wirtschaft.
7. Den 10. Oktober, den Tag des Beginns des revolutionären Kampfes des cubanischen Volkes als Weltweiten Tag der Solidarität mit Cuba zu proklamieren.
8. Alle Blockaden, die im Interesse der Weltmächte Druck auf Länder in der Entwicklung ausüben, zu ächten.
9. Gegen jegliche Verleumdungskampagnen gegen Cuba aufzutreten.
(A. d. Sp.: MS)

Bei diesem 1. Welttreffen der Cuba-Solidarität[16] lernten wir auch den oben bereits erwähnten Repräsentanten von IFCO/Pastors for Peace, Rev. Lucius Walker, persönlich kennen und schätzen. Nach Absprache in der Delegation luden wir ihn zum V. Bundestreffen im Mai 1995 in Darmstadt ein. Lucius akzeptierte diese Einladung und nahm an dieser Konferenz im Folgejahr teil.

Am 1. September 1998 wurde IFCO/Pastors for Peace zusammen mit der Initiative Kölner Klagemauer mit dem Aachener Friedenspreis ausgezeichnet, den Lucius dort persönlich entgegennahm. Seine Dankesrede wurde in der NCN Nr.23 vom November 1998 dokumentiert:

IFCO/Pastors for Peace (USA) Friedenspreisverleihung 1998

IFCO/Pastors for Peace betrachtet es als große Ehre, mit dem angesehenen Aachener Friedenspreis ausgezeichnet zu werden. Mein Kollege David Silk und ich freuen uns, Ihrer Einladung nach Aachen folgen zu dürfen und den Preis entgegenzunehmen. Wir sind hier stellvertretend für die Mitarbeiter, den Vorstand und für die Tausenden von Mitgliedern und Mitwirkenden der Arbeit der IFCO/Pastors for Peace.
IFCO wurde 1967 von einer kleinen Gruppe aufgeschlossener und weitblickender Kirchenführer ins Leben gerufen. Sie träumten davon, die biblische Forderung nach sozialer Gerechtigkeit zu verkörpern und stellten die Armen und Unterdrückten ins Zentrum ihrer Arbeit. Seit 31 Jahren bemüht sich IFCO, diesem Auftrag treu zu bleiben und den Kampf der Menschen für Gerechtigkeit, Frieden und soziale Entwicklung in den schwarzen, lateinamerikanischen und indianischen Bevölkerungsgruppen zu unterstützen und zu fördern. Wir setzen uns hierbei für alle wirtschaftlich Benachteiligten in den USA ein.
Im ersten Jahr des Bestehens erkannte der Vorstand von IFCO bereits die Notwendigkeit, den Rahmen seiner Arbeit so zu erweitern, daß auch Menschen in anderen Ländern in ihrem Kampf für Gerechtigkeit unterstützt werden. Seit diesen frühen und bescheidenen Anfängen haben wir Menschen in Angola, Guinea-Bissau, Mosambik, Süd-Afrika, Simbabwe, Nicaragua, El Salvador, Guatemala, Haiti, Chiapas (Mexiko), Kanada und Kuba in ihrem Kampf für Frieden und Gerechtigkeit Beistand geleistet.
Im Jahre 1988, während einer Friedensmission in Nicaragua, wurde ich von Contras angeschossen, die von meiner eigenen Regierung organisiert, geleitet und bewaffnet wurden.
In der Nacht nach diesem Ereignis kam mir der Gedanke, IFCOs Arbeit für internationale Gerechtigkeit dadurch zu verstärken, daß wir die ungerechte und schändliche Außenpolitik der USA offen in Frage stellen und diese

26.05.1995, V. Bundestreffen, Darmstadt

zu verändern suchen. Dies führte dazu, daß eine neue Teilorganisation von IFCO entstand, die Pastors for Peace. Durch diese Organisation hat IFCO seine Arbeit für den Frieden auf der Welt verstärkt und erweitert. Die Pastors for Peace haben bereits 31 Hilfskarawanen nach Mittelamerika, Chiapas und Kuba organisiert. Im Falle von Nicaragua und Kuba wurden die Karawanen durchgeführt, um die Sanktionen der USA gegen diese Länder anzuprangern.

8 Karawanen lieferten 1700 Tonnen Hilfsgüter nach Kuba, um die US-Regierung herauszufordern und zu provozieren, damit der das cubanische Volk bestrafende und unmoralische Charakter der Blockade zu Tage treten konnte.

Aus unserer Sicht gibt es weder eine rechtliche noch eine moralische Rechtfertigung für die Blockade Kubas. Die Sanktionen gegen Kuba werden in erster Linie aufrechterhalten, weil Kuba sich weigert, seine revolutionären Überzeugungen von sozialer Gerechtigkeit aufzugeben, um nicht wieder zu den Verhältnissen US-amerikanischer Kolonialherrschaft in wirtschaftlichen und politischen Angelegenheiten zurückzukehren.

Durch dieses auf dem Glauben basierende außenpolitische Projekt von Menschen für Menschen haben wir die Kräfte von Tausenden von US-Bürgern und vielen Bürgern aus Europa, Mexiko und Kanada in einer stets wachsenden internationalen Bewegung für den Frieden im Westen mobilisiert. Unsere Bemühungen wurden von der US-Regierung mit brutaler Gewalt, der Beschlagnahme von Hilfsgütern und mit Inhaftierung beantwortet.

Unsere Arbeit aber geht weiter, denn wir wissen, daß wir auf dem richtigen Weg zum Frieden sind.

So setzt sich IFCO seit 31 Jahren unermüdlich dafür ein, Hoffnung den Hoffnungslosen, eine Stimme den Stummen und Macht den Machtlosen in den USA und in vielen anderen Ländern der Welt zu geben. Bei dieser Arbeit spielen Pastors for Peace seit 1988 eine äußerst wichtige Rolle.

Oft vergrault unser visionärer Einsatz diejenigen, deren Privilegien durch unser mutiges Engagement für den Frieden in Gerechtigkeit angefochten werden.

Der Weg, den wir gehen, ist manchmal einsam. Aber wir sind entschlossen und vollkommen überzeugt, daß unsere Vorstellung von einem friedlichen Zusammenleben in einer Welt der Feindseligkeiten und des Hasses der einzige Weg zum Frieden ist. Und wenn so eine Organisation der Freunde des Friedens in Aachen uns für unsere Arbeit ehrt, sind wir zu Tränen der Freude gerührt. Sie ehren uns nicht nur, Sie ermutigen uns. Sie ermutigen uns, unseren oftmals einsamen Kampf für den Frieden in den USA fortzusetzen, wo solche

Arbeit oft wenig Freunde hat. Und wir werden fortfahren, bis unser Traum von Fairness, Gerechtigkeit und sozialer Entwicklung Realität wird, für die Armen sowohl in den USA als auch in anderen Teilen der Erde.
Wir müssen den Mythos, daß in den USA alles zum Besten steht, zerstören und Sie ermutigen uns bei dieser Aufgabe zu unterstützen. Wir versprechen Ihnen, daß wir nicht nur der Vision einer besseren Welt, sondern auch besseren USA treu bleiben werden. Wir kehren zurück in die USA, um unseren Kampf fortzusetzen bis es eine allen zugängliche Gesundheitsversorgung gibt, bis die Bildung für alle kostenlos ist, bis die Todesstrafe abgeschafft ist, bis alle politischen Gefangenen in den USA frei sind, bis Polizeibrutalität der Vergangenheit angehört, bis Rassismus, Sexismus und Diskriminierung von Homosexuellen Relikte der Vergangenheit sind und bis unser Land sich verpflichtet, Lebensmittel und Medikamente nicht mehr länger als Kriegswaffe einzusetzen, bis alle Sanktionen beendet sind, und bis die wunderschönen Worte der Bibel sich verwirklichen, »Schwerter werden zu Pflugscharen gemacht und Spieße zu Sicheln, und der Löwe und das Lamm liegen beieinander, und Gottes Kinder haben alle gleichermaßen Teil an den reichlichen Gaben Gottes Werk«.
Übersetzung von Daniela Uhing und Silke Georgi

Unser guter Freund und Compañero Rev. Lucius Walker ist am 7. September 2010 einen Monat nach seinem 70. Geburtstag gestorben.[17]

Wie im Punkt 7. der »Grundvereinbarungen« des Welttreffens beschlossen, berieten auch wir in der Bundesrepublik öffentlichkeitswirksame Aktionen anlässlich der weltweiten Aktionswoche gegen die Blockade im Oktober 1995. Besonderen Stellenwert nimmt dabei das V. Bundestreffen vom 26.–28. Mai 1995 in Darmstadt ein. Es war eines der arbeitsintensivsten und effektivsten. Eine umfassende Berichterstattung der Konferenz und aller Arbeitsgruppen (incl. einem erstmaligen Treffen von Gewerkschaftern) wurde in der 52seitigen NCN Nr. 10 vom August 1995 und Nr. 11 vom Oktober 1995 veröffentlicht. Vereinbart wurde – neben regionalen Aktivitäten, Briefen und Eingaben an nationale und internationale Parlamente, einem internationalen Solidaritätsaufruf [BRD, Luxemburg, Niederlande und Österreich], intensivierten Spendensammlungen u. a. m. – eine zweite bundesweite Cuba-Solidaritätsdemonstration, die am 7. Oktober 1995 unter dem Motto »Die Blockade gegen Cuba muß sofort beendet werden!« in Berlin stattfand:

reuterstraße 44, 53113 bonn
tel./fax: 0228/24 15 05
e-mail: cubared@link-k.gun.de
konto: 46 953
Sparkasse Bonn (BLZ 380 500 00)

Aufruf

10.10.1995: Weltweiter Tag der Solidarität mit Cuba (10.10.1868, Tag des Beginns des revolutionären Befreiungskampfes in Cuba)

Aufruf zur bundesweiten Demonstration am 7.10.1995

14 Uhr, Adenauerplatz, 10629 Berlin-Charlottenburg, ca. 15.30 Uhr Abschlußkundgebung, Amerika-Haus, Hardenbergstraße
Redner: Prof. Dr. Heinrich Fink, Berlin

Wir rufen zur Solidarität mit Cuba auf und fordern:
DIE BLOCKADE GEGEN CUBA MUSS SOFORT BEENDET WERDEN!
Seit über 30 Jahren ist Cuba Opfer des »Wirtschaftsembargos« der USA. Die anderen führenden kapitalistischen Industriestaaten folgen überwiegend dieser diskriminierenden Politik. Während diese Länder Cuba einerseits das Recht beschneiden, frei mit der Welt Handel zu treiben und seine Anstrengungen behindern, die eigene Volkswirtschaft zu entwickeln, wird die cubanische Realität durch eine beispiellose propagandistische Kampagne gefälscht und verdreht dargestellt

Bis 1989 konnte Cuba die Auswirkungen der Blockade noch durch die wirtschaftliche Zusammenarbeit mit dem RGW ausgleichen. Heute jedoch, nach der Auflösung des RGW geht es ums nackte Überleben der cubanischen Revolution.

Ist es für die unterentwickelt gehaltenen Länder der Welt schon schwierig genug, zu überleben, so unterliegt Cuba durch die Blockade noch einer zusätzlichen Behinderung. Weite Teile der Weltöffentlichkeit lehnen die Isolationspolitik gegenüber Cuba ab und die UN-Vollversammlung hat bereits drei Resolutionen mit jeweils großer Mehrheit verabschiedet, in denen die Beendigung der Blockade gefordert wurde.

Mit dieser Demonstration wollen wir unseren Widerspruch dagegen ausdrücken, daß die mächtigen Staaten dieser Welt das Selbstbestimmungsrecht der Völker mit Füßen treten und andere Nationen und Staaten bevormunden und drangsalieren.

»Die Verteidigung des souveränen Rechtes Cubas, ohne Einmischung sein Schicksal nach seinen Bedürfnissen und historischen Erfahrungen zu gestalten, bedeutet, das Recht auf die Pluralität der Wege gegen die politischen und ökonomischen Dogmen, die für die gesamte Welt festgelegt werden sollen, zu verteidigen.«
(Aus der Erklärung des »Ersten Welttreffens der Solidarität mit Cuba« vom 25.11.1994 in Havanna, verabschiedet von 3072 Vertreter/innen aus 109 Ländern)
<u>Unterzeichner/innen:</u> Verein zur Förderung alternativer Energien in der Karibik – KarEn e.V.; Freundschaftsgesellschaft BRD–Kuba e.V.; SEK-Kneipenkollektiv; Größenwahn – Veranstaltungsetage; Solidaritätsdienst International – SODI e.V.; LBJA d. IG Medien Brandenburg; Entwicklungspolitische Gesellschaft – EpoG e.V.; Avanti Umzüge GmbH; Eine Welt Forum Berlin; Linke Liste d. Rheinisch-Westf. TH; Arbeiterbund für den Wiederaufbau d. KPD/KAZ; AG Cuba Sí beim Parteivorstand der PDS; AG Cuba Sí Aachen; Kultur ist plural e.V.; Kontaktstelle u. AG f. angepaßte Technologie u. Entwicklungszusammenarbeit – KATE e.V.; Freundschaftsgesellschaft Berlin–Kuba e.V.; Frauentreff Brunhilde e.V.; Marxistischer Arbeitskreis der SPD Berlin; Bremen-Cuba: Solidarität Konkret; Red. der Zeitschrift »Sozialistische Politik und Wirtschaft«; Tageszeitung »junge Welt«; für eine linke Strömung f.e.l.s.; DGB-Kreis Finsterwalde; Lateinamerikazentrum LAZ Berlin; NETZWERK CUBA – Informationsbüro – e.V.; DKP Ortsgruppe Esslingen; Juso-Bundesvorstand i.d. SPD; Fian – Foodfirst Information and Action Network Berlin; Alexander von Humboldt Gesellschaft – Freunde Lateinamerikas e.V.; Redaktion der Zeitschrift »konkret« und andere
V.i.S.d.P.: Schlotter, NETZWERK CUBA e.V., Reuterstraße 44, 53113 BONN, Infotelefon 030 – 28 409 455

Vorbereitet wurde diese Aktion von einer eigens dafür eingerichteten Arbeitsgruppe in Berlin. In der anschließend verbreiteten Pressemitteilung wurde die Veranstaltung, an der sich mehrere Tausend Menschen beteiligt hatten, als Erfolg eingeschätzt:

Pressemitteilung
Am heutigen Samstag Nachmittag fand in Berlin eine bundesweite Demonst-

ration gegen die Blockade Cubas durch die USA und ihre weitere kapitalistische Staaten statt.
Sie ist im Rahmen der weltweiten Aktionstage der Solidarität mit; Cuba zum 10. Oktober (Jahrestag des Beginns des revolutionären Befreiungskampfes im Jahre 1868) zu betrachten.
An der Demonstration, die durch die Berliner Innenstadt verlief, beteiligten sich mehrere tausend Teilnehmerinnen und Teilnehmer. Der Aufruf des NETZWERK CUBA zur Demonstration wurde im Vorfeld von zahlreichen Organisationen unterstützt.
Während der Demonstration und auf der Abschlußkundgebung vor dem Amerika-Haus verurteilten die Teilnehmerinnen und Teilnehmer sowie die Redner Prof. Dr. Heinrich Fink, Justo Cruz und der US-Amerikaner Victor Grossman die Blockadepolitik gegen Cuba und forderten ihre sofortige und bedingungslose Beendigung.
Unterstützt wurde das Anliegen der Demonstration durch Musik des chilenischen Sängers Lautaro Valdés und dem cubanischen Liedermacher Gerardo Alfonso.
Die Demonstration wurde von den Veranstaltern als Erfolg gewertet.
Berlin, am 7.10.1995

Auszüge aus den Reden wurden mit einer Nachbetrachtung der Demonstration in der NCN Nr. 12 vom Februar 1996 veröffentlicht.

Vom 27.07. bis 05.08.1997 fanden die XIV. Weltfestspiele der Jugend und Studenten in La Habana statt. Das NETZWERK CUBA hatte bereits im Frühjahr 1996 in Gesprächen mit dem UJC erklärt, hierzu keine eigenen Delegierten zu entsenden, da wir weder eine studentische noch eine Jugendorganisation sind. Vielmehr hatten wir den Schwerpunkt auf die Teilnahme an den Koordinierungstreffen des bundesweiten Bündnisses »Arbeitskreis Festival« unter Federführung des *fzs* sowie die Verbreitung der jeweiligen Informationen gelegt und uns mit einer Spende an der Arbeit des Bündnisses beteiligt. Es war bedauerlich, dass sich die beteiligten Gruppen bereits im Vorfeld nicht auf ein gemeinsames Gremium einigen konnten, was sich dann auch bei manchen Auftritten in Havanna widergespiegelt hat. Das NETZWERK hatte sich aus diesen Differenzen komplett herausgehalten.[18] Eine Nachbetrachtung der Veranstaltung, die Grußadresse von Fidel sowie die Abschlusserklärung wurden in der NCN Nr. 19 im November 1997 veröffentlicht.

10. Die materielle Solidarität / Eine Karawane quer durch die BRD

> *»Wahre Freunde erkennt man in der Not!«*
> *(Alte Volksweisheit; in der BRD*
> *ebenso gebräuchlich wie in Cuba)*

Wie bereits erwähnt, fehlte es in der durch die doppelte Blockade verursachten großen Krise, der *período especial en tiempo de paz* (Spezialperiode in Friedenszeiten) in Cuba buchstäblich an allem, vom Bleistift bis zur OP-Ausrüstung. Daher war, neben der Entwicklung der politischen Solidarität, das unmittelbare Sammeln von Spenden der Schwerpunkt der Cuba-Unterstützerinnen und -unterstützer. Viele Solidaritätsgruppen sammelten daher vor Ort Spenden, von Maschinenersatzteilen über Medikamente bis Krankenhausbetten. Diese wurden zunächst, wenn sie nicht als persönliches Reisegepäck mitgenommen wurden, über die cubanische Botschaft in Bonn und deren Berliner Außenstelle nach Cuba weitergeleitet. Bei manchen Größenordnungen war allerdings der Lufttransport nicht möglich. Daher wurde im Herbst 1993 mit der Organisation eines regelmäßigen Seetransports über Bremen begonnen. Entscheidenden Anteil hatte hierbei (neben Cuba Sí, die eine eigene Container-Aktion initiierte) die örtliche Gruppe »Bremen – Cuba: Solidarität konkret«, die als Ansprechpartner für alle Gruppen in der Bundesrepublik fungierte und damals wöchentlich, und später fast täglich im Bremer Hafen aktiv war – und dies natürlich ehrenamtlich, neben bzw. nach der eigenen Erwerbstätigkeit der örtlichen Aktivistinnen und Aktivisten.

Beim Europatreffen im Dezember 1993 lernten wir erstmals die US-Organisation *Interreligious Foundation for Community Organization – IFCO / Pastors for Peace*, mit ihrem charismatischen Repräsentanten Rev. Lucius Walker II kennen, die eine US-weite Cuba-Freundschaftskarawane initiiert hatten. Lucius berichtete, dass seine Organisation zunächst 1988 für Nicaragua aktiv wurde: Die von den USA ausgerüsteten Contras hatten einen brutalen Überfall auf eine Fähre verübt, bei dem zwei Fahrgäste ermordet und 29 verwundet wurden, darunter Lucius. Als Antwort organisierte IFCO ein neues Projekt, die Pastors for Peace. Ziel war es, Hilfsmaterial für die Opfer des sogenannten »Krieges geringer Intensität« in Lateinamerika zu sammeln und dabei die offizielle US-Außenpolitik zu entlarven.

Im November 1992 hatte IFCO die erste Freundschaftskarawane für Cuba organisiert. Dabei hatten 100 Beteiligte 15 Tonnen humanitäre Hilfsgüter gesammelt und medienwirksam nach Cuba gebracht. An der zweiten Karawane, im Sommer 1993, beteiligten sich bereits 300 Caravanistas, die 100 Tonnen Hilfsgüter nach

Letzte Rast vor Bremen

Cuba brachten. Bei dieser Aktion wurde erstmal ein »kleiner gelber Schulbus« mittransportiert, der seither als Symbol gilt.[19]

Ziel war es immer, sowohl die direkte humanitäre Hilfsleistung zu bringen als auch die barbarische US-Blockade anzuklagen.

Bei der Europakonferenz schlug Lucius vor, eine solche Aktion (»Ein Schiff für Cuba«) auch auf unserem Kontinent zu organisieren. Die Delegierten aus der Bundesrepublik waren damals bereits »Feuer und Flamme« für diese Idee. Beim IV. Bundestreffen vom 21. bis 23.01.1994 in Berlin wurde folgerichtig in der AG »Solidaritätsprojekte in der BRD« nicht nur über die Unterstützung der im Februar/März geplanten III. US-Karawane diskutiert, sondern auch die Organisierung einer eigenen Karawane/Sternfahrt diskutiert. Diese sollte eingebettet werden in die europaweite Aktion »Ein Schiff für Cuba«. Nach ausführlicher Debatte wurden die Vorschläge beim Abschlussplenum, bei dem 281 Teilnehmende, die 45 Gruppen vertraten, angenommen und schon für den 5. März in Essen zu einer ersten Sitzung der Vorbereitungsgruppe eingeladen.

Das Vorhaben war ebenso ambitioniert wie motivierend. Es sollten in allen in Frage kommenden Städten autonome Aktivitäten stattfinden und Spenden-LKW im Rahmen einer Sternfahrt nach Bremen organisiert werden.

In einem bundesweiten Aufruf wurden alle interessierten Gruppen, Parteien, Zusammenschlüsse und Einzelpersonen zur Mitarbeit aufgerufen:

Damit's auch im Container-Hafen jeder sieht: Hier steht die Cuba-Solidarität!

**Aufruf
zur bundesweiten Solidaritätskarawane für Cuba
im September 1994**

Wir, die Unterzeichnenden, sind Menschen mit verschiedenen Ideen. Wie unsere Herkunft und Tätigkeiten, so sind unsere Einschätzungen des albanischen Gesellschaftsmodells in vielerlei Hinsicht unterschiedlich.
Einig sind wir uns aber auf jeden Fall in zwei entscheidenden Punkten:
* Wir, die wir in einem der reichsten Länder der Welt leben, haben nicht das Recht, den Bewohner/innen des armen, von der doppelten Blockade hart betroffenen Cuba hineinzureden, was sie tun und lassen sollen. Das internationale Recht auf Selbstbestimmung muß auch für Cuba gelten.
* Wir wehren uns dagegen, daß die Konflikte der Welt auf dem Rücken der Kinder, der alten Menschen oder sonstigen schuldlosen Bürgern ausgetragen werden. Sie sollen nicht hungern. Wie alle Menschen dieser Welt sollen sie weiterhin das in Cuba seit mehr als 30 Jahren verwirklichte Recht auf Wohnung, Bekleidung, Schulbildung und ärztliche Betreuung haben.
Seit drei Jahren organisieren in den USA die »Pastors for Peace« Freundschaftskarawanen für Cuba, die durch hunderte von Städten zogen, mit Menschen

redeten und Medikamente, Kleidung, Rollstühle, Schulbusse, mitunter Bibeln und auch Geld sammelten. Diese Karawanen der Menschlichkeit wurden trotz der geltenden US-Blockade-Einschränkungen, die u. a. einen Direkttransport verbieten, über die Grenze nach Mexico gebracht, von wo aus die Solidaritätsgüter weiter nach Cuba transportiert wurden.
Dem Aufruf der US-amerikanischen Pastoren folgend, wollen wir in Europa, auch hier in der Bundesrepublik, gemeinsam Ähnliches durchführen.
Im September werden daher Busse, Lkw und Pkw, beladen mit Hilfsgütern in einer Sternfahrt nach Bremen transportiert, wo die Spenden auf ein Schiff verladen werden. Dieses wird weitere Spenden aus den skandinavischen Ländern geladen haben. In Portugal wird ein zweites Schiff aus den Mittelmeerländern ankommen und nach der Reise über den Atlantik zuerst einen US-amerikanischen Hafen anlaufen, dort ebenfalls Solidaritätsgüter aufnehmen und dann weiter nach Cuba fahren.
Was zur Zeit auf Cuba am dringendsten gebraucht wird, sind Medikamente und Schulmaterialien, Anlageteile für Alternative Energien, Milchpulver und Geldspenden für die Anschaffung dieser Dinge.
Wenn auch Sie an dieser Form der Solidarität teilnehmen wollen, bitten wir Sie um Ihre Unterschrift unter den vorliegenden Aufruf, um Ihre Spenden an Sommerkleidung, Medikamenten, medizinischem Ge- und Verbrauchsmaterial, zahnärztlichem Material, Geld – oder auch um Ihren persönlichen Einsatz bei den vielen notwendigen organisatorischen Aufgaben.
Beteiligen auch Sie sich an dieser internationalen Solidaritätskarawane für Cuba. Wenden Sie sich zwecks näherer Informationen an eine Cubagruppe am Ort oder an die bundesweite Koordinationsstelle: NETZWERK CUBA – Informationsbüro – e. V., Reuterstraße 44, 53113 Bonn, Tel./Fax: 0228 – 24 15 05.

Bis zum 01.10.1994 erhielt dieser Aufruf 727 Unterstützungserklärungen. Bis Anfang August waren 30 regionale Kontaktadressen ausgewiesen, von 04425 Taucha über 52064 Aachen bis 99099 Erfurt. Schließlich beteiligten sich rund 50 regionale und überregionale Gruppen mit eigenen Sammelstellen. Aus unterschiedlichen Gründen war eine europaweite Einbindung zwar nicht möglich, aber in der BRD »brummte« es. In zahlreichen Städten liefen die Aktionen öffentlichkeitswirksam an. Von der OTZ Zeilenroda über die NRZ Essen, die Aachener Nachrichten bis zum Weserkurier Bremen berichteten, zuzüglich zu den überregionalen linken Medien, zahlreiche regionale Zeitungen ausführlich über diese in manchen Augen »seltsame« Aktion. Denn während die Mainstreammedien nur noch über den endgültigen »Untergang« Cubas spekulierten, gab es hier nun eine bundesweite Aktion zur materiellen und politischen Unterstützung dieses Landes. Das NETZWERK CUBA veröffentlichte anschließend eine 34seitige Dokumentation »Ein Schiff für Cuba – 1. Bundesweite Solidaritätskarawane für Cuba – September 1994 – Pressespiegel«

Die regionalen Aktionen reichten von »Kinder bemalen den Bus für Kuba im Ludwig-Forum« (Aachen) über zahlreiche Informationsveranstaltungen bis zur Aktion »Mit dem Trabi zur Solidaritätskarawane«. Am 30.09.1994 machten sich dann PKW, Miet-LKW und »rollende Container«, also Transporter, die direkt als Spende mitverschifft werden sollten, aus der ganzen Republik auf den Weg nach Bremen. Nach anstrengenden Verladearbeiten am 30.09. und 1.10.1994 im dortigen Hafen gab es abends in der Hochschule Bremen eine große Fiesta mit Beteiligung einer cubanischen Delegation, darunter die Nationalsekretärin der Wissensgewerkschaft, Martha Cabrizas, das Mitglied des UJC-Nationalbüros Luis González und der damalige cubanische Botschafter Rodney Lopez Clemente. Der Weserkurier berichtete am 03.10.94 in einem längeren Artikel u. a.: *»Nach Angaben des NETZWERK-Vorsitzenden Heinz-W. Hammer sind 140 Tonnen Hilfsgüter im Wert von fünf Millionen Mark gesammelt worden. Ein Großteil davon komme aus den neuen Bundesländern. Auf dem Fest sprach er von einer erfolgreichen Aktion. Damit sei auch ein politisches Zeichen gesetzt: Für das Recht Kubas auf eigene Selbstbestimmung und gegen die seit 34 Jahren andauernde Wirtschaftsblockade der USA.«* Die angesprochene Rede, die sich auch intensiv mit der Medienberichterstattung in der BRD – incl solcher auf der sog. »Linken« – auseinandersetzte, wurde in den NCN Nr.8 vom Februar 1995 veröffentlicht:

Rede bei der Abschlußveranstaltung der Bundesweiten Solidaritätskarawane für Cuba am 1. Oktober 1994 in Bremen

»Liebe Compañeras und Compañeros, liebe Cubafreundinnen und Cubafreunde, liebe Gäste!
Die erste bundesweite Solidaritätskarawane für Cuba ist beendet. Mit dieser Aktion, die zurückgeht auf die Konferenz der europäischen Solidaritätsgruppen im Dezember '93 in Havanna, wollten wir vom NETZWERK CUBA unseren Beitrag leisten im Jahr der Internationalen Solidarität mit Cuba.
Als wir im Januar '94 beim Bundestreffen der Cuba-Solidaritätsgruppen in Berlin den Beschluß für die Karawane faßten, gab es noch einiges zögern, z B.

bezüglich der Möglichkeit, daß wir es schaffen, mehrere Busse für immerhin rund DM 10.000,- pro Stück zu organisieren. Gerade zu diesem Punkt war ich auch persönlich skeptisch.

An dieser Stelle möchte ich vor allem das Engagement des Compañero Jesús Sierra herausheben, der uns in den letzten Monaten nicht nur immer wieder in diese Richtung gedrängt hat, sondern selbst ständig mitgeholfen und organisiert hat. Vielen Dank. Jesus.

Wie gesagt: Trotz anfänglichem Zögern haben wir im Januar losgelegt. Seit 8 Monaten haben zahlreiche Solidaritätsgruppen überall in der BRD, haben die zentrale »Arbeitsgruppe Karawane«, der NETZWERK-Vorstand und das NETZWERK-Büro intensiv an der Realisierung dieses Projektes gearbeitet. Ein Sprichwort sagt »Der Erfolg hat viele Väter (und Mütter)«, was in diesem Fall seine absolute Berechtigung hat. Ohne das Engagement von mehreren Dutzend Gruppen in den Städten und Gemeinden der BRD, ohne die – durchaus unterschiedlich motivierte – Hilfsbereitschaft vieler sozialer Einrichtungen, Gewerkschafts- und Jugendgruppen sowie zahlreicher Einzelpersonen hätten wir gestern Abend nicht mit ca. 50 Leuten rund 4 Stunden im Hafen von Bremen malochen können.

Hier eine erste statistische Zwischenbilanz:

Wir haben gestern und heute früh folgende Spendenfahrzeuge verladen:

* 6 Mercedes-Busse
* 1 US-LKW
* 6 W-50-LKW
* 3 Ikarus-Busse
* 1 Ford-Transit
* 1 Landrover Jeep
* 1 Mercedes-PKW
* 1 Barka-Transporter

Anfang nächster Woche kommen noch hinzu:

* 2 Ikarus-Busse
* 1 W-50-LKW
* 1 Landrover Jeep.

Wir haben bisher (also gestern und heute früh, ohne die Spenden, die Anfang nächster Woche noch hinzukommen) mit unserer Solidaritätskarawane rund 140 Tonnen Hilfsgüter im Wert von ca. 5 Millionen DM verladen!

Ich möchte hiermit allen Gruppen und Einzelpersonen, die mit Geld- und Sachspenden sowie mit ihrem rastlosen Engagement zu diesem grandiosen

Erfolg der ersten Solidaritätskarawane in der BRD beigetragen haben, herzlich danken.
Wir haben in der Tat einen Erfolg erzielt, von dem wir im Januar nicht zu träumen gewagt hätten. Das betrifft sowohl den Umfang der Hilfsgüter wie auch die Mobilisierung von aktiven Mitstreiterinnen und Mitstreitern.
Wenn ich »Mobilisierung« sage, so meine ich die in den letzten Monaten stattgefundenen Entscheidungsprozesse innerhalb der Solidaritätsgruppen, sich an diesem gemeinsamen Projekt zu beteiligen.
Bei bewußter Beibehaltung der Autonomie aller Beteiligten und unter Respektierung vorhandener unterschiedlicher Zugänge hat die Solidaritätskarawane vor allem EINES unter Beweis gestellt: Wir können, wenn wir unsere Kräfte konzentrieren und vereinen, verdammt viel für das gemeinsame Ziel, die Verstärkung der Solidarität mit Cuba, erreichen!
Gerade angesichts der von den USA zu verantwortenden Situation in Cuba Anfang August bekam unsere Aktion nochmals einen gewaltigen Schub nach vorn – initiiert von zahlreichen Menschen, die sich mit dem arroganten Machtgehabe der Herrschenden in Washington, Bonn und anderswo nicht mehr abfinden wollen.
In den letzten Wochen wurden wir immer wieder von Journalistinnen und Journalisten gefragt, ob denn eine solche Solidaritätsaktion überhaupt Sinn mache.
Ich bin der Meinung: Ja, sie macht einen sehr großen Sinn!
Natürlich wissen wir, daß wir mit unserer Hilfssendung nicht die durch die doppelte Blockade verursachte Mangelsituation auf Cuba beseitigen können. Aber, um nur drei Beispiele zu nennen:
* Mit einigen der gespendeten Medikamente werden Menschenleben auf Cuba gerettet werden können!
* Die Schulhefte werden einigen Kindern die Möglichkeit geben, darin ihre Hausaufgaben machen zu können.
* Mit den gespendeten Busses und LKW wird definitiv die Krise im Transportwesen gelindert werden; mehrere hundert Menschen in verschiedenen cubanischen Gemeinden werden nicht mehr Stunden für ihren Weg zur Arbeit oder zur Universität haben.
Zum anderen zeigen wir mit dieser Solidaritätsaktion den Menschen auf Cuba:
Cuba no está sola – Cuba ist nicht allein!
Es gibt weltweit, so auch in dieser reichen BRD Menschen, die solidarisch sind

Ein IKARUS-Bus beim Verladen im Bremer Hafen: Foto: Sigrid Wollscheid; NCN Nr.8, Febr. 1995

mit der cubanischen Revolution, mit dem souveränen Cuba, seiner Bevölkerung und seiner Regierung!
In den letzten Wochen gab es natürlich andererseits auch wieder zahlreiche an Cuba gerichtete »Ratschläge« von Leuten aus der BRD. Ich nenne nur drei Leute, die mit ihren Positionen repräsentativ sind für bestimmte gesellschaftspolitische Strömungen hierzulande:
• So verabschiedete sich ND-Chefredakteur Rainer Oschmann am 19. August von einer, wie er schrieb, »Ikone« u. a. mit den Worten: »Abschied vom Glauben, Castros halbgewalkte Wirtschaftsreformen könnten den cubanischen Gleichheitstraum verwirklichen ... Fidel ist mit seinem Latein am Ende, eine Alternative nicht in Sicht. Das macht den Abschied nicht leichter.«
• Der Bundestagsabgeordnete und ›Kommunistenfresser‹ Konrad Weiß entblödete sich in einer Pressemitteilung vom 15.9.94 nicht, die *Kohlregierung zur Aufnahme* von mindestens 10.000 cubanischen Ausreisewilligen aufzufordern. Wohl, damit sie dann hierzulande Freiwild werden für die marodierenden faschistischen Horden. Weiß konstatierte ebenfalls, daß der »cubanische Realsozialismus offenbar in seinen letzten Zügen« liege und fordert in furiosen Abschluß die »Wiederherstellung der Demokratie« in Cuba. Ich wiederhole:

Der IKARUS-Gelenkbus der FG-Gruppe Aachen beim Verladen; Foto: Sigrid Wollscheid

Die »Wiederherstellung«! Damit kann er nur die »Demokratie« des von den USA ausgehaltenen Batista meinen!
• In der neuen »konkret«-Ausgabe reiht sich leider auch dessen Herausgeber Hermann L. Gremliza in den Chor der ungebeten Ratgeber ein. Er rät den cubanischen Revolutionärinnen und Revolutionären schlicht, »aufzugeben« und dann die Zeit zu nutzen, im Studierzimmer zu debattieren, welche Fehler gemacht worden seien.
Ich erachte keine der drei Varianten als für die Zukunft eines unabhängigen Cuba sonderlich hilfreich. Was die »Fehlerdiskussion« angeht, so findet sie längst und laufend in allen gesellschaftlichen Bereichen Cubas statt.
Was aber die Ursachen der gegenwärtigen ökonomischen Krise angeht, so muß es wohl gerade von uns Cubafreundinnen und -freunden noch tausendmal wiederholt werden, da es von der bürgerlichen Presse immer wieder verfälscht oder verschwiegen wird:
Die Hauptschuld trägt die Aushungerungspolitik der USA, die eine alternatives Gesellschaftsmodell vor ihrer Haustür mit Macht zerschlagen wollen.
An dieser neokolonialen Politik beteiligt sich die Bundesregierung aktiv – z. B. durch die einseitige Kündigung von über hundert Verträgen zwischen Cuba

und der DDR, wobei der Milchpulververtrag bereits traurige Berühmtheit erlangt hat.
Mit unserer praktischen Aktion »Solidaritätskarawane für Cuba« klagen wir auch die deutsche Bundesregierung an. Die Menschenrechtsheuchler in Bonn beteiligen sich aktiv an der Aushungerungspolitik gegen das cubanische Volk! Die Kohl-Clique hat ein gesellschaftliches Klima geschaffen, in dem Flüchtlinge verfolgt, erschlagen und verbrannt werden. Gerade die letzten Tage sprechen hier eine klare und brutale Sprache. Und die Verursacher und Begünstiger dieser Entwicklung, die Kohl-Regierung maßt sich an, dem revolutionären und souveränen Cuba seine gesellschaftliche Entwicklung vorzuschreiben. Das nenne ich Zynismus!
Das ist blanker Hohn!
* Wir fordern von dieser Solidaritätsveranstaltung aus die deutsche Bundesregierung auf, die menschenrechtsverletzende Blockade gegen Cuba aufzuheben.
* Wir fordern sie auf, alle Verträge DDR-Cuba weiterzuführen bzw. neu aufzulegen!
* Wir fordern sie auf, auf ihren »special partner«, die Clinton-Administration in diesem Sinne einzuwirken.
Wir verteidigen das Recht Cubas auf eine eigene Entwicklung als souveräner Staat mit alternativem Gesellschaftsmodell. Es wird in den nächsten Wochen die Aufgabe der Cuba-Solidaritätsgruppen in der BRD sein, die erste Bundesweite Solidaritätskarawane für Cuba ausführlich und mit der nötigen Selbstkritik auszuwerten und darüber zu debattieren, ob es eine weitere Solidaritätskarawane, eventuell europäisch vernetzt, geben wird.
Es wird möglich und notwendig sein, diese Überlegungen beim Welttreffen der Cuba-Solidaritätsgruppen im November in Havanna anzusprechen.
Eins ist aber heute schon klar und diese Tatsache hat ihren materiellen Ausdruck gestern abend und heute morgen im Hafen von Bremen gefunden:
* Wir erklären uns weiterhin solidarisch mit dem Kampf des revolutionären Cuba, der übergroßen Mehrheit des cubanischen Volkes und seiner Regierung.
* Wir werden nicht locker lassen, bis die Blockade gegen Cuba endgültig fällt.

Solidarität ist die Zärtlichkeit der Völker Contra el bloqueo!
Cuba braucht uns und wir brauchen Cuba!«

Der Abtransport der Spendencontainer verlief dann leider nicht so umgehend, wie von allen Beteiligten vorgesehen.

In den NCN Nr.8 vom Februar 1995 wurden die Gründe benannt:

> Gründe für die Probleme beim Abtransport der Karawane
> Nachdem die cubanischen Freunde in Juni noch die schnelle Verschiffung der Karawane zugesichert hatten, zeigte sich, daß sie dann, nachdem die Karawane im Bremer Hafen stand, dazu nicht mehr in der Lage waren.
> Dafür gibt es mehrere Gründe, die uns die Compañeros des Transportministeriums wie folgt darlegten:
> 1. Im Monat Oktober hat durch reparaturbedingte Ausfälle kein cubanisches Schiff Bremen angelaufen.
> 2. Dadurch blieb viel kommerzielle Fracht in den Häfen liegen, welche, nachdem wieder Schiffe fuhren, als erste transportiert werden mußten (Devisen, Termine).
> 3. Es war nicht damit gerechnet worden, daß die Karawane so erfolgreich sein würde (insgesamt 32 Fahrzeuge und 10 Container).
> Die Cubaner können in der gegenwärtigen wirtschaftlichen Lage keine solch umfangreichen Soli-Transporte übernehmen, da sie kostenlos geleistet werden und Platz für kommerzielle Güter wegnehmen.
> Es ist uns gegenüber von cubanischer Seite, auch vom Transportminister persönlich, mehrmals zum Ausdruck gebracht worden, welche außerordentliche politische und materielle Bedeutung die Karawane für Cuba hat, und es ihnen sehr leid tut, daß es solche Transportprobleme gibt, die auf keinen Fall Ausdruck einer Geringschätzung sind. Sie betonten die große Hilfe, die die Karawane für sie darstellt und verbanden den Dank mit der Bitte um Fortführung der materiellen und politischen Hilfe.

Trotz dieser organisatorischen Probleme genoss die 1. BRD-Solidaritätskarawane also für unsere cubanischen Partner eine außerordentliche Bedeutung. Diese kam auch darin zum Ausdruck, dass erstmalig zum Empfang einer Karawane in Cuba eine Kundgebung stattfand, die auszugsweise auch in den Hauptnachrichten im landesweiten TV-Programm übertragen wurde. Diese fand am 06.12.1994 im Hafen »Puerto Pena«, Ciudad de La Habana, statt und der Vertreter von »Bremen – Cuba: Solidarität konkret«, Frank Schwitalla erhielt die Möglichkeit, dort im Namen und Auftrag des NETZWERK CUBA eine Rede zu halten, in der er (nach dem zwischenzeitlich stattgefundenen Welttreffen, siehe oben) über die Schwierigkeiten und Erfolge unserer 1. Solidaritätskarawane berichtete und dem cubanischen Volk in unser aller Namen unsere anhaltende Solidarität versicherte.

Seine Rede wurde in den NCN Nr. 8 vom Februar 1995 veröffentlicht:

> Rede, gehalten von Frank Schwitalla (Bremen – Cuba: Solidarität konkret) auf der Kundgebung am 6.12.94 im Hafen »Puerto Pena«, Ciudad de La Habana anläßlich der Ankunft der Karawanen-Container in Cuba
> Liebe compañeras und compañeros,
> ich bin gebeten worden, für die Organisationen der Karawane hier zu Euch zu sprechen, und ich möchte dies gerne tun.
> Wir sind froh und stolz darauf, daß wir heute mit Euch zusammen die Ankunft der 1. deutschen Karawane feiern können.
> Als wir uns Anfang des Jahres, ausgehend von der Anregung des Europatreffens der Soli-Gruppen Ende 1993 in Havanna, auf einem bundesdeutschen Treffen einig waren, uns an der Europakarawane zu beteiligen, haben wir nicht ahnen können, mit welchem Erfolg wir diese Karawane, die dann leider keine Europakarawane wurde, abschließen würden.
> 8 Monate Organisierung und Durchführung unter Trägerschaft und Koordinierung des NETZWERK Cuba – Informationsbüro – lagen am 1.10.94 hinter uns, als wir die Beendigung der Karawane in Bremen mit starker cubanischer Beteiligung auf einem großen Soli-Fest feiern konnten.
> Insgesamt ca. 50 Gruppen und Organisationen aus allen Teilen der BRD hatten sich beteiligt.
> Ca. 50 Sammelstellen für gespendete Güter wurden eingerichtet, und an einem Aufruf zur Beteiligung an der Karawane konnten wir innerhalb von 4 Monaten über 700 Unterschriften aus allen sozialen und gesellschaftspolitischen Kreisen zur Unterstützung gewinnen.
> Tausende von Flugblättern und Plakaten wurden verteilt und geklebt.
> An dieser Stelle möchte ich darauf hinweisen, weil uns hier oft die Frage danach gestellt wird: Wir haben und bekommen keine staatliche Unterstützung. Im Gegenteil, wir werden in unserer Arbeit oft von ihnen behindert.
> Das Ergebnis kann sich sehen lassen und hat uns selber überrascht:
> 32 Fahrzeuge, davon 12 Busse und über 200 Tonnen Solidaritätsgüter, darunter sehr viele Medikamente und medizinische Geräte wurden gespendet und sind z. T. hier schon angekommen oder noch unterwegs.
> Das ist in Zahlen ausgedrückt der große materielle Wert und Erfolg der Karawane.

Darüber brauche ich zu Euch nicht weiter zu sprechen. Was das bedeutet, das wißt Ihr selber am besten.

Ich möchte aber gerne was zum großen politischen Erfolg der Karawane sagen, der meiner Meinung nach an mehreren Faktoren festzumachen ist:

1. Die Karawane war die 1. große Aktion unter Führung des erst vor eineinhalb Jahren gegründeten NETZWERK, eines Büros, welches sich die Solidaritätsbewegung geschaffen hat zu Koordinierung von Aktionen und zur Schaffung von besserer Information untereinander.

Es gelang, sehr viele Gruppen einzubeziehen, Inaktive zu reaktivieren, die Karawane zu einer Sache vieler zu machen und Strukturen zu schaffen, die wir für weitere Aktionen nutzen können. (Stärkung der Soli-Bewegung im organisatorischen Sinn).

2. Es waren nicht nur Gruppierungen, die sich ohnehin schon solidarisch zu Cuba verhalten – auch mit betont politischem Hintergrund – die die Karawane mitgetragen, unterstützt haben. Beteiligt haben sich z.B. auch kirchliche Kreise und viele die Cuba als Touristen kennen und lieben gelernt haben und die Blockade ungerecht finden und Cuba helfen wollten und viele mehr, aus den unterschiedlichsten Motiven. (Verbreitung der Soli-Bewegung).

3. Die Endphase der Karawane begann im August, als die Ereignisse hier in Cuba von den Massenmedien in der BRD zur Verschärfung der Diffamierung und Hetze gegenüber Cuba benutzt wurden. In dieser Phase konnten wir durch Aktionen und Veranstaltungen Aufklärungsarbeit leisten. Das war von großer politischer Bedeutung, konnten wir doch so ein anderes Bild vermitteln.

4. Es gelang uns erstmalig, die Medienblockade zu durchbrechen, d.h. in der BRD wird nicht über Cuba berichtet. Und wenn, dann in der Regel sehr tendenziös, negativ.

Ausgehend von den vielen öffentlichen Aktivitäten in den Städten, einer Pressekonferenz im Abgeordnetenhochhaus in Bonn und mit dem öffentlichkeitswirksamen Abschluß der Karawane in Bremen mit einem Konvoi der Karawanenfahrzeuge zur Hauptverkehrszeit in der Innenstadt, eingebettet in die schon erwähnte politische Situation, waren viele Zeitungen gezwungen, zu berichten und in Bremen waren wir sogar in Fernsehen und Radio.

5. Die Karawane und deren Verschiffung von der BRD nach Cuba war auch ein direkter Protest gegen die US-Blockadepolitik und deren Duldung und Unterstützung durch die Bundesregierung.

> Wenn wir also auch von einem politischen Erfolg sprechen können, so gilt es ihn auch zu nutzen, um
> a) Druck auf die Bundesregierung auszuüben zur Änderung ihrer Politik
> b) die Solidaritätsarbeit für Cuba qualitativ und quantitativ zu stärken
> - dazu hilft uns eine gründliche Auswertung der Erfahrungen der Karawane,
> - dazu helfen uns die Erfahrungen und Beschlüsse des Welttreffens, an dem ca. 90 Freunde aus der BRD teilnahmen.
> Ob wir wieder eine Karawane durchführen werden, kann ich hier leider nicht sagen. Versprechen kann ich Euch aber, daß wir die Beschlüsse des Welttreffens mit umsetzen werden, daß wir verläßliche Freunde Cubas bleiben werden.
> Laßt mich zum Schluß noch eines sagen:
> Wir sind nicht nur diejenigen hier, die geben, sondern wir nehmen auch sehr viel von dem, was Ihr gebt.
> Als Gastgeber des l. Welttreffens habt Ihr uns die Möglichkeit gegeben, zusammen mit 3.000 Freunden aus aller Welt Erfahrungen auszutauschen, einander kennen zu lernen und unvergeßliche Eindrücke zu sammeln.
> Ihr zeigt uns, wie man in Würde und Stolz einem scheinbar übermächtigen Feind trotzen kann, daß es Prinzipien – »heilige Prinzipien« – wie Fidel sagte – gibt, daß es möglich ist, eine Gesellschaft zu errichten, in der menschliche Werte Vorrang haben und nicht der Profit. Euer Beispiel gibt uns die Kraft und den Mut (der bei uns oft nötig ist), weiter fortzufahren in unserer Arbeit.
> Viva la Solidaridad! Viva Cuba! Venceremos!

Zwar sollte diese BRD-Solidaritätskarawane eine einmalige Aktion bleiben. Doch die US-Karawane wurde seither jährlich von Teilnehmerinnen und Teilnehmern aus der Bundesrepublik unterstützt – z.T. verbunden mit örtlichen Aktionen, so bspw. am 04.07.1998. In Frankfurt/M. veranstalteten wir eine öffentliche Kundgebung anlässlich der Verabschiedung der europäischen Delegation. Ein Bericht über diese Aktion sowie die Rede des NETZWERK CUBA – Vorsitzenden sind in der NCN Nr. 22 vom August 1998 dokumentiert.

Die internationale Vernetzung war, gemäß des eigenen Selbstverständnisses, ein zentrales Anliegen des neu gegründeten NETZWERK CUBA. So nahmen seither Delegierte an allen Europakonferenzen und weiteren internationalen Koordinationstreffen teil. Zugleich bemühten wir uns, wichtige Publikationen, Erklärungen, Stellungnahmen usw. mehrsprachig zu veröffentlichen und an internationale

Partnerorganisationen zu versenden. Mehrere Jahre lang gab es für diesen Bereich ein eigenes Vorstandsressort, das von Andrea Schön kompetent ausgefüllt wurde.

Die materielle Solidarität war mit dieser bundesweiten Solidaritätskarawane natürlich längst nicht beendet. Vielmehr wurden die bei diesem Projekt gemachten Erfahrungen in die laufende Arbeit einbezogen. Auf welchen Grundlagen dies geschah, dokumentiert ein allgemeines, im Januar 1996 verbreitetes »Spendenmerkblatt«:

Merkblatt
zur Versendung von Spendengütern nach Cuba
ÜBERARBEITETE FASSUNG!
Stand: Januar 1996

Es besteht die Möglichkeit, ab Bremen Solidaritätsgüter, auch größere und umfangreichere, mit von der Gruppe Bremen-Cuba: Solidarität Konkret organisierten und bereitgestellten Containern nach Cuba zu schicken. Cubanische Schiffe laufen regelmäßig den Bremer Hafen an. In Absprache mit dem cubanischen Transportministerium und dem ICAP nehmen diese die Solidaritäts-Container kostenlos mit.

I. Zum organisatorisch-technischen Ablauf

1. Wir haben ständig einen Container im Hafen stehen, welcher, sobald er voll ist, mit dem nächsten Schiff nach Cuba geht. Er wird dann sofort durch einen neuen ersetzt.
2. Einzelne Pakete können an unsere Sammelstelle in Bremen geschickt werden. Die Anschrift lautet:

Kulturwerkstatt Westend, Waller Heerstraße 294, D-28219 Bremen.

Dort werden alle Spenden regelmäßig von uns abgeholt und in die Container verladen.
3. Sollen größere und/oder umfangreichere Teile verschickt werden, bitten wir um **vorherige** Kontaktaufnahme, um das weitere mit uns abzusprechen: Frank Schwitalla, Tel.: 0421/xx xx xx, Fax: 0421/xx xx xx, Martin Schmidt, Tel.: 0421/xx xx xx

4. Bei Kraftfahrzeugen und dgl. muß die Abmeldung schon **vor** dem Transport nach Bremen erfolgen, außerdem ist die Schiffsagentur wegen der Zoll- und Hafenformalitäten zu benachrichtigen. Die Anschrift der zuständigen Agentur lautet:

Detjen Schiffahrtsagentur, Obernstraße 22-24, D-28195 Bremen
Tel.: 0421 – xx xx xxx, Fax: 0421 – xx xx xxx

Die zuständige Kollegin dort ist Frau Meyer.
5. Unser Container steht im Neustädter Hafen (Containerhafen) beim Schuppen 23.
6. Die Überfahrt der Schiffe von Bremen nach Havanna dauert ca. 2 Wochen.
7. Es sei noch darauf hingewiesen, daß auch Cuba Sí in Berlin Container lädt und nach Cuba schickt. Die Anschrift lautet:
Cuba Sí, Kleine Alexanderstraße 28, D-10178 Berlin
Tel.: 030 – 24 009 455, Fax: 030 – 24 009 409

8. Kleinere Mengen von Spenden, vor allem Medikamente (was also nicht wesentlich über eine Kofferraumfüllung hinausgeht), können auch über die **Botschaft der Rep. Cuba, Kennedyallee 22-24, D-53175 Bonn, Tel.: 0228 – 30 90, Fax: 0228 – 30 92 44,** per Luftfracht transportiert werden.

II. Konditionen für organisierte Anlieferungen bei der cubanischen Botschaft in Bonn *(NEU)*

Vorherige Avisierung der Spendenlieferung per Telephon oder (besser) Fax unter Angabe der Anzahl der Kartons (möglichst Bananenkartons), des Gesamtgewichts und des Kubikmeter-Volumens. Innerhalb einer Woche erfolgt die Bestätigung seitens der cubanischen Botschaft mit Angabe eines Termins (Freitag mittags) direkt beim Flughafen Köln/Bonn.

III. Finanzielle Konditionen für Bremen *(NEU)*

1. Ab sofort müssen pro Container seitens der spendenden Organisationen und Gruppen insgesamt **DM 220,-** aufgebracht werden. Diese Kosten setzen sich zusammen aus den B/L- Kosten (= Bill of Loading, dem »Ausweis« pro Container über Inhalt, Gewicht, Zielhafen etc.) über DM 75,- und DM 145,-

für die THC-Kosten (= Terminal Handling Charge, d.h. den Kosten für das Bereitstellen und Verladen der Container an Bord der cubanischen Schiffe), was nur 50% der eigentlichen hierfür entstehenden Summe beträgt. Auf die restlichen 50% verzichtet die cubanische Schiffahrtslinie dankenswerterweise, weil unsere Container auch weniger Kosten verursachen, da sie im Hafen bleiben und nicht mehr groß bewegt werden müssen.
Dennoch müssen die Kosten über DM 220,- pro Container (= ca. DM 15,- pro Kubikmeter) aufgebracht werden. Und zwar von den Spenderinnen und Spendern selbst, da weder die Gruppe »Bremen-Cuba: Solidarität konkret« noch das NETZWERK CUBA hierfür Reserven haben.

2. Wir wollen auf jeden Fall vermeiden, daß durch diese neuen Konditionen der Spendenfluß nachläßt und haben daher folgendes *Finanzierungsverfahren* entwickelt, von dem wir meinen, daß es für alle spendenden Gruppen tragbar ist:
Alle anliefernden Gruppen rechnen **vorher** das Kubikmeter-Volumen ihrer Spende aus und überweisen die entsprechende Summe (s.o.) im Voraus auf das Konto des NETZWERK CUBA bei der Sparkasse Bonn, Kto.-Nr. 46953, BLZ 380 500 00 unter Angabe des **Verwendungszwecks »CONTAINER«.** Der Überweisungsbeleg muß bei Anlieferung kontrolliert werden. Falls dies *ausnahmsweise* nicht möglich sein sollte, besteht im Ausnahmefall die Möglichkeit, die anteiligen Transportkosten bei Ablieferung **bar** zu begleichen. Wir bitten darum, dieses Verfahren **unbedingt einzuhalten**, da ab sofort auch die Rechnungen des Hafenbetriebs bzw. der Schiffahrtsagentur an das NETZWERK gehen und von dort aus unverzüglich beglichen werden müssen!
Diese Bitte um die unverzichtbare Kostenbeteiligung gilt auch und besonders für alle Gruppen, Einrichtungen usw., die ihre Spenden per Spedition oder über sonstige Dritte in Bremen anliefern lassen. Wir appellieren hier an das finanzielle Verantwortungsbewußtsein aller Spenderinnen und Spender!
Da bereits einige rückwirkende Rechnungen für diesen Zweck aus 1995 beglichen werden müssen, sind wir auf weitere Spenden in jeglicher Höhe auf das o.g. Unterkonto dringend angewiesen und bedanken uns im Voraus für die Unterstützung!

IV. Regionale Kommunikation *(NEU)*

Im Sinne der Kostenersparnis für den Transport nach Bremen empfehlen wir dringend allen Gruppen, sich vor der Abfahrt noch mit anderen Gruppen aus der jeweiligen Region in Verbindung zu setzen. Das würde auch den Freundinnen und Freunden in Bremen oftmals viel Aufwand ersparen! Dies gilt übrigens ebenso für die organisierte Anlieferung nach Bonn.

V. Was wird in Cuba gebraucht?

Nach wie vor fehlt es an fast allem. Daher kann auch fast alles gespendet werden. Selbstverständlich sollten die Spenden in gutem Zustand, bzw. funktionstüchtig sein. Im folgenden eine Liste mit Gütern, die <u>besonders dringend</u> in Cuba benötigt werden.

1. Medizinische Hilfsgüter (medicamentos) und Körperpflegemittel, z.B.: Verbandsmaterial, medizinische und zahnmedizinische Instrumente, Ge- und Verbrauchsmaterial, Reinigungs- und Hygieneartikel, Seife, Bettwäsche, Handtücher, Medikamente (eine spezielle Liste kann im NETZWERK CUBA angefordert werden), Windeln, Binden u.a.m.

2. Schul- und Bürobedarf (artículos de escritorio), Papier (papel). Papier, Fax-, Kopierpapier, Hefte, Bleistifte, Kugelschreiber, mechanische Schreibmaschinen und Zubehör (Farbbänder!), Hefte, Ordner, Diktiergeräte und Akkus, Tafelkreide, Buntstifte u.v.m.

3. Arbeitsmittel. Arbeitskleidung (ungefüttert!), Arbeitshandschuhe, Arbeitsschuhe, Schutzhelme, Werkzeuge aller Art.

4. Fahrräder (bicicletas). Fahrräder in allen Größen, Ersatzteile aller Art, Flickzeug, Fahrradanhänger, Kindersitze

5. Autoreifen. Reifen werden in Cuba nach ausdrücklicher Versicherung von cubanischer Seite dringend benötigt! Dies gilt auch für Reifen, die nach unseren Maßstäben nicht mehr für den Verkehr zugelassen sind. Die am meisten gesuchten Reifengrößen sind: 165/13 und 175/13 (gängige Größen z.B. bei LADA-Modellen)

6. Sommerkleidung/Kinderkleidung. Bitte nur gut erhaltene Kleidung. Auch Kleidung bitte nur in Kartons verpacken!

Wichtig: Alle Sachspenden müssen fest verpackt sein (also in Kartons, *keinesfalls in Tüten!*). Besonders eignen sich hierfür z.B. Bananen- oder Umzugskartons. Auf jedem Karton muß unbedingt der Inhalt kurz *auf Spanisch (!!!)* angegeben sein, da die Spenden sonst beim Entladen der Container nicht zugeordnet werden können und die Packstücke aufgerissen werden müssen! Alle Spenden werden zunächst vom ICAP (Instituto Cubano de Amistad con los Pueblos [Cubanisches Institut für Völkerfreundschaft]) entgegengenommen und von dort weiterverteilt. Dabei wird wie folgt vorgegangen: Alle Spendengüter, die nicht adressiert sind, werden vom ICAP nach Maßgabe der dort vorliegenden Bedarfslisten verteilt. An bestimmte Einrichtungen adressierte Sendungen werden baldmöglichst vom ICAP entsprechend weitergeleitet. Eine vollständige und gut lesbare Beschriftung ist daher unerläßlich!

Die Spenderinnen und Spender werden darauf hingewiesen, daß in jedem Fall die Adressaten über den weiteren Verbleib der Spenden entscheiden. Wir bitten um Verständnis dafür, daß auf diesem Wege **keine Privatsendungen** befördert werden können! An Privatpersonen adressierte Sendungen stehen dem ICAP zur Verteilung zur Verfügung. Nach Möglichkeit werden in solchen Fällen sowohl Absender als auch Adressaten über den Verbleib der Spenden informiert.

Die Gruppe Bremen – Cuba: Solidarität Konkret trifft sich jeden letzten Donnerstag im Monat im Bandonion, Gertrudestraße um 20 Uhr. Kontaktadressen: Martin Schmidt, Tel.: 0421 – xx xx xx, Frank Schwitalla, Tel.: 0421 – xx xx xx, Fax: 0421 – xx xx xx, Elka Pralle, Tel.: 0421 – xx xx xx.

Vorstand des NETZWERK CUBA – Informationsbüro – e.V.
in Zusammenarbeit mit »Bremen – Cuba: Solidarität konkret«
im Auftrag der NETZWERK-Jahreshauptversammlung im Dez. '95

11. Förderung der Literatur

»Je mehr ich las, umso näher brachten
die Bücher mir die Welt, um so heller
und bedeutsamer wurde für mich das Leben«
(Maxim Gorki)

Gemäß unserem Selbstverständnis »*Förderung von Kontakten in den Bereichen der Kultur, der Bildung und der Öffentlichkeitsarbeit, Verbreitung von Nachrichten und Informationen aus und über Cuba.*« (§ 2.2a,b der Satzung) hat das NETZWERK seit seiner Gründung i. d. R. einmal jährlich Vortragsreisen mit ICAP-Vertreterinnen und Vertretern organisiert. Ergänzt wurden diese durch weitere Tourneen mit Schriftstellern und Publizisten. Erwähnt seien hier die vom Heyne Verlag im Mai 1997 organisierte Lesereise mit dem uruguayisch-cubanischen Schriftsteller Daniel Chavarría zu seinem damals aktuellen Buch »Die Wunderdroge«.

Die NCN Nr. 17 vom Juni 1997 veröffentlichte hierzu die folgende Rezension:

Daniel Chavarría – »Die Wunderdroge«

»Im Amazonasdschungel wird der magische Saft eines Baumes entdeckt, der zu einer gefährlichen Droge verarbeitet werden kann. Diese Droge ist in der Lage, das Bewußtsein von Menschen zu verändern, und sie kann als Wahrheitsserum eingesetzt werden. Grund genug für verschiedene Gruppierungen, sich darum zu kümmern – allen voran das übermächtige CIA.«

Mit diesem Text lockt der Umschlagtext, das 490seitige Werk des uruguayischen Poeten Daniel Chavarría zu lesen. Die verlockende Kurzbeschreibung verspricht weniger, als eingelöst wird.

Der als »bilderreicher, lateinamerikanische Politthriller« annotierte Roman des seit 1965 in Cuba lebenden Romanciers hat wahrlich mehr zu bieten als reinen Nervenkitzel: Chavarría entführt uns in die Welt der brasilianischen Indígenas, lehrt den aufmerksamen Leser sehr viel über deren Kultur und Mythen; zugleich bruchlos den Terror, dem die Menschen durch einheimische Kompradoren ebenso ausgesetzt waren und sind (!) wie dem der internationalen Konzerne und Glücksritter.

Die geschichtliche Reise geht durch verschiedene Länder Lateinamerikas bis hin nach – wie sollte es anders sein – Spanien, der historisch entscheidenden Kolonialmacht des Kontinents.

Anhand der zur Jahrhundertwende beginnenden Familiensaga einer spanischen Kapitalisten- und Militaristendynastie, deren konsequenter Entwicklung zur tragenden Kaste des Franco-Faschismus und letzlichen Werkzeugen der CIA gibt uns der Autor eine spannende Lektion zur spanischen, letztlich iberoamerikanischen Geschichte.

Im Verlauf des Kampfes um die eingangs genannte Droge, der den zweiten Teil des Buches ausmacht, wird nicht nur – en passant und selbstverständlich – das tägliche Mördergeschäft der blutbefleckten CIA durchdekliniert.

Chavarría – nebenbei passionierter Humorist – verkneift es sich nicht, einige gezielte Seitenhiebe auf bestimmte Führer eines sehr großen osteuropäischen Landes zu Zeiten des Niedergangs des dortigen Sozialismus zu schlagen. Auch die Menschen seiner cubanischen Wahlheimat werden in dieser großen Auseinandersetzung nicht per se zu Engeln erklärt. Chavarría, dem schon aufgrund seiner Vita, deren Stationen von San José de Mayo über Marokko (Sprachprofessor), Madrid (Museumsführer), Essen (Bergarbeiter), Montevideo (Flugzeugentführer) bis nach Havanna reichen, »nichts Menschliches fremd ist«, zeigt die objektiven Gefahren auf, die für Cuba auch im Innern der eigenen Gesellschaft entstehen können, wenn der Gegner den »richtigen Hebel« anzusetzen in der Lage ist.

Zugleich erzählt der Autor in seinem Roman, wozu die geschichtlich gewachsene Widerstandskraft der cubanischen Revolution – verbunden mit allen menschlichen Faktoren, dem Zufall und der gehörigen Portion cubanischer Pfiffigkeit – in der Lage ist. Sogar gegen eine doch ganz offensichtlich aussichtslose Situation...

Natürlich soll hier nicht verraten werden, wie in der »Wunderdroge« die Zerstörung der cubanischen Revolution literarisch fast gelungen wäre, ob und wie sie verhindert wurde. Aber es sei darauf hingewiesen, daß die Grenze von Literatur und Realität z.B. durch die folgende afp-Meldung vom 21.03.97 manchmal fließend ist: »Havanna. Ein US-Bürger, der im vergangenen August auf Cuba festgenommen wurde, wird unter dem Vorwurf ›subversiver Machenschaften‹ vor Gericht gestellt. Dies kündigte das staatliche cubanische Fernsehen am Donnerstagabend an. Der Mann wurde als hochgefährlicher Söldner bezeichnet. Der Mann sei Agent einer in Miami ansässigen Organisation. Er habe heimlich Gerät aus den USA nach Cuba eingeführt, Brandbomben vorbereitet und konterrevolutionäre Propaganda verbreitet.« (zit. nach: »junge Welt«, 22./23.03.97) ... als wäre die Person direkt dem Buch von Daniel Chavarría entsprungen, was hiermit wärmstens empfohlen sei.

Mehrfach für das NETZWERK CUBA als Referent unterwegs gewesen: Ernst Fidel Fürntratt-Kloep (hier bei einem Vortrag in Venezuela)

> (Der Autor ist im Mai auf Lesereise in der BRD. Nähere Informationen gibt's beim NETZWERK CUBA, Reuterstraße 44, 53113 Bonn.)
> Das Buch »Die Wunderdroge«, das 1992 mit dem »Premio Hammett International« als bester Thriller in spanischer Sprache (Originaltitel: »Allá Ellos«) ausgezeichnet und leider erst 1996 ins Deutsche übersetzt wurde, ist als PB beim W. Heyne Verlag, München erschienen. Es hat 490 durchweg spannende Seiten, die ISBN 3-453-11601-1 und kostet sozialverträgliche DM 14,90.)
> Heinz-W. Hammer

Im Rahmen dieser Lesereise gab es auch mehrere Veranstaltungen, die von NETZWERK-Mitgliedsgruppen organisiert wurden. Der mittlerweile 79jährige Chavarría, der seit 1969 in Havanna lebt und arbeitet, wurde 2010 mit dem Nationalpreis für Literatur geehrt und war bei der 22. Internationalen Buchmesse im Februar/März 2013 neben dem Nationalpreisträger für Sozialwissenschaften Pedro Pablo Rodríguez einer der beiden Ehrengäste, dem diese Messe gewidmet war.

Zusammen mit dem PapyRossa Verlag organisierten wir vom 7.11. bis 14.12.1997 eine große Lesereise mit Prof. Dr. Ernst Fidel Fürntratt-Kloep zu dem von ihm herausgegebenen Buch von Ron Ridenour *»Kuba – Ein »Yankee« berichtet«*, woran sich 22 Gruppen in der BRD und Österreich beteiligten. Eine Buchbesprechung wurde in der NCN Nr. 18 vom August 1997 veröffentlicht.

Mit demselben Autor fand vom 09.-25.06.1998 die vom NETZWERK CUBA organisierte *»Cuba-Litera-Tour '98«* zu seinem aktuellen Buch *»Unsere Herren seid Ihr nicht! – Das politische Denken des Fidel Castro«* statt. Hierbei gab es 13 gut besuchte Veranstaltungen in 12 Städten in der BRD und Österreich.[20]

In diesem Jahr 1997 wurde auch erstmal eine eigene Website des NETZWERK CUBA erstellt.

12. Staffelübergabe

> *»Es gibt kein Monopol auf Solidarität«*
> *(Fidel Castro)*

Parallel lief die materielle Solidarität ungebremst weiter. Beispielsweise wurden im Jahr 1997 35 Container aus Bremen sowie weiter 25 weitere von Cuba Si aus Berlin verschifft. Ab Frühjahr hatte die El Salvador-Hilfe in Köln eine Großaktion initiiert, die sich über 2 Jahre erstreckte und vom NETZWERK CUBA sowie diversen Mitgliedsgruppen aktiv unterstützt wurde. Hierbei ging es um die Räumung von Lagern des Bundesamtes für Zivilschutz. Im Rechenschaftsbericht des NETZWERK CUBA – Vorstands bei der 4. JHV am 24.01.1998 in Essen heißt es hierzu u. a.:

> *»Es waren Aktionen, die sich über die ganze alte BRD erstreckte, vom Norden (Schleswig-Holstein, wo die Hamburger tatkräftig geholfen haben), bis zum tiefsten Süden, (wo die örtlichen Gruppen aktiv waren). Hervorzuheben ist hierbei auch, daß sich viele Helferinnen hierfür Urlaub genommen haben, sich z. T. auf eigene Kosten in der Nähe der Lager einquartiert haben und andere cr@s ihre Wohnungen zur Verfügung gestellt haben. Was wurde nun in diesen Aktionen verladen? Hierzu nur einige Zahlen. Vorweg: Es waren komplette, ganze Krankenhäuser, die aus den Lagern geräumt wurden. Zuzüglich dann noch viele einzelne »Spezialcontainer«, nur mit ganz bestimmten Sachen, wie z. B. Desinfektionsmittel, Flüssigseife und Nähmaterial für die Chirurgie, das etwa den Grundbedarf für 1 Jahr deckt. So wurden bisher 15000 Krankenhausbetten, 400 OP-Tische, 50 Röntgengeräte verladen. Außerdem konnte jedes cubanische Krankenhaus mit einem neuen Satz chirurgischer Bestecke versehen werden und jedes der 85000 Krankenhausbetten mit einem neuen Satz Bettwäsche. Um nur einige Zahlen zu nennen. Insgesamt waren das 232 40ft Container. Hintereinander gestellt ergibt das eine Länge von knapp 3 km!«*

Bei der folgenden 5. JHV am 06.02.99 in Essen wurden diese Zahlen im Rechenschaftsbericht des Vorstands wie folgt ergänzt:

> *»Im vergangenen Jahr hat die El Salvador Hilfe 83 Container à 40 ft. mit Hilfsgütern nach Kuba versandt. Der allergrößte Teil davon ist an das Gesundheitsministerium gegangen. Insgesamt sind damit von uns 316 Container à 40 ft. nach Kuba geliefert worden. Mit diesem Material sind z. T. komplette Krankenhäuser wie das neue Krankenhaus in Holguín ausgerüstet worden, z. T. sind damit Polikliniken versorgt worden.«*

Diese Zahlen stehen beispielhaft für zahlreiche weitere Spendenaktionen von anderen Mitgliedsgruppen. Stellvertretend für zahlreiche andere Gruppen seien erwähnt die Humanitäre Cubahilfe Bochum, die DKP Cuba-AG, Taller de la Solidaridad und vor allem Cuba Sí, die über viele Jahre Hunderte Container mit Hilfsgütern beladen und verschifft haben. Unvergessen sind hierbei die beiden Cuba Sí – Gründungsmitglieder, unsere viel zu früh verstorbene Freundin Marion Gerber (13.06.2006 im Alter von 55 Jahren) und unser Freund Reiner Thiele (05.06.2009 im Alter von 53 Jahren).

Volles Haus bei der 5. Jahreshauptversammlung am 06.02.99

Zum Verhältnis von politischer zu materieller Solidarität und der jeweiligen Bedeutung äußerte sich zwei Jahrzehnte nach diesen Aktivitäten der ICAP-Vertreter Roberto Rodríguez in einem Interview mit der Tageszeitung »junge Welt« am 06.08.2012 u. a. wie folgt:

»Der Zusammenbruch des sozialistischen Lagers in Europa, der Verlust von 85 Prozent des Außenhandels, die Verschärfung der Blockade gegen Kuba – auch durch einige Aktionen der Europäer – hat die Solidarität verstärkt und mehr Gruppen motiviert, sich für Kuba zu engagieren. Einige Organisationen gab es schon, andere entstanden neu und entwickelten humanitäre Hilfe oder Solidarität mit unserem Land. Dadurch wurde die Solidaritätsbewegung breiter, es traten neue politische Kräfte auf den Plan, zum Beispiel Umweltschützer, Berufsvereinigungen, Gewerkschaften. Wir haben zwar immer gesagt, daß diese Hilfe vor allem symbolisch ist, denn sie wird nie vollständig die Schäden der Blockade beheben können, aber tatsächlich hatten die Lebensmittel- und Medikamentenspenden oder die Arbeitsbrigaden eine große Bedeutung etwa für die Gesundheitsversorgung. Heute hat sich die Solidarität diversifiziert und professionalisiert, aber sie steht immer an der Seite der Revolution. In Europa gibt es inzwischen 856 Organisationen in 45 Ländern, die Solidaritätsarbeit für Kuba leisten. Weltweit sind es mehr als 2120 Organisationen in 156 Ländern. Die Tendenz ist steigend. Einige Organisationen verschwinden, einige ändern sich, andere entstehen neu.«[21]

Bei der mit 46 Anwesenden, die 22 Mitgliedsgruppen repräsentierten, besonders gut besuchten 5. JHV am 06.02.1999 kandidierte der Gründungsvorsitzende wegen krankheitsbedingter Einschränkungen nicht mehr für den NETZWERK CUBA – Vorstand. Die sich daraus ergebende Situation war bereits ausführlich im Vorstand diskutiert und ein neues Kandidaten-Tableau als Vorschlag erarbeitet worden, dem die JHV folgte. In seiner kurzen Rede verwies der scheidende Vorsitzende auf die bewährten Grundlagen der gemeinsamen Arbeit, insbesondere die Kollektivität und den Graswurzelcharakter des NETZWERK CUBA, die es auch zukünftig zu bewahren gelte.[22]

Bei dieser Jahreshauptversammlung kandidierte auch der bisherige stellvertretende Vorsitzende, Manfred Sill, aus beruflichen Gründen nicht mehr für diese Funktion. Er blieb aber als Verantwortlicher NCN-Redakteur im Vorstand und hielt für diesen eine Rede zur Verabschiedung des scheidenden Gründungsvorsitzenden.[23]

KAPITEL I: »DIE WILDEN JAHRE« – 1990-1999

Verabschiedung des langjährigen stv. Vorsitzenden Manfred Sill

Verabschiedung des Gründungsvorsitzenden

Kapitel II: »Und es geht weiter…«

1. Konsolidierung und neue Herausforderungen 1999-2012

>*»Wenn wir nicht verstehen zu lernen,*
>*dann werden wir niemals zu überleben lernen«*
>*(Fidel Castro)*

Nun ging also mit dem Ende des Jahrtausends auch eine »Ära« beim NETZWERK CUBA zu Ende: Die Gründungsmitglieder und langjährigen Vorsitzenden bzw. stellvertretenden Vorsitzenden schieden aus. An ihre Stelle traten »alte Bekannte«: Frank Schwitalla (Bremen) als Vorsitzender und Barbara Muñoz (Mörfelden/Waldorf) als stellvertretende Vorsitzende. Beide waren schon einige Jahre im NETZWERK aktiv und hatten Vorstandserfahrungen. Damit war ein problemloser Übergang und Kontinuität in der Arbeit gewährleistet.

Das NETZWERK CUBA hatte sich bewährt. Es konnte, wie im ersten Kapitel beschrieben, Impulse setzen, es war attraktiv für viele, die auf Grund persönlicher Erfahrungen durch die »período especial« neu zur Solidaritätsbewegung mit Cuba stießen und es war – schließlich nicht ganz unwichtig für eine Solidaritätsgruppe – effektiv in der politischen und materiellen Unterstützung des revolutionären Cuba.

Aber es war in jener Zeit auch vor neue Herausforderungen gestellt:

Mit dem Aufbrechen der Isolierung Cubas, dem Erstarken von fortschrittlichen Entwicklungen in Lateinamerika, für die Cuba eine wichtige Rolle spielte und spielt, nahmen auch die politischen/ideologischen Angriffe gegen Cuba zu. Auch in der BRD. Und es ist selbstverständlich eine der ureigensten Aufgaben der Solidaritätsbewegung mit Cuba, sich solchen Angriffen entgegenzustellen.

Die Beziehungen zwischen der EU und Cuba hatten sich zwar entspannt und leicht verbessert, aber nach wie vor bestand der »Gemeinsame Standpunkt« von 1996[24]. Dabei handelt es sich um ein Positionspapier, das maßgeblich von dem damaligen Ministerpräsidenten Spaniens Aznar, einem Postfranquisten, ausgearbeitet worden ist. Mit diesem Positionspapier stellte und stellt die EU dem souveränen Cuba Bedingungen für eine Normalisierung der Beziehungen. Das war und ist natürlich unannehmbar für die cubanischen Compañeros. Außerdem wurde mit der Osterweiterung der EU die Reihe der anticubanischen Kräfte (z. B. durch die tschechischen und polnischen Regierungen) innerhalb der EU deutlich gestärkt und diese erhielten auch ideologisch Aufwind.

Mit der Verhaftung und Verurteilung von 5 Cubanern unter skandalösen Umständen in Miami/USA begann der Kampf der weltweiten Solidaritätsbewegung für deren Freilassung.

Diese fünf, nun bekannt als die Miami 5 oder Cuban 5, hatten sich in Miami in terroristische Anticubagruppen eingeschleust, um Terrorakte gegen Cuba zu verhindern und Menschenleben zu retten[25]. Solche Terrorakte waren von den USA aus in den 1990er Jahren forciert worden und von den Staatsorganen der USA nicht (hinreichend) unterbunden worden – trotz mehrmaliger Aufforderungen durch Cuba.

Mit dem Anwachsen der überregionalen und globalen sozialen Bewegungen, manifestiert zum Beispiel in der Bildung von Sozialforen, die vor allem in der Jugend großen Zulauf fanden, stellte sich die Frage der Beziehungen der Solidaritätsbewegung mit Cuba zu diesen Bewegungen. Mit der Unterstützung Cubas durch die weltweit engagierte Solidaritätsbewegung wurde und wird nicht nur irgendein Land, sondern ein alternatives gesellschaftliches Gegenmodell zu dem hier und andernorts herrschenden Kapitalismus/Neoliberalismus gestärkt. Das neoliberalkapitalistische Modell wird ja ebenfalls von zahlreichen globalen sozialen Bewegungen bekämpft oder zumindest deren schlimmsten Auswirkungen. Damit hatten die beiden Bewegungen, also die Solidaritätsbewegung mit Cuba sowie die neuen sozialen Bewegungen zahlreiche objektive Berührungspunkte und von daher ist es kein Zufall, dass beide die Losung »Eine bessere Welt ist möglich« propagierten und verbreiteten.

Die folgenden Abschnitte sollen **beispielhaft** und auch mit Hilfe von vielen Dokumenten aufzeigen, wie sich das NETZWERK CUBA auf diese Herausforderungen einstellte.

2. Kubanisch-europäische Perspektiven
Internationaler Kuba-Solidaritätskongress 23./24.6.2001, Berlin

»Die Nacht kann noch so dunkel sein,
aber es gibt immer den Moment des Morgengrauens,
bis zum endgültigen Sieg«
(José Martí)

Im August 2000 bekam der Vorsitzende des NETZWERK CUBA eine Einladung zur Beteiligung an der Vorbereitung eines internationalen Cuba-Solidaritätskongresses. Einlader war Hans Modrow, damals Europaabgeordneter der PDS. In der Einladung wurde darüber informiert, dass ausgehend von der Fraktion der Europäischen Linken (GUE/NGL) im Europaparlament, der Bundestagsfraktion und des Parteivorstandes der PDS, Cuba Sí und der Zeitung »junge Welt« am 23. und 24.6. des kommenden Jahres ein Kongress mit dem Thema »Europa-Cuba« in Berlin organisiert werden solle. Mit dem Schreiben wurde angefragt, ob das NETZWERK CUBA sich daran beteiligen wolle.

In dem Aufruf zum Kongress heißt es über dessen Ziel:

> Nach dem vom Europaparlamentariern mitveranstalteten Kuba-Kongress 1992 in Bonn und den in diesem Zeitraum stattgefundenen gravierenden Veränderungen in und um Kuba soll dieser Kongress:
> - eine Bilanz der europäischen Zusammenarbeit und Solidarität mit Kuba ziehen und neue Anforderungen, Anregungen und nachhaltige Perspektiven dafür aufzeigen;
> - von der EU und deren Mitgliedsstaaten eine eindeutige Position der Verurteilung der US-amerikanischen Blockadepolitik einfordern und Möglichkeiten des gleichberechtigten Ausbaus der Beziehungen und der Kooperation Europa-Kuba verdeutlichen;
> - die kubanische Realität mit ihren Möglichkeiten und Potentialen darstellen und dadurch für Kuba neue Chancen und Möglichkeiten in Europa befördern; die Bedeutung Kubas, insbesondere für die Länder des Südens, herausstellen, die alternativen Positionen und Vorschläge Kubas zur neoliberalen Globalisierung benennen sowie die Chancen und Risiken eines Landes aus der sogenannten Dritten Welt für eine selbstbestimmte gesellschaftliche Entwicklung unter den Bedingungen einer unipolar beherrschten Welt deutlich machen.[26]

Die Frage einer Beteiligung des NETZWERK CUBA an diesem Kongress führte zum ersten Mal zu heftigen politisch-inhaltlichen Auseinandersetzungen innerhalb des Netzwerks. Ausschlaggebend dafür waren im wesentlichen drei Aspekte: 1. war für Einige der Trägerkreis vor allem mit dem PDS- Spektrum zu eng, 2. gab es inhaltliche Differenzen bezogen auf den Aufruf und 3. lag der Termin genau an dem Wochenende, an dem auch das UZ-Pressefest stattfinden sollte, wodurch ein wichtiger Teil der bundesdeutschen Cubafreunde nicht am Kongress teilnehmen konnte. Da aber weder eine Verlegung des Pressefestes noch des Kongresses möglich war, stand das Netzwerk vor einem Dilemma.

Der Vorstand hatte umgehend beschlossen, sich an der Vorbereitungsgruppe zu beteiligen, um mitzuhelfen, dass der Vorbereitungskreis möglichst breit wird. Die Mitgliederversammlung am 28.10.2000 bestätigte diese Entscheidung.

Der Vorstand des Netzwerks entschied sich dann als Mitveranstalter des Kongresses aufzutreten und konnte seine Position auch auf der Jahreshauptversammlung des Netzwerks knapp durchsetzen. (Das war das erste und bislang einzige Mal, dass auf einer Mitgliederversammlung eine »Kampfabstimmung« durchgeführt werden musste). Wesentliche Argumente für eine Teilnahme waren:

- als Mitveranstalter war das Netzwerk an der Vorbereitung und Organisierung des Kongresses beteiligt, konnte also Einfluss darauf nehmen und mitgestalten,

- als Mitveranstalter hatte das Netzwerk die Möglichkeit, eines der Hauptreferate zu halten und es würde dem Selbstverständnis des Netzwerks als große bundesdeutsche Cuba-Solidaritätsorganisation widersprechen, nicht an einem internationalen Cubakongress in der BRD teilzunehmen.

Der Kongress war dann ein Erfolg. Mehr als 850 Teilnehmerinnen und Teilnehmer waren anwesend und verabschiedeten eine Abschlusserklärung, die die Blockadepolitik unmissverständlich verurteilte und von der EU eine Verbesserung der Beziehungen zu Cuba verlangte.[27] Neben einer hochrangigen cubanischen Delegation unter Leitung des damaligen Generalsekretärs des Dachverbandes der cubanischen Gewerkschaften (CTC), Pedro Ross Leal, waren TeilnehmerInnen und ReferentInnen aus Belgien, Großbritannien, El Salvador, Frankreich, Irland, Italien, Kolumbien, Mexico, Nicaragua, Österreich, Polen, Schweden, Schweiz, Senegal, Spanien, Tschechien und Zypern nach Berlin gekommen.[28]

Das NETZWERK hatte insgesamt einen großen Anteil am Erfolg.

Im Rechenschaftsbericht des Vorstandes auf der JHV am 2.2.02 heißt es dazu:

»Neben der Übernahme des Einführungsreferates[29], (welches als Entwurf an die Mitgliedsgruppen zugegangen ist, mit der Möglichkeit, [Änderungs-] Vorschläge einzubrin-

gen; welches auf einer MV diskutiert worden ist und wo dann in der Endfassung fast alle Vorschläge und Ideen etc. berücksichtigt worden sind), erstellte das Netzwerk eine Konzeption für das erste Forum; moderierte das Forum; nahm mit seinem stellv. Vorsitzenden an der Podiumsdiskussion, mit seinem Vorsitzenden an der Pressekonferenz teil; leitete ein kurzfristig einberaumtes Treffen von Solidaritätsorganisationen und NGOs während des Kongresses und war verantwortlich für die Organisierung der Informationsmesse, an der das Netzwerk auch mit einem Informationsstand teilnahm.

Wir können feststellen, daß die Beteiligung des Netzwerkes an dem Kongreß als Veranstalter ein richtiger Beschluß war. Das Netzwerk hatte dadurch die Möglichkeit, sich darzustellen, seine Positionen einzubringen, mit anderen politischen Kräften zusammenzuarbeiten, Kontakte zu knüpfen.

Wir können sagen, daß all dies uns gut gelungen ist, und der Verlauf und die Ergebnisse des Kongresses bestätigen dies. Wir haben sehr positive Rückmeldungen über das Auftreten des Netzwerkes auf dem Kongreß bekommen.

Dies alles wäre uns als Nichtveranstalter entgangen und wir hätten eine große Chance verpaßt.

Als sehr positiv möchten wir auch noch die gute und solidarische Zusammenarbeit mit allen politischen Kräften und Personen in der Vorbereitungsgruppe erwähnen. Sie zeigte, daß solidarische Bündnisarbeit über das Netzwerk hinaus möglich ist«.

Für das NETZWERK CUBA, sowie für alle europäischen Gruppen, war der Kampf für eine Verbesserung der Beziehungen zwischen der EU und Cuba immer ein Hauptschwerpunkt ihrer Arbeit. Dabei galt es immer dafür einzutreten, dass der »Gemeinsame Standpunkt« abgeschafft wird, dass die Gremien der EU sich dafür einsetzen, die von der überwältigenden Mehrheit der UN-Vollversammlung geforderte Beendigung der US-Blockade gegen Kuba durchzusetzen und erste Maßnahmen gegen die völkerrechtswidrige Politik der USA vorzunehmen, und dass die EU ein Kooperationsabkommen mit Cuba abschließt.

Schon vor dem Cubakongress hatten die italienischen Compañer@s eine europäische Petition an die EU initiiert und baten die europäischen Solidaritätsgruppen mit Cuba um Unterstützung.[30] Diese wurde auf dem Kongress bekräftigt. Das NETZWERK CUBA nahm die Initiative sofort auf und sammelte Unterschriften für die Petition[31].

Als 2007 die BRD die Ratspräsidentschaft übernahm, startete das Netzwerk eine weitere Unterschriftenaktion[32].

Mit dem halbjährlichen Wechsel der EU-Ratspräsidentschaft an einen anderen Mitgliedsstaat wird auch meist über das Weiterbestehen des »Gemeinsamen Standpunktes« neu beraten. Deshalb wird seit Ende 2011 vor jedem Wechsel der EU-Ratspräsidentschaft ein gemeinsamer Brief der europäischen Solidaritätsgruppen an die neue Ratspräsidentschaft geschrieben, sowie an nationale Entscheidungsträger sowie die Medien weitergeleitet[33]. Diese Initiative geht vom NETZWERK CUBA aus und findet großen Anklang bei den europäischen Gruppen.

Seit 2012 gibt es wieder zaghafte Signale von Seiten der EU, die darauf hindeuten, dass sie an der Verbesserung der Beziehungen mit Cuba interessiert ist. Der lateinamerikanische Kontinent wird wirtschaftlich immer wichtiger für die EU, und um dort Fuß zu fassen, müssen sie, bei dem Ansehen, welches Cuba in Lateinamerika genießt, ihre Beziehungen zu Cuba zumindest normalisieren.

3. Der Kampf für die Befreiung der Cuban 5

»Solidarität ist die Zärtlichkeit der Völker«
(Che)

Auf dem Cubakongress 2001 erfuhren wir erstmalig über die Verhaftung und Verurteilung von fünf Cubanern in den USA, als uns Pedro Ross, der Leiter der cubanischen Delegation auf dem Kongress, darüber informierte.

Einige Tage zuvor waren die 5 zu langjährigen Gefängnisstrafen (bis zu 2 Mal lebenslänglich) verurteilt worden. (Siehe Anmerkung 25) Pedro Ross bat uns im Namen der cubanischen Regierung und im Namen des gesamten cubanischen Volkes gegen diese ungerechten Urteile und für die Befreiung der 5, die den Namen Miami 5 oder Cuban 5 bekamen, zu kämpfen.

Dieser Appell löste eine durchaus kontroverse Diskussion innerhalb des NETZWERK CUBA und der Solidaritätsbewegung insgesamt aus. Auf der einen Seite gab es Compañeras und Compañeros, die sofort tätig werden wollten und auf der anderen Seite gab es Fragen, inwieweit es realistisch sei, angesichts der offiziellen Begründung der Verurteilung durch das US-Gericht, nämlich des Vorwurfes der Spionage gegen die USA, breitere Kreise für diesen Kampf zu gewinnen.

Die Diskussion darüber wurde sehr intensiv geführt, auf Mitgliederversammlungen, auf dem Bundestreffen in Düsseldorf. Darum brauchte es einige Zeit, bis dann am 14.12.2002 das Komitee »Basta Ya« als Arbeitsgemeinschaft unter dem Dach des NETZWERK CUBA gegründet wurde.

> *Unsere Zeit – Zeitung der DKP, 20.12.2002*
> *Solidaritätskomitee gegründet – Kampagne für »Miami 5«*
> *In Anwesenheit des Botschafters Marcelino Medina gründeten Freunde Kubas am vergangenen Samstag in Köln das weltweit 91. Solidaritätskomitee für die fünf in Miami zu Unrecht verurteilten Kubaner.*
> *Vergangenes Jahr ergingen die Urteile gegen die Kämpfer gegen den Terror der antikubanischen Miami-Mafia: Gerardo Hernández erhielt zweimal lebenslänglich plus 15 Jahre Haft, Ramón Labañino lebenslänglich plus 18 Jahre, Antonio Guerrero lebenslänglich plus 10 Jahre, René González 15 Jahre und Fernando González 19 Jahre Haft (siehe auch UZ vom 29. November).*
> *Seitdem kommt es in vielen Ländern zu Protesten und Solidaritätsbekundungen für die Fünf, die sich der Aufdeckung und Bekämpfung der Pentagon-unterstützten Terrorattacken gegen Kuba »schuldig« gemacht haben. Walter Malzkorn forderte in der Eröffnungsrede neben der Freilassung der Patrioten die Beendigung der Blockade und der Verurteilungen Kubas durch die Genfer Menschenrechtskommission. Helga Humbach erinnerte an die mit der Verfolgung von KPD-Mitgliedern auch in Deutschland praktizierte Gesinnungsjustiz. Botschafter Medina beschrieb die Notwendigkeit einer weltweiten Bewegung zur Befreiung der Fünf, so wie es auch schon im Fall der Verschleppung des kleinen Elián vor zwei Jahren der Fall war.*
> *In über 50 Ländern unterstützen Freunde Kubas die Verurteilten, die sich unter Einsatz ihres Lebens in antikubanische Gruppen in den USA eingeschleust hatten. Dieses Vorgehen habe das kubanische Volk seit über 40 Jahren vor den meisten geplanten Anschlägen gegen Personen wie Fidel Castro oder Che Guevara bzw. landwirtschaftliche und industrielle Einrichtungen schützen können.*
> *Die Anwälte Comes (Köln) und Schulz (Berlin) beschrieben die Fragwürdigkeit des Urteils aus juristischer Sicht hinsichtlich der Beeinflussung der Geschworenen oder der Tatsache, dass die fünf Patrioten wegen Spionage verurteilt wurden, obwohl sie kein »Geheimnis« nach außen getragen, sondern ihre Erkenntnisse auch für die US-Behörden gesammelt hatten.*
> *Dem Vorschlag der Vertreterin der belgischen Komitees für eine europaweite Kampagne wird sich das deutsche Komitee anschließen, das am 18. Januar in Göttingen Aktionen besprechen will und dafür noch Mitstreiter/innen sucht.*
> *Günter Pohl*

Das Komitee nahm sofort seine Arbeit auf, eine Website www.miami5.de wurde aufgebaut (die seitdem, bis heute, immer von Josie und Dirk Brüning auf dem neusten Stand gehalten wird) und um eine Anbindung an die Arbeit des NETZ-

WERK CUBA zu gewährleisten, wurde die Sprecherin/der Sprecher des Komitees in den Vorstand des Netzwerks gewählt.

Wichtigstes Anliegen des Komitees und der ganzen Solidaritätsbewegung war es erst einmal, die Öffentlichkeit über den Fall der Cuban 5 zu informieren, da die herrschenden Medien nichts berichteten. An dieser Stelle können leider nicht die vielfältigen Aktivitäten aufgeführt werden, die in den letzten 10 Jahren für die Befreiung der 5 durchgeführt wurden, wie z. B. die mittlerweile schon traditionelle Mahnwache vor der US-Botschaft am 12.9., den Tag der Verhaftung der 5, oder die diversen Unterschriftenaktionen, Veranstaltungen etc.

Verwiesen werden soll hier auf die website des Komitees www.miami5.de und auf die Seiten anderer Cuba-Solidaritätsgruppen, die ausführlich über den Fall der Cuban 5 berichten.

In einer Erklärung des Vorstandes des NETZWERK CUBA vom 14.12.2012 zum 10jährigen Bestehen des Komitees heißt es:

> *»Seit der Gründung am 14.12.2002 gingen von den darin engagierten Persönlichkeiten sehr wichtige und kontinuierliche Impulse aus für die Befreiung der Cuban 5. Vor allem haben sie unermüdlich und in unterschiedlichsten Formen versucht, diesen Fall von empörender Menschenrechtsverletzung in die Soligruppen für Cuba und in die breite Öffentlichkeit zu tragen. In unterschiedlicher Besetzung wurde BASTA YA in vielen Bereichen aktiv, auf der lokalen wie auch der nationalen Ebene. Ob das die vielen Briefe, E-Mails oder persönlichen Ansprachen waren, Veranstaltungen mit den Angehörigen der Cuban 5, Unterstützung der Komitees in den USA mit Geld und Besuchen, Infotische und Mahnwachen, Anzeigen und Artikel sowie eine große Ausstellung.«*[34]

Das Komitee Basta Ya, das NETZWERK CUBA und seine Mitgliedsorganisationen werden bis zur endgültigen Befreiung der 5 weiter kämpfen.

4. 10. Jahrfeier des NETZWERK CUBA 31.5.2003

> *»Jede Reise, so kurz sie auch sei,*
> *beginnt mit dem ersten Schritt«*
> *(Lao Tse)*

Im Jahr 2003 dann war es so weit! Das NETZWERK CUBA wurde 10 Jahre alt. Die Mitgliedschaft und der Vorstand hatten beschlossen, dieses Ereignis groß zu feiern. Es ist ja auch schon etwas Außergewöhnliches in unserem Land, dass eine linke Bündnisorganisation, in der viele unterschiedliche politische und auch sich vorwiegend als nicht politisch verstehenden Kräfte solidarisch und aktiv zusammenarbeiten, so »alt« werden.

Die Feier sollte nicht nur genutzt werden, um Bilanz zu ziehen, sondern vor allem auch, um Perspektiven für die Zukunft aufzuzeigen, zu diskutieren und sich über eine der wichtigsten Aufgaben des Netzwerkes, den Kampf für die Befreiung der Cuban 5 zu verständigen. Zu diesem Anlass waren hochrangige Gäste eingeladen. Und natürlich sollte dann abends auch bei cubanischer Musik und Mojito gefeiert werden

Das NETZWERK CUBA hat keine Kosten und Mühen gescheut, um das 10jährige gebührend zu feiern.

Vom amerikanischen Kontinent war aus Cuba der Vizepräsident des cubanischen Parlamentes, Jaime Crombet gekommen, aus Mexico Prof. Dr. Heinz Dieterich und aus Kanada James Cockcroft, der den verhinderten Verteidiger der Cuban 5 Leonard Weinglass vertrat[35].

Aus Belgien nahm die Europakoordinatorin für die Komitees zur Befreiung der Cuban 5, Katrien Demuynck[36] und von der bekannten NGO OXFAM, Sophie Perdaens teil.

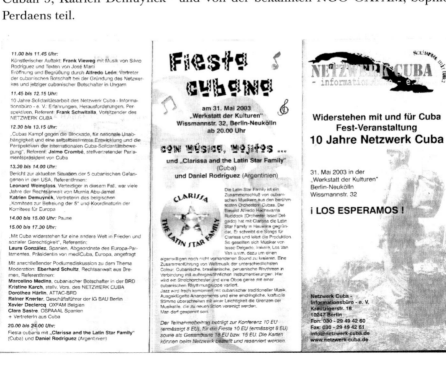

Aus Ungarn kam der dortige cubanische Botschafter Alfredo León, der als vormaliger Vertreter der cubanischen Botschaft in der BRD am Prozeß der Gründung des NETZWERK CUBA beteiligt gewesen war.

Und natürlich waren als Ehrengäste der cubanische Botschafter in der BRD, Marcelino Medina und weitere Compañer@s der cubanischen Botschaft anwesend.

Idee und Konzeption zu den Feierlichkeiten wurden im Vorfeld in den Mitgliederversammlungen abgesprochen. Die Vorbereitung bedeutete sowohl einen arbeitsmäßigen als auch finanziellen Kraftakt für das NETZWERK CUBA.

Die JHV am 24.1.2004 schätzte die durchgeführte Veranstaltung dann wie folgt ein:

»Abschließend möchten wir feststellen, dass unsere Festveranstaltung zum 10. Jahrestag mit seinen – vor allem auch internationalen – Gästen und seinen inhaltlichen Aspekten sicherlich einen Höhepunkt in der Geschichte des Netzwerkes darstellt. Und dass wir sagen können, dass die Veranstaltung v. a. inhaltlich ein Erfolg war und die Arbeit und Anstrengungen sich gelohnt haben«.

5. Büro Buchmesse Havanna

»Lesen ist wachsen – leer es crecer«

Auf der XIII. Internationalen Buchmesse im Februar 2004 in Havanna war die BRD als Gastland vorgesehen. Das heißt, die BRD, ihre Kultur, speziell die Bücher sollten im Mittelpunkt der Buchmesse stehen.

Als im Frühjahr 2003 in Cuba 3 Todesurteile gegen die gewalttätigen Entführer einer Fähre gefällt und 75 von den USA unterstützte cubanische Konterrevolutionäre zu Gefängnisstrafen verurteilt wurden, legte die EU die Beziehungen zu Cuba auf Eis. Das hatte u. a. zur Folge, dass die BRD ihre Teilnahme an der Buchmesse zurückzog.

Diesen Boykott wollte die Solidaritätsbewegung allerdings nicht hinnehmen und zusammen mit dem Verlag 8. Mai, welcher auch die Tageszeitung »junge Welt« herausgibt, wurde das »Büro Buchmesse Havanna« gegründet. Träger dieses Büros waren das NETZWERK CUBA, die Mitgliedsorganisation Cuba Sí und der Verlag 8. Mai.

Vorrangiges Ziel des Büros war es, den von der EU bzw. der Bundesregierung bewirkten Boykott zu durchbrechen und es Verlagen aus der BRD zu ermöglichen, in Havanna bei der Buchmesse präsent zu sein und Bücher auszustellen.

Hier die erste Presseinformation vom September 2003:

> **Büro Buchmesse Havanna 2004 gegründet**
> *Als Antwort auf den Boykott der kommenden Internationalen Buchmesse in Havanna durch die rot/grüne Bundesregierung hat sich das »Büro Buchmesse Havanna 2004« des NETZWERK CUBA – Informationsbüro – e. V. gegründet.*
> *Das Büro steht in direktem Kontakt mit dem Organisationskomitee der XIII. Internationalen Buchmesse in Havanna. Es bietet kostengünstige Transportmöglichkeiten für Ausstellungsmaterialien nach Havanna sowie Hilfe in organisatorischen Fragen (Flüge, Unterkunft, Akkreditierung, Standanmeldung und Standkosten etc.) im Zusammenhang mit einer Teilnahme an der XIII. Buchmesse an.*
> *Es ist das Ziel des Büros, mit diesem Projekt konkreter Solidarität und Völkerverständigung die Kulturblockade der deutschen Regierung zu durchbrechen.*
> *Verlage, Autoren und Künstler die Interesse an einer Teilnahme an der XIII. Buchmesse in Havanna haben oder weitere Informationen wünschen, können sich an das Büro, Frau Marion Gerber oder Herrn Reinhard Thiele, wenden.*
> *»Büro Buchmesse Havanna 2004«*
> *des NETZWERK CUBA – Informationsbüro – e. V.*
> *c/o Cuba Sí*
> *Kleine Alexanderstr. 28*
> *10178 Berlin*
> *Tel.: 030-2400945-5/6*
> *Fax: 030-24009409*
> *berlin@cuba-si.org*

Das Büro nahm sofort seine Arbeit auf, denn viel Zeit bis zur Buchmesse blieb für die umfangreichen Vorbereitungsarbeiten nicht mehr. Ein großes Problem war natürlich die Finanzierung des Projektes: Die Bücher, Infomaterialien etc. mussten per Container nach Cuba geschafft werden, Flugkosten mussten bezahlt werden etc.

Im Dezember wandte sich deshalb der Vorsitzende des NETZWERK CUBA an die Solidaritätsbewegung mit der Bitte um Unterstützung des Büro Buchmesse Havanna.

Bitte und Informationen zur Buchmesse in Havanna im Februar nächsten Jahres
Aus dem Spendenaufruf zur Buchmesse 2004:
»Die rot/grüne Bundesregierung hat die offizielle Teilnahme der Bundesrepublik Deutschland an der XIII. Internationalen Buchmesse in Havanna vom 5. bis 15. 2. 2004 abgesagt und in diesem Zusammenhang jegliche Unterstützung für deutsche Verlage abgelehnt.
Dieser Kulturboykott wird mit Menschenrechtsverletzungen in Kuba begründet.
In der Realität handelt es sich um die Unterordnung deutscher und europäischer Politik unter den aggressiven Konfrontationskurs der Regierung der USA gegen Kuba. Zu fragen ist, ob die Bundesregierung jemals in vergleichbarer Form reagiert hat, z. B. gegenüber den Vereinigten Staaten von Amerika wegen der zigfachen Vollstreckung der Todesstrafe oder der über vierzigjährigen völkerrechtswidrigen Blockade gegen das kubanische Volk. Die deutsche Regierung missbraucht die Literatur als politisches Druckmittel und begibt sich damit in eine verhängnisvolle deutsche Tradition.«

Liebe Cubafreundinnen und Cubafreunde,
wir Ihr wisst, sind wir dabei, erfolgreich den von der Bundesregierung verhängten Kulturboykott gegen Cuba zu brechen.
Unsere gemeinsame Initiative hat bisher zum Ergebnis, dass 30 Verlage auf der XIII. Internationalen Buchmesse in Havanna präsentiert werden. Einige mit einem umfangreichen Sortiment, andere nur mit einzelnen Titeln. Es werden ca. 26 Vertreter-innen von Verlagen anwesend sein. Für die Verlage, die keine Vertreter-innen schicken können, wird unser kleines Org-Komitee die Präsentation übernehmen. Natürlich wird es nicht gelingen, das gesamte Spektrum der Literatur unseres Landes vorzustellen, da sich nicht alle Verlage an der Aktion beteiligen. Wir Ihr aus der beigefügten Liste erseht, handelt es sich vorrangig um kleine und linke Verlage, die sich in erster Linie aus politischen und solidarischen Gründen für eine Teilnahme entschieden haben.
Das muß insbesondere hervorgerufen werden, da gerade diese nicht unbedingt die finanzstärksten sind. Und die repräsentative Auswahl linker Literatur wird auf der Messe sicher große Beachtung finden.
Mit einigen Ausnahmen werden alle Bücher in Cuba als Spende für die Bibliotheken oder Universitäten und Schulen bleiben.
Der Klett-Verlag spendet z. B. 300 Wörterbücher sowie zusätzlich Landkarten in spanischer Sprache.

Auch das ursprünglich vereinbarte Auftreten von Künstlern aus der BRD versuchen wir zu kompensieren. Unsere Initiative hat der cubanischen Seite vorgeschlagen, einen Filmclub und einen Literaturclub einzurichten. Dort werden in der Stadt Havanna und im Messegelände an jedem Abend Veranstaltungen stattfinden (aktuelle Dokumentarfilme der Filmhochschule »Konrad Wolf« Potsdam-Babelsberg, Retrospektive von DEFA-Filmen, Diskussionen mit dem Rektor der Filmhochschule Prof. Dr. Wiedemann, Lesungen mit dem Autor Steffen Mensching, mehrere Vorstellungen des Brechtstücks »Flüchtlingsgespräche«, ein Brechtliederabend bzw. Workshop mit Prof. Dr. Manfred Wekwerth, der Schauspielerin Renate Richter und dem Pianisten Fred Symann (ehemals Berliner Ensemble). Prof. Dr. Manfred Wekwerth, sozusagen Erbe des Brecht'schen Werkes, wird als Ehrengast auf dem Internationalen Brechtkolloquium referieren, das aus Anlass der Buchmesse stattfindet.

Höhepunkt für die jungen Cubanerinnen und Cubaner werden sicher die Konzerte der jungen Musiker Mellow Mark sein (HipHop, Reggae und Ska). Alle Künstler verzichten auf ihr Honorar und wir haben uns lediglich vorgenommen, Zuschüsse für Flugtickets zu geben. Prof. Dr. Wiedemann reist auf eigene Kosten, auch unser kleines Kollektiv, das vor Ort versuchen wird, alles zu koordinieren.

Leider ist es uns noch nicht gelungen, die gesamte Finanzierung für diese Aktion abzusichern. Das trifft auf die Kosten für den Containertransport der Bücher zu und ebenfalls auf die Flugtickets für die Künstler. Ihr kennt unseren Spendenaufruf und viele Spenden sind auch schon eingegangen und in vielen Gesprächen konnten wir auch schon Sponsoren für Flugtickets gewinnen (z. B. Rosa-Luxemburg-Stiftung und die PDS). Aber es reicht noch nicht!

Wir bitten alle Mitglieder und Freunde-innen des Netzwerks zu prüfen, inwieweit Ihr noch Spenden für die Unterstützung der Buchmesse in Havanna aufbringen oder Sponsoren ansprechen könnt. Eine Möglichkeit wäre z. B. die »Patenschaft« über eine-n der agierenden Künstler-innen zu übernehmen (Teil- oder komplette Finanzierung Flugticket). Das wäre dann konkreter. Und sicher wäre es in der Nachbereitung der Messe möglich, eine Soli-Veranstaltung mit dem-r Künstler-in durchzuführen.

Die Aktion des NETZWERK CUBA zur Unterstützung der Buchmesse soll im 45. Jahr der Cubanischen Revolution ein eindeutiges Bekenntnis der Solidarität an das cubanische Volk werden.

Aber auch ein Signal an die Bundesregierung – » Wir lassen uns das nicht gefallen. – Schluß mit der Blockade!

Frank Schwitalla
Vorsitzender NETZWERK CUBA

Spenden bitte an:

NETZWERK CUBA – Informationsbüro – e. V.
Konto Nr.: 32 330 104,
Postbank Berlin (BLZ 100 100 10)
VWZ: Buchmesse Havanna 2004
(steuerlich absetzbar)

Die Arbeit des »Büro Buchmesse Havanna 2004« war erfolgreich. In einer Pressemitteilung vom 16.1.04 gab das Büro bekannt:

K u l t u r b o y k o t t gescheitert!
Zur Teilnahme deutscher Verlage und Künstler an der XIII. Internationalen Buchmesse in Havanna vom 5.-15.2.2004
Auf der XIII. Internationalen Buchmesse in Havanna 2004 werden 35 deutsche Verlage, Stiftungen und Vereine, ein Verlag und eine Stiftung aus der Schweiz sowie eine deutsche Kulturdelegation vertreten sein. ....
...Auf der Messe werden ca. 30 Verlagsvertreter/innen aus Deutschland ihr Sortiment persönlich vorstellen und Autorenlesungen anbieten. Nach der Messe wird diese Ausstellung in die Messetour durch die Provinzen Kubas integriert. Die ausgestellten und zusätzlich mitgeführten Bücher werden kubanischen Bibliotheken und Bildungseinrichtungen gespendet.
Im Rahmen der Gemeinschaftsausstellung ist eine Präsentation »Die schönsten deutschen Bücher 2001« vorgesehen, die von der Stiftung Buchkunst Frankfurt/Main zur Verfügung gestellt wurde, sowie eine Galerie unter dem Motto »Berliner Maler grüßen

die Buchmesse Havanna«. Der Berliner Grafiker Thomas J. Richter wird am Gemeinschaftsstand performen.
Parallel zur Präsentation der Verlage organisiert das Büro Buchmesse Havanna 2004 ein kulturelles Rahmenprogramm mit Dokumentarfilmen der Hochschule für Film und Fernsehen »Konrad Wolf« Potsdam-Babelsberg, einer Retrospektive von DEFA-Spielfilmen (1962-1989), Buchlesungen und Diskussionen, Aufführungen der »Flüchtlingsgespräche« von Bert Brecht und Konzerten. Während des vom Kubanischen Kulturministerium aus Anlass der Buchmesse veranstalteten Brechtkolloquiums wird der Regisseur Prof. Dr. Manfred Wekwerth referieren und zusätzlich einen Brecht-Liederabend vorstellen, der eigens für diesen Anlass zusammengestellt wurde. Zahlreiche Intellektuelle Deutschlands werden unabhängig von der Initiative des Büros Buchmesse Havanna 2004 die XIII. Internationale Buchmesse in Havanna durch ihre Anwesenheit unterstützen.
F. d. R. Marion Gerber, Berlin, 16.01.2004

In der Auswertung der Buchmesse heißt es im Bericht des Büros:

Ehrengastland Bundesrepublik Deutschland
Trotz der Absage und des Boykotts durch die deutsche Regierung bildete deutsche Literatur und Kultur den Schwerpunkt der Messe. Mit 35 ausstellenden Verlagen wurde die größte Beteiligung aus Deutschland in der Geschichte der Buchmesse erreicht. Noch nie hat ein Gastland ein so umfangreiches kulturelles Programm in Havanna präsentiert. Insgesamt brachten die deutschen Verlage über 2000 deutschsprachige Bücher nach Havanna, die nach der Messe kubanischen Bildungseinrichtungen überlassen wurden.
Aus Deutschland waren 80 Helfer-innen, Verleger-innen und Kulturschaffende nach Kuba gereist. In nur kurzer Vorbereitungszeit haben sie ein Volumen von mehr als 200 000 € durch Eigenleistung und Spenden erwirtschaftet.
Von folgenden deutschem Verlagen wurden in Havanna Bücher ausgestellt:
ADAC Verlag, Artcolor bei Eggencamp Verlagsgesellschaft mbH, Atlantik Verlag, BARBArossa Verlag, Berliner Verband deutscher Schriftsteller in der ver.di, Bibliographisches Institut & F. A. Brockhaus AG, Comm Press/Neue Impulse Verlag, Dr. Dathe ECON Verlag, Edition Nautilus, Klett-Verlag, Eulenspiegel Verlagsgruppe, Friedrich Berlin Verlag, Georg Olms Verlag, GNN-Verlag, Gutenberg-Gesellschaft e. V., Theater der Zeit e. V., Kai-Homilius-Verlag, Kösel Verlag, LeiV Leipziger Kinderbuchverlag, Niedersächsische Staats- und

Universitätsbibliothek Göttingen, Ossietzky Verlag, Pahl-Rugenstein Verlag, Palmyra Verlag, PapyRossa Verlag, Rosa-Luxemburg-Stiftung/Dietz Verlag, Rowohlt Verlage, Spotless Verlag, Stiftung Buchkunst Frankfurt/M., Verlag 8. Mai, Verlag Die Werkstatt, Verlag Klaus Wagenbach, Verlag Neuer Weg, Verlag für Wissenschaft und Forschung GmbH, Zambon Verlag

Zwei Schweizer Verlage (Unions-Verlag und Centro Filisofici) hatten sich dem deutschen Gemeinschaftsstand angeschlossen.

In zwei Hallen stand der deutschen Ausstellung eine Gesamtfläche von 250qm zur Verfügung, die vom Büro Buchmesse angemietet und bezahlt worden sind. Die Verlage haben gemäß der von ihnen benötigten Standfläche die entsprechende Standmiete, incl. der Transportkosten, an das Büro Buchmesse bezahlt.

Die Flug- und Aufenthaltskosten für ihre Vertreter und Standbetreuer-innen und ggf. Autorinnen haben die Verlage selbst übernommen.

Der Transport der Bücher nach Kuba erfolgte mittels vom Büro Buchmesse angemietetem Seecontainer.

Nicht alle Verlage konnten eigene Standbetreuer-innen nach Havanna entsenden. Um so wichtiger waren die aus Deutschland zumeist auf eigene Kosten angereisten Helfer-innen (großer Dank an Kerstin Sack, Angie Kottke, Martina und Linus Klawitter, Claudia Rauhut, Heike Thiele, ihr ward großartig!)

Gleiches trifft auf die zehn kubanischen Germanistikstudenten-innen zu, welche uns die gesamte Zeit der Messe engagiert und eigenverantwortlich bei der Standbetreuung unterstützt haben.

Alle anwesenden Verlagsvertreter sahen ihre Erwartungen erfüllt und waren, mit unterschiedlichen Nuancierungen, zufrieden mit Kontakten, Gesprächen und Abschlüssen. Ein großer Teil der Verlage will auch an den kommenden Buchmessen in Havanna teilnehmen.

Als generelles Problem stellte sich heraus, dass die Orientierung des Büros Buchmesse (wegen fehlender Erfahrungen) auf eine reine Präsentation von Buchtiteln falsch war. Das Kaufinteresse war groß und konnte leider nicht befriedigt werden, weil die Verlage nur jeweils wenige Bücher pro Titel in ihrem Ausstellungssortiment zur Verfügung hatten. Natürlich ist beim Verkauf das Problem der doppelten Währung zu berücksichtigen, denn die Mehrheit der Kubaner-innen können sich selbst angepasste Dollarpreise nicht leisten.

In Havanna anwesende deutsche Verlagsvertreter stellten heraus, dass ihre persönliche Präsenz sowohl für die eigene Horizonterweiterung als auch die Geschäftsentwicklung förderlich war.

In mindestens 7 Fällen konnten deutsche Verlage Autorenrechte erwerben/verkaufen bzw.

sind die diesbezüglichen Verhandlungen auf dem Weg. Zahlreiche bilaterale Kontakte zwischen Verlagen sowie zwischen Verlagen und Autoren wurden hergestellt. Genauere Informationen können auf Nachfrage zur Verfügung gestellt werden.

Der Boykott der Bundesregierung wurde jedoch auch die nächsten Jahre fortgeführt. Und damit wurde auch die weitere Präsenz des »Büro Buchmesse Havanna« erforderlich. Erst auf der Buchmesse 2007 in Havanna war die »Frankfurter Buchmesse« probeweise und dann ab 2008 wieder offiziell in Havanna vertreten.

Dass das Auswärtige Amt sich gezwungen sah, den Boykott zu beenden, ist ein großer Erfolg des Büros Buchmesse und seiner Träger und Unterstützer.

Der Boykott war durch das Auftreten von 2004 bis 2007 nicht nur gebrochen: Im Ergebnis beteiligten sich in diesen Jahren so viele Verlage wie nie zuvor an der Buchmesse in Havanna! Diese Buchmesse war mittlerweile in der deutschen Verlagsbranche wesentlich bekannter als es vor dem Boykott der Fall gewesen war. Es war sogar gelungen, neben linken auch viele bürgerliche Verlage für eine Beteiligung zu gewinnen und mit vielfältigen kulturellen Aktivitäten inhaltlich eigene Akzente auf der Buchmesse zu setzen. Schließlich konnten die linken Verlage mit ihren Produkten sowie die spanisch sprachige Sonderausgabe der »junge Welt« (meist in einer Auflage von 20.000 verteilten Exemplaren) ein alternatives Bild von Buch- und Zeitungskultur aus der BRD präsentieren.

Mit dem Wiederauftreten der Frankfurter Buchmesse, also dem Ende des Boykotts, war der ursprüngliche Anlass für die Aktion »Büro Buchmesse Havanna« weggefallen. Innerhalb des Trägerkreises gab es nun eine Diskussion darüber, ob dennoch weitergemacht werden solle und wenn ja, wie, oder ob nun das Büro Buchmesse sich auflösen solle.

Das Büro erarbeitete sich ein neues Konzept, gab sich einen neuen Namen (es hieß »Berliner Büro Buchmesse Havanna«) und das Organisationsbüro wurde nun beim Verlag 8. Mai eingerichtet.

Auf der homepage des Büros heißt es dazu:

Verlage und Soligruppen waren sich einig, daß die in diesen Jahren aufgebaute Infrastruktur, die interessanten Kontakte und wertvollen Erfahrungen mit dem Ende des Boykotts nicht einfach zu den Akten gelegt werden. Das Konzept wurde zum Dreisäulen-Modell weiterentwickelt, jetzt führen Verlage, Soligruppen und Gewerkschaften gemeinsam die Arbeit des Büros fort. Damit hat sich der Charakter des Auftritts in Havanna geändert, immerhin muß nun nicht mehr ersatzweise das offizielle Deutschland vertreten werden. Die Kernaufgaben des Büros sind trotzdem im wesentlichen gleich geblieben: Zum einen sollen Bücher und Kulturbeiträge den knapp eine Million Besucherinnen und Besuchern der Messe nahegebracht werden, die bundesdeutsche und europäische Realität widerspiegeln. Zum anderen soll aber auch das Gastland Kuba und die Messe, die sich zu einer der wichtigsten Kulturveranstaltungen in Kuba und Lateinamerika entwickelt hat, im deutschen Sprachraum und in Europa besser bekannt gemacht werden.

Das »Berliner Büro Buchmesse Havanna« organisierte noch einige erfolgreiche Auftritte bei der Buchmesse in Havanna, aber 2012 war es dann das letzte Mal präsent.

Eine weitere Präsenz machte keinen Sinn, da es mittlerweile vier verschiedene Auftritte aus der BRD bei der Buchmesse gab, die nicht miteinander koordiniert waren.

Das »Berliner Büro Buchmesse Havanna« ist aber nicht aufgelöst worden, sondern wird nur »auf Eis« gelegt, um bei Bedarf, z. B. einer erneuten Blockade, wieder schnell aktiv werden zu können.

Der Sprecherkreis des Büros wird weiterarbeiten, allerdings soll der Schwerpunkt künftig auf die Herstellung und Vernetzung von Kontakten zu linken Medien bestehen. Das Büro wird in »Internationales Medienbüro Berlin« umbenannt und wird dem Verlag 8. Mai GmbH untergegliedert.

6. Vom NETZWERK CUBA mitorganisierte Veranstaltungen

> »Das Problem liegt schon nicht mehr in den Lügen,
> die sie aussprechen. Das können wir nicht vermeiden.
> Was wir heute betrachten ist, wie wir die Wahrheit sagen«
> (Fidel Castro)

Medienkonferenz 23.9.2006

Cuba als fortschrittliches, sozialistisches Land war natürlich schon immer den Angriffen der herrschenden internationalen Medien ausgesetzt. Die Kampagnen gegen Cuba gehörten sozusagen zum guten Ton der Berichterstattung und Auseinandersetzung mit dem Land. Dabei wurden und werden jegliche Qualitätsstandards und Grundsätze journalistischer Sorgfaltspflicht ignoriert.

Mit dem Erstarken von fortschrittlichen Bewegungen in Lateinamerika und dem damit verbundenen Aufbrechen der Isolation Cubas einerseits, und der tiefen Krise des Neoliberalismus bzw. kapitalistischen Systems insgesamt und dem damit verbundenen erneuten Suchen nach Alternativen, vor allem bei der Jugend, andererseits, nahmen die medialen Angriffe und Kampagnen gegen alles Fortschrittliche nochmals zu.

Das bedeutete auch für das NETZWERK CUBA, sich zu überlegen, wie es diesen – gerade auch gegen Cuba gerichteten – Angriffen gegenüber treten und womöglich sogar eigene Akzente setzen kann.

Es ist klar, dass die Kräfteverhältnisse vollkommen ungleich sind: Auf der einen Seite die großen profitorientierten und professionellen Medienkonzerne mit ungeheurer politischer und ökonomischer Macht und auf der anderen Seite die fortschrittlichen Kräfte, die nur eine Macht haben: die Wahrheit, Solidarität und den Humanismus.

Es ist also auch notwendig, sich zusammen zu tun, gemeinsam Strategien zu überlegen, wie wir unsere geringen Mittel am effektivsten einsetzen können.

Das NETZWERK CUBA startete Anfang 2006 eine Initiative für eine Medienkonferenz, um über diese Frage gemeinsam zu beraten und Lösungen zu suchen, wie und was wir den herrschenden Medien entgegensetzen können.

Schnell waren MitstreiterInnen gefunden, ebenso kompetente ReferentInnen.

KAPITEL II: »UND ES GEHT WEITER ...«

Verschweigen++ Lügen++ Fälschen:

Der Einsatz von Medienmacht gegen fortschrittliche Kräfte am Beispiel Lateinamerikas«

Nach langen Jahren der Defensive gibt es vor allem in lateinamerikanischen Gesellschaften Ausbruchsversuche aus der neoliberalen Sackgasse. In immer mehr Staaten erstarken soziale Bewegungen, in immer mehr Ländern werden fortschrittliche und linke Parteien in die Regierung – nicht unbedingt an die Macht gewählt. Konzeptionen und Aktionen geben Impulse und Anregungen für progressive Kräfte auf anderen Kontinenten (Sozialforen, Bürgerhaushalt, partizipative Demokratie). Hoffnung breitet sich aus. Dieser Aufbruch allerdings wird von den Hohepriestern und Nutznießern des Neoliberalismus, die gerade auch in Westeuropa noch vorherrschen, mit Abneigung und Haß verfolgt. Nicht zuletzt wegen der ungelösten, wachsenden Probleme und der sich ausbreitenden Frustration reagieren die Mächtigen und ihre Massenmedien in den USA und den EU-Metropolen negativ auf die innovativen Entwicklungen in Lateinamerika. Von den Medien werden bestimmte Stereotype benutzt, spezifische Darstellungstechniken und Argumentationsmuster verwendet, die auf ein Bekämpfen des Aufbruchs in Lateiname-

rika hinauslaufen. Sie benutzen – wie gegenüber Linken generell – abwertende Klischees insbesondere gegen die fortschrittlichsten Gesellschaften, nämlich Kuba, Venezuela und Bolivien, und berichten verzerrend und verfälschend über die unterschiedlichen nationalen Bewegungen und die jeweiligen Bedingungen, Ziele und Erfolge. Um diese für viele Solidaritätsorganisationen, Eine-Welt-Gruppen und fortschrittlich- emanzipatorischen Kräfte bei uns so wesentlichen Entwicklungen und Verschleierungen besser zu verstehen und daraus praktische Schlüsse ziehen zu können, muß ein Raum für Information, Austausch und Diskussion geboten werden.

Kontakt: ag23sept@netzwerk-cuba.de
Spendenkonto: NETZWERK CUBA e.V. – Konto: 32 33 01 04, BLZ: 100 100 10, Postbank Berlin, Stichwort: 23.9.06
(Steuerlich abzugsfähige Spendenbescheinigungen können ausgestellt

Programm:
ab 9 Uhr Einlaß
10 Uhr Eröffnung der Konferenz
10.15 Uhr **»Imperiale Hegemonie durchbrechen:**
Die aktuelle Situation in Lateinamerika«
Arleen Rodríguez, Cuba (Hg. Tricontinental, Moderatorin »Mesa Redonda«)
11.15 Uhr **»Verschleiern statt aufklären:**
Der Klassenauftrag der Medienmonopole«
Hernando Calvo Ospina, Frankreich (kolumbianischer Journalist, Buchautor u. a. von: Im Zeichen der Fledermaus)
12.15 Uhr **»Aufklärung organisieren:**
Gegenstrategien und praktische Umsetzung«
Pascual Serrano, Spanien (verantwortlicher Leiter bei teleSUR, Mitbegründer von Rebelión.org)
13.15–14 Uhr Pause
14.15 Uhr **Präsentation: »Rendezvous mit der Fälschung –**
Wie die ARD Kennedy durch Castro ermorden ließ«
Ekkehard Sieker (freier Journalist):

ab 15 Uhr **»Gegenmacht entwickeln: Aufgaben alternativer Medienpolitik vor Ort. Professionelle Standards internationaler journalistischer Berichterstattung«**
Podiumsdiskussion mit den Referenten sowie Ulla Jelpke (MdB, Die Linke.), Manfred

> *Protze (Deutscher Presserat, Sprecher der dju) Moderation: Steffanie Berg (Journalistin)*
>
> **Eintritt:** *9 €, ermäßigt 5 €*
>
> **Reservierung über** *junge Welt, Tel: 030/53 63 55 37 oder ni@jungewelt.de, bzw. Cuba Sí Tel.: 0 30/24 00 94 55 oder berlin@cuba-si.org*

Das NETZWERK CUBA nutzt für seine Öffentlichkeitsarbeit im Wesentlichen zwei Elemente (siehe auch im Kapitel I unter 6.):

- Die NETZWERK CUBA NACHRICHTEN, die seit März 2003 in einer Online – Version erhältlich sind. Zuerst wurden sie als E-mail bzw. Newsletter (i. d. R. zweimal wöchentlich) von den Bürokräften versendet und enthielten Hinweise/Nachrichten aus dem Netzwerk sowie interessante Artikel aus anderen nicht nur deutsch-sprachigen Medien. 2011 wurden die ncn – online umstrukturiert Die interessanten Artikel zu Cuba und Lateinamerika wurden in einen Blog veröffentlicht, der mittlerweile unter www.netzwerk-cuba-nachrichten.de betrieben wird. Seit Ende 2012 ist auch die Kommentierung von Artikeln und Beiträgen wieder möglich. Zudem wird in der Regel wöchentlich in Form eines Newsletters auf neue Beiträge im Blog und wichtige Aktivitäten des NETZWERK CUBA hingewiesen.

- Die homepage des NETZWERK CUBA, www.netzwerk-cuba.de. Sie wurde seit ihrem Bestehen 1998 zweimal umgebaut. In der jetzigen Form informiert sie über Aktivitäten des NETZWERK CUBA (z. B. Offene Briefe an die EU bei Wechsel der Ratspräsidentschaft) und seinen Mitgliedsorganisationen, historisiert seit Ende 2011 die Erinnerungsmails an die ncn-online, publiziert die vom Vorstand des NETZWERK CUBA herausgegebenen Pressemeldungen und stellt Dokumente aus und über Cuba zu inhaltlichen Punkten, wie z. B. Ökologie in Cuba, zur Verfügung.

In Vorbereitung des Europatreffens der Cubasolidarität in Berlin 2012 wurde auch eine europäische Seite www.eurocubasoli2012.de mit Informationen in mehreren Sprachen für dieses Event aufgebaut. Als Ergebnis des Treffens wird diese Seite als europäische Seite www.eurocuba.org weiterbetrieben, um einen Überblick über die Internetpräsenzen der europäischen Solidaritätsgruppen zu verschaffen.

Seit 2011 werden auch mehr Presseinformationen und offene Briefe ausgearbeitet und verbreitet.

Das Buch „Kuba – mehr als nur Träume" ist ab Februar 2006 im Buchhandel erhältlich, kann aber auch direkt beim GNN Buchversand, Badeweg 1, 04435 Schkeuditz, bezogen werden.

Bestellschein

Bitte einsenden an:
GNN Buchversand, Badeweg 1, 04435 Schkeuditz

Name, Vorname/Firma:
....

Straße:
....

PLZ: ....

Ort: ....

Ich bestelle beim GNN Buchversand gegen Rechnung nachfolgenden Titel:

...... Stück des Titels „Kuba – mehr als nur Träume"

Datum: ....

Unterschrift: ....

Als uns Pedro Ross, der Generalsekretär des Dachverbandes der cubanischen Gewerkschaften (CTC) um finanzielle Unterstützung für die Herausgabe eines Buches über die cubanische Revolution, speziell auch über die Zeit der „periodo especial" für die gewerkschaftliche Bildungsarbeit bat, brauchten wir nicht lange zu überlegen, um zuzusagen.

Nachdem uns dann das Buch in der cubanischen Ausgabe vorlag, sahen wir unser Engagement nachträglich mehr als gerechtfertigt.

Denn mit dem Buch steht uns eine umfassende Darstellung der Entwicklung der cubanischen Gesellschaft zur Verfügung, das in die Hand eines jeden gehört, der nach gesellschaftspolitischen Alternativen zum herrschenden kapitalistischen System sucht. Wir wollen Cuba nicht als Modell preisen. Doch wir denken, dass die Ergebnisse des Prozesses der Cubanischen Revolution beispielhaft zeigen, dass eine andere Welt möglich ist.

Das Buch soll auch dazu anregen, die Entwicklung des Landes solidarisch zu unterstützen, auch wenn diese nicht immer widerspruchslos verläuft.

Die deutsche Übersetzung aus dem Spanischen war für uns nicht einfach zu realisieren, zumal wir den Text, geschrieben aus der Sicht der Akteure, die unmittelbar an der Gestaltung der Cubanischen Revolution mitwirken, möglichst originalgetreu lassen wollten. Zusätzlich drängte uns die Zeit, eine größtmögliche Aktualität der Ausgabe zu sichern. Durch die uneigennützige Unterstützung einiger Freundinnen und Freunde Cubas ist es uns letztendlich gelungen, die deutschsprachige Ausgabe vorzulegen und diese sogar mit Hilfe der cubanischen Autoren aktueller als die spanische Originalausgabe zu gestalten.

„Kuba – mehr als nur Träume", die deutschsprachige Ausgabe von „Cuba más allá de los sueños" ist ein Gemeinschaftsprodukt der im NETZWERK CUBA organisierten und mit ihm befreundeten Gruppen sowie von Einzelpersönlichkeiten, die sich mit Cuba verbunden fühlen.

Mit dem Erlös aus dem Verkauf des vorliegenden Buches wird das Netzwerk Cuba den XIX Kongress der CTC unterstützen, der im April 2006 in Havanna stattfindet.

ISBN 3-89819-210-5   19,50 €

Neu im GNN Verlag
Lieferbar ab Februar 2006

GNN Buchversand, Badeweg 1, 04435 Schkeuditz
Telefon: 03 42 04 / 6 57 11, Fax: 03 42 04 / 6 58 93
Internet: http://www.gnn-verlag.de
e-mail: GNN-Schkeuditz@t-online.de

Inhalt

Vorbemerkung 7
Danksagung 15
Vorwort 17
Wohin geht Kuba? 23
Notwendiger Rückblick 29
Der Januar des Umbruchs 35
  Die Strafe für die Herausforderung 38
  Die ersten drei Jahrzehnte der Revolution ... 42
  Die Eisen- und Stahlindustrie gestern und heute ... 49
  Korrektur der Fehler als Stil der Revolution ... 50
  Der Krise die Stirn bieten und den Sozialismus verteidigen ... 52
  Der Start 58
  Das Wunder der Ökonomie 60
  Aspekte der Vervollkommnung der Unternehmensleitung ... 62
  Die Umstrukturierung der Zuckerindustrie ... 68
  Grundlagen für die Zukunft schaffen 71
Einheit trotz Geschlossenheit in der Gesellschaft.
Die Organisation der Werktätigen Kubas ... 73
  Vorläufer für Einheit der Klasse 74
  Für Arbeiterrechte und die Befreiung des Vaterlandes ... 77
  Der Weg zur Gewerkschaftseinheit 84
  Die Geburt der Konföderation der Werktätigen Kubas ... 88
  Jesús Menéndez und Ausgleichszahlungen für Zucker ... 90
  Die kubanische Gewerkschaftsbewegung als Teil der internationalen Solidarität ... 92
  Die Protagonisten der Wirtschaftsstrategie ... 96
  Das Recht auf Arbeit als Menschenrecht ... 100
  Unüblich und ungewohnt in der Welt von heute:
  Das Volk nimmt an den Entscheidungen teil ... 101
  Aktuelle Dringlichkeiten 104
Ein Land von Männern und Frauen der Wissenschaft ... 110
  Die Wissenschaft im „Hundezwinger" 111
  Und warum Wissenschaft hier ...! 113
  Biologische Waffen – eine neue Lüge des Imperiums ... 114
  Wissenschaft am Arbeitsplatz 131
Beschäftigung in Kuba 133
  Arbeitslosenrekord in Kuba 135
  Die Werktätigen üben die Macht aus 136
  Auf den Arbeitsämtern gibt es freie Stellen ... 141
  Die Arbeit in Freihandelszonen und Industrieparks ... 145

Kuba in Bildern und Zahlen 147
Die Revolution und die Sozialprogramme 189
  Die längste und vielversprechendste aller Schlachten: der Kampf der Ideen ... 191
Garantie für das Leben.
Sozialversicherung und Sozialfürsorge in Kuba ... 197
  Unsichere Versicherung 198
  Sozialfürsorge und Bedürftigkeit 204
  Die Betreuung von Behinderten 208
  Eine Gesellschaft für alle Altersstufen 209
  Das Glück der Kinder 210
  Die Protagonisten der Revolution 211
  Die älteren Menschen werden in der Mehrzahl sein ... 215
Die Gesundheit im Mittelpunkt der Aufmerksamkeit ... 220
  Die Revolution im Kampf um Leben 224
  Arzt und Krankenschwester an der Seite der Familien ... 228
  Hochspezialisierte medizinische Betreuung ... 230
  Medizinische Lehrtätigkeit und internationalistische Hilfe ... 232
  Entwicklung trotz Mangel an Ressourcen ... 233
  Das Betriebsgesundheitswesen 236
Aus Kasernen wurden Schulen 238
  Die Prinzipien des Bildungswesens in Kuba ... 241
  Eine neue Revolution im Hochschulwesen ... 243
  Die Universität der Zukunft 245
  Schulen für die Kinder 245
  Lehrer und Schulen im Kampf der Ideen ... 247
  Nicht mehr als 20 Kinder pro Klasse 247
  Die Mittelstufenausbildung als Herausforderung ... 249
  Die Sonderschulen in Kuba 251
Die Kultur als Ausdruck der Souveränität 254
  Mit der Revolution entsteht das kubanische Buch ... 257
Sport, ein Recht des Volkes 260
  Sportler ja, aber Sport nein 261
  Die erste Olympiade der kubanischen Sports ... 263
Eine Revolution in der Revolution:
Die kubanischen Frauen 266
  Die Kubanerinnen vor 1959 268
  Gleichheit der Rechte und Chancen 270
  Das RECHT auf Gleichberechtigte Teilnahme ... 274
Das solidarische Kuba 276
Das kubanische Wahlsystem: Partizipative Demokratie ... 284
  Politik und Regierungssystem Kubas 290

Die Ohnmacht einer Grossmacht 295
  Die Oktoberkrise 297
  Die unmenschlichste und erbarmungsloseste Wirtschaftsblockade ... 300
  Tatsachen gegen Lügen 303
  Das Cuban Adjustment Gesetz 312
  Auf der Suche nach einem Vorwand zum Angriff ... 315
  Die so genannten Dissidenten 318
  Würde im Angesicht von Hass 321
Der Menschenrechte beraubt 329
  Wieviel du hast, so viel bist du wert 333
  Das Gesetz des Stärkeren 334
  Beschäftigung in der Krise 337
  Kinder und Frauen – die ersten Opfer neoliberaler Politik ... 341
  Privatisierung des Lebens 344
  Nicht einmal auf das Leben besteht ein Anrecht ... 345
  Offizielle Entwicklungshilfe? 346
  ALCA: Eine neues Machwerk des Imperialismus ... 348
  Eine Welle von Explosionen in Lateinamerika ... 355

Kuba in Bildern und Zahlen 359

Verzeichnis erwähnter Parteien, Institutionen, Organisationen und Vereinigungen ... 413
Nationale Gedenk- und Feiertage 416
Tabellenverzeichnis 417
Bibliografie 421

Eine bessere Welt ist möglich. Das versichert Ihnen jemand, der sein Leben lang geträumt hat und mehr als einmal diese Privileg gehabt hat, Träume verwirklicht zu sehen, die er nicht zu träumen gewagt hatte.

Fidel Castro

Auf dem Cuba-Kongreß 2001 bat der Leiter der cubanischen Delegation und Generalsekretär des cubanischen Gewerkschaftsdachverbandes (CTC) Pedro Ross dem damaligen Vorsitzenden des NETZWERK CUBA, die CTC bei der Herausgabe eines Buches finanziell zu unterstützen.

Das Buch solle der Entwicklung der Menschenrechte in Cuba vor und nach der Revolution bis zum ersten Quartal des Jahrs 2002 gewidmet sein, und Fakten über die Auswirkungen der Spezialperiode sowie über die Lebenswelt der Menschen in Kuba enthalten.

Das NETZWERK CUBA sagte Unterstützung zu und auf unsere Bitte hin bekamen wir die Rechte für die Veröffentlichung ins deutsche.

2003 erschien das Buch in Cuba unter dem Titel »Cuba – más allá de los sueños« (»Cuba – mehr als nur Träume«).

Dank der solidarischen Unterstützung von einigen Compañeras und Compañeros beim Übersetzen, konnten wir das Buch Anfang 2006 aktualisiert herausgeben. Das Buch ist beim Büro des NETZWERK CUBA zu beziehen.

Veranstaltung zum 40. Jahrestag der Ermordung von Che Guevara und des 9. Jahrestag der Verhaftung der Cuban 5 am 6.10.07

2007 jährte sich zum 40. Mal der Jahrestag der Ermordung Che Guevaras. Auf Initiative einiger CubafreundInnen, darunter auch Vorstandsmitglieder des NETZWERK CUBA, bildete sich in Berlin ein Bündnis, welches mit einer Veranstaltung an diesen Tag gedenken wollte.

Dabei ging es nicht nur darum, den Menschen und Revolutionär Che Guevara zu würdigen, sondern vor allem auch, seine Gedanken und sein Wirken in den aktuellen Kontext der gesellschaftlichen Auseinandersetzungen zu stellen.

Damit war auch klar, dass die Veranstaltung auch benutzt werden sollte, um über den Kampf zur Befreiung der Cuban 5 zu informieren und gemeinsam über weitere Schritte in diesem Kampf zu beraten.

Aus dem Einladungsflyer des NETZWERK CUBA:

Wir wollen mit unserer Veranstaltung:
• *an den Freiheitskämpfer und Revolutionär Che Guevara und an seine Mitstreiterin Tamara Bunke erinnern.*
• *»Es war leicht, den Diktator zu stürzen, es wird schwer, eine neue Gesellschaft zu errichten ...« Che Guevara*
• über die Bedeutung seiner Gedanken und seines Handelns für heute diskutieren.
»Seien wir realistisch, versuchen wir das Unmögliche.« Che Guevara

- die Visionen einer besseren Welt gestalten und dabei Solidarität mit den Veränderungen in Cuba und Lateinamerika praktizieren.

«Alle Augen – die der großen Unterdrücker und die der von Hoffnung Erfüllten sind auf uns gerichtet. Von unserer Fähigkeiten, hängt in großem Maße die Entwicklung der Volksbewegung in Amerika ab.« Che Guevara

- die Ideale, für die Che stand und starb weiterleben lassen, sie in die heutigen Auseinandersetzungen einbringen, in seinem Sinne weiter wirken.

«Die Grenzen verlaufen nicht zwischen den Völkern, sondern zwischen Oben und Unten.« Che Guevara

Wir wollen aber auch an die Menschen denken und für ihre Freiheit eintreten, die verfolgt und inhaftiert sind, weil sie für Gerechtigkeit im Sinne von Che wirkten. Dies gilt insbesondere für die Cuban 5, die völkerrechtswidrige und Menschen gefährdende Angriffe von US-Amerikanern und Exil-Cubanern gegen das souveräne Cuba mutig enthüllten und deshalb am 12. September 1998 verhaftet und im Jahr 2001 in einem gegen internationales Recht verstoßenden Verfahren wegen »Verschwörung zur Spionage« zu langjährigen Haftstrafen verurteilt wurden. Deshalb gilt unsere Veranstaltung auch der aktiven Solidarität mit den Cuban 5.

»In diesen düsteren und bitteren Augenblicken ... sollen sie wissen, daß sich früher oder später, sehr bald, erneut die großen Straßen auftun werden, auf

KAPITEL II: »UND ES GEHT WEITER ...« 153

denen der würdige Mensch dem Aufbau einer besseren Gesellschaft entgegen geht« Salvador Allende am 11.September 1973
Wir wollen über die Cuban 5 informieren und für ihre Freilassung unermüdlich eintreten.

Programm

15.00 Uhr **Begrüßung**
Frank Schwitalla, Vorsitzender Netzwerk Cuba e.V.

15.15 Uhr **„Mit Che und den Cuban 5 eine gerechte Welt erkämpfen"**
Gerardo Peñalver, Botschafter der Republik Kuba

15.30 Uhr **Podiumsdiskussion: „Freiheit für die Cuban 5!"**
Monika Schierenberg, EcoMujer; Norman Paech, MdB, DIE LINKE; Gerardo Peñalver; Horst Schäfer, Journalist; Eberhard Schultz, Rechtsanwalt; Ekkehard Sieker, Journalist; Moderation: Klaus Eichner, Komitee Basta ya

Seien wir Realisten, versuchen wir das Unmögliche. *(Che)*
Ernesto Che Guevara und die Cuban 5

17.30 Uhr **Podiumsdiskussion: „Die Visionen des Che und der heutige Linksblock in Lateinamerika**
Blancanieve Portocarrero, Botschafterin Venezuelas; Wolfgang Gehrcke, MdB, DIE LINKE; Gerardo Peñalver, Walter Prudencio, Botschafter Boliviens; Rolf Priemer, DKP-Parteivorstand; Franz Schütz, ver.di-Jugend Bayern; Moderation: Harald Neuber, „junge Welt"

20.00 Uhr **Solidaritätskonzert für Che und die Cuban 5**
Cantaré, Diether Dehm und Michael Letz; Gina Pietsch und Uwe Streibel, Renate Richter, Frank Viehweg, Manfred Wekwerth

Teilnahmebetrag: 8/5 Euro
www.netzwerk-cuba.de; 030.24009455

Veranstalter: Netzwerk Cuba – informationsbüro e.V. und andere

Wir konnten prominente und kompetente ReferentInnen für die Veranstaltung gewinnen, die mit einem tollen Kulturprogramm abschloss.[37]

Rede des Netzwerkvorsitzenden:

Verehrte Excellenzen, Blancanieve Portocarrero, Botschafterin der Bolivarischen Republik Venezuela, Walter Prudencio, Botschafter der Republik Bolivien, Gerardo Peñalver, Botschafter der Republik Cuba;
liebe Teilnehmerinnen und Teilnehmer am Programm;
liebe Gäste;
liebe Compañeras y Compañeros!

Vor – fast auf den Tag genau – 40 Jahren wurde Ernesto Guevara de la Serna, genannt Che in Bolivien verwundet gefangen genommen und ermordet.
Wer war dieser Mann, vor dem die Feinde solche Angst hatten, dass sie ihn nicht am Leben lassen konnten und feige ermordeten, als er sich nicht wehren konnte?
Wir wissen,
- dass er am 14. Juni 1928 in Rosario/Argentinien geboren wurde,
- dass er seit seiner Kindheit an Asthma litt und diese Krankheit sein Leben geprägt hatte,
- dass er Medizin studiert hatte und das Studium erfolgreich abschloss,
- dass er 1951 eine Reise mit seinem Freund Alberto Granados auf einem Motorrad durch den südamerikanischen Kontinent machte und auf einer Leprastation am Amazonas gearbeitet hatte.
Über diese Reise sagte Che später: »Durch die Umstände, unter denen ich reiste, hatte ich unmittelbaren Kontakt mit Armut, Hunger und Krankheit. Ich machte die Entdeckung, dass ich unfähig war, kranke Kinder zu heilen, weil mir die Mittel fehlten, und ich sah die Erniedrigung durch Unterernährung und dauernde Unterdrückung. So wurde mir deutlich, dass es noch etwas anderes gab, ebenso wichtig wie ein berühmter Forscher zu sein oder einen bedeutenden Beitrag zur Medizin zu leisten; nämlich jenen Menschen zu helfen.«
Wir wissen,
- dass er nach Guatemala ging und die neue revolutionäre Regierung unter Jacobo Arbenz unterstützte,

- dass er nach dem Staatsstreich gegen Arbenz durch die CIA und die »United Fruit Company« fliehen musste und ins Exil nach Mexico ging.
Ches erste Frau Hilda Gadea schrieb dazu: »Guatemala endlich überzeugte ihn (Che) von der Notwendigkeit bewaffneten Kampfes und davon, dass man gegen den Kapitalismus initiativ werden müsse. Als er das Land verließ, war er sich darüber klar.«
Wir wissen,
- dass Che sich dann den cubanischen Revolutionären um Fidel Castro in Mexico anschloss und sich an den Vorbereitungen der Expedition zur Befreiung Cubas von der Batista-Diktatur beteiligte,
- dass er mit dabei war, als am 2. Dezember 1956 die Granma im Osten Cubas landete oder besser gesagt strandete,
- dass er als Arzt und Kommandant am Kampf teilnahm und wesentlichen Anteil am Erfolg der Rebellenarmee hatte,
- dass er nach dem Sieg der Revolution als Botschafter des neuen revolutionären Cubas um die Welt reiste und in verantwortungsvollen Funktionen (z. B. als Präsident der Nationalbank, als Industrieminister) an der Seite Fidels arbeitete,
- dass er im Mai 1965 Cuba verließ, um sich mit einer Gruppe von Cubanern am Befreiungskampf im Kongo zu beteiligen,
- dass er im Herbst 1966 nach Cuba zurückkehrte, um sich auf seine Mission in Bolivien vorzubereiten,
- dass er im November 1966 in Bolivien ankam und dass wenig später der Guerillakampf begann.

Das schreckliche und traurige Ende dann kennen wir alle.
Das sind einige wichtige Eckdaten aus Ches Leben und es ist gut, diese sich am Beginn einer solchen Veranstaltung in Erinnerung zu rufen.
Wir wissen natürlich noch viel mehr aus dem Leben des Che. Wir kennen auch viele seiner Schriften, seiner theoretischen Gedanken z. B. über den Aufbau des Sozialismus, über den Guerillakrieg, über den antiimperialistischen Kampf.
Eines unseres Anliegen für die heutige Veranstaltung ist es, durch die Würdigung Ernesto Che Guevaras, die historische und aktuelle Bedeutung seiner Ideen und seines Kampfes für eine gerechte Welt, unsere Verbundenheit und Solidarität mit dem heutigen Kampf der fortschrittlichen Kräfte in Lateinamerika zum Ausdruck zu bringen.

Thema der Podiumsdiskussion nachher wird darum sein: Die Visionen des Che und der heutige Linksblock in Lateinamerika.
Und eine der Fragen hierbei könnte heißen: Welche Spuren hat Che in Lateinamerika hinterlassen, die heute bei der Umgestaltung des Kontinentes wirken?

Durch die Vorbereitung dieser Veranstaltung war natürlich Che wieder mehr in den Mittelpunkt meiner Arbeit und Gedanken gerückt und ich hatte unter meinen Che-Büchern noch welche vom Ende der 60er Jahre gefunden. Und da kam mir die Frage, welche Spuren Che bei mir und vielen anderen meiner Generation und bei vielen Anwesenden hier hinterlassen hat, die wir die 60er Jahre politisch bewusst erlebt hatten oder durch sie politisiert wurden.
Die Person Che Guevara hat uns fasziniert, vor allem natürlich durch sein persönliches Beispiel, seine Unbestechlichkeit, seine Wahrheitsliebe, seinen Gerechtigkeitssinn, seinen tiefen Humanismus, seine Geradlinigkeit. Das waren Eigenschaften, die wir kaum kannten. Wir, die wir zum großen Teil noch erzogen worden waren durch Eltern und Lehrerinnen, die den Faschismus unterstützt hatten oder in ihm erzogen worden waren, die Politiker gewohnt waren, die schon im Faschismus Politiker waren oder sich gleich der kapitalistischen Restauration in der BRD angeschlossen hatten.
Und da war plötzlich ein gänzlich anderer Mensch, einer, der uns aus tiefster Seele angesprochen hat, der uns eine völlig neue Perspektive gab. Seine Vorstellungen vom neuen Menschen sprachen uns so sehr an, begeisterten uns. Sie begeisterten uns so, dass wir sie gleich leben wollten und da Che für uns schon den neuen Menschen darstellte, wollten wir so werden wie er.
Und so hat Che unser Leben verändert. Er hat es nicht nur im politischen Sinne verändert, in dem er uns zu »Freiheitskämpfern« machte, sondern auch im persönlichen Sinne, da sein Verständnis von Politik immer tief verbunden war mit Humanismus, dem Streben nach Gerechtigkeit und Solidarität.
»Solidarität ist die Zärtlichkeit der Völker«. Wollten wir also in seine Fußstapfen treten, mussten wir uns selber auch verändern.(Inwieweit uns dass gelungen ist, sei hier jetzt dahingestellt, aber es war immer unser Ziel).
Che hat also auch meinen Werdegang stark beeinflusst, politisch, persönlich und beruflich. Ich bin auf dem geraden Weg, der ursprünglich für mich vorgesehen war, einfach scharf abgebogen und einen ganz anderen Weg gegangen. Che sei dank, dass es so gekommen ist, sonst stünde ich jetzt nicht hier. Wenn wir Che Guevaras gedenken, dann hat das auch ganz viel mit uns zu tun, ganz

persönlich und dadurch bekommt der Mensch Che Guevara für mich und für uns auch noch mal eine ganz andere Dimension, er ist mir und uns ganz nahe.
Ich weiß nicht, ob es viele Menschen gibt, die eine Generation so geprägt haben wie er. Und dann ist da noch der Mythos Che Guevara, über den ich jetzt aber nicht sprechen will.
Aber auch 40 Jahre nach seinem Tod ist Che immer noch das Symbol, welches weltweit bei jung und alt, in allen gesellschaftlichen Schichten für den Kampf gegen Ungerechtigkeit und Unterdrückung steht.
Ich hatte eben schon Ches Visionen vom neuen Menschen erwähnt. In »Mensch und Sozialismus auf Cuba« schreibt Che: »Unsere Freiheit und unser täglich Brot haben die Farbe des Blutes und sind erkauft mit Opfern. Unser Opfer ist bewusst. Es ist der Preis der Freiheit, die wir errichten. Gegenstand unserer Arbeit ist in erster Linie die Jugend, wir vertrauen ihr unsere Hoffnungen an und bereiten sie vor, die Fahne aus unseren Händen zu übernehmen. In diesem Sinne mag unser revolutionärer ritueller Gruß am Schluss stehen: Das Vaterland oder Tod.«

Ich denke, da hatte Che schon an René González Sehwerert, Antonio Guerrero Rodríguez, Ramón Labañino Salazar, Gerardo Hernández Nordelo und Fernando González Llort – genannt die Cuban oder auch Miami 5 – gedacht. Diese 5 cubanischen Patrioten sind nun schon seit 9 Jahren in Haft in den USA. Ihr einziges Verbrechen war es, dass sie ihr Land vor terroristischen Anschlägen vom Boden der USA aus schützen wollten. Sie sind seit 9 Jahren in Haft, auf 5 verschiedene Gefängnisse verteilt, mit Zeiten teilweiser monatelanger strenger Isolierhaft, mit Verweigerung von Besuchsrechten selbst der engsten Familienangehörigen, in Haft gehalten wie Schwerverbrecher und Mörder.
Ich denke, fast alle von uns Anwesenden hier können sich nicht vorstellen, was dies bedeutet, unter diesen Umständen unschuldig in Haft zu sein, schon 9 Jahre lang. Und sie sind nicht gebrochen, haben sich und ihre Ideale nicht verraten. Und ist es nicht sogar so, dass es die 5 sind, die aus den Gefängnissen heraus uns immer wieder Mut machen, Zuversicht und Kraft geben durch ihr Beispiel?

Che hat gesagt, unser Opfer ist bewusst, es ist der Preis der Freiheit, die wir errichten.

Sie, die 5, haben ihr Opfer ganz bewusst gewählt, als sie in diese terroristischen Organisationen gegangen sind. Was müssen sie wohl gefühlt haben? Es war vielleicht nicht mal die ständige Lebensgefahr, in der sie schwebten, das schlimmste gewesen. Aber zusammenzuarbeiten mit denen, die den Mord an Cubanerinnen und Cubanern für ihre politischen Ziele planen, die so hasserfüllt auf das sind, welches die 5 so lieben, für das sie ihr Leben einsetzen. Ich kann mir vorstellen, dass das eine ungeheure auch seelische Belastung bedeutet, auf jeden Fall stellt es ein großes Opfer dar. Sie haben das auf sich genommen, weil sie wie Che sein wollen. Und das gleiche gilt selbstverständlich auch für die Familienangehörigen der 5.

Wer – wie ich – das Glück hatte, sie kennenzulernen, der weiß, dass sie genauso ungebrochen sind, genauso kämpferisch und stark wie ihr Söhne, Männer, Brüder und Väter in den Gefängnissen des Imperiums.

Ich bin davon überzeugt, dass Che sehr stolz auf diese Cubanerinnen und Cubaner wäre und er würde vielleicht sagen: ... »seien wir Realisten, versuchen wir das Unmögliche«! Es geht doch, wir schaffen den neuen Menschen.

Ich wünsche unserer Veranstaltung einen erfolgreichen Verlauf.
Hasta la victoria siempre!
Vielen Dank!

7. Veranstaltungen in Havanna

»*Die Grenzen verlaufen nicht zwischen den Völkern,
sondern zwischen Oben und Unten.*«
(Che)

2. Welttreffen der Cubasolidarität 10.-14.11.2000

6 Jahre nach dem ersten Welttreffen der Cubasolidarität, 6 Jahre nach Durchleiden der »período especial« in Cuba, luden das ICAP und weitere cubanische Massenorganisationen zum zweiten Welttreffen nach Havanna ein.

KAPITEL II: »UND ES GEHT WEITER ...« 159

Aufruf der cubanischen Massenorganisationen zur Teilnahme am Welttreffen der Cuba-Solidarität vom 10. bis 14. November 2000 in Havanna

»Im November 1994, als der US-Imperialismus und die internationale Reaktion weiterhin auf das bevorstehende Zusammenbrechen der cubanischen Revolution wetteten, fand in der Stadt Havanna das 1. Weltweite Solidaritätstreffen mit Cuba statt.
Seit damals sind gut vier Jahre vergangen, in denen unser Land nicht nur widerstanden, sondern auch die politische Stabilität in seiner Gesellschaft aufrechterhalten und eine bescheidene aber beständige wirtschaftliche Erholung erreicht hat.
Trotz enormer Schwierigkeiten hat die Revolution ihre sozialen Errungenschaften in Gesundheitswesen, in der Bildung in der sozialen Fürsorge bewahrt und neue Errungenschaften in Kultur, Sport, Forschung und Wissenschaft sowie anderen bedeutenden Bereichen, erzielt. Auch die traditionelle solidarische Unterstützung der Länder der sogenannten Dritten Welt ist beibehalten worden.
Und das ist nicht etwa deswegen erreicht worden, weil sich die feindselige Politik der Regierung der Vereinigten Staaten gegenüber Cuba auch nur ein Stück weit geändert hätte – im Gegenteil.

> Die Blockade wurde 1996 mit dem Erlaß des Helms-Burton-Gesetzes verschärft, das darüber hinaus auch alle anderen Nationen der Welt für seine makabren und illegalen Absichten vereinnahmen will. Kürzlich erst hat der US-Kongress weitere Gesetzesänderungen erlassen, die darauf abzielen, das zu verstärken, was bereits zu einem wahren Wirtschaftskrieg gegen unser Land geworden ist. Kürzlich haben sich Maßnahmen, die als »Flexibilisierungen« der Blockade angekündigt wurden, nur als eine weitere Art der Aggression herausgestellt.
>
> *All das konnte geschehen, obwohl jedes Jahr die Zahl der Länder zunimmt, die auf der UNO-Vollversammlung gegen die Blockade stimmen. So waren dies 1998 insgesamt 157 Staaten*. All dies geschah trotz der Ablehnung der Blockade, die zahlreiche National- und Regionalparlamente zum Ausdruck gebracht haben. Obwohl zahlreiche Staatschefs und bedeutende Politiker, Künstler und Geistliche aus der ganzen Welt das Ende dieser kriminellen Taten gefordert haben.*
>
> *Washington allerdings haben diese Tatsachen nicht sonderlich beeindruckt, und seine Belagerung unseres Volkes wird nur noch stärker.*
>
> *Aus diesen Gründen und um der Bitte der Freunde Cubas überall auf der Welt nachzukommen, ruft die durch das Volk verkörperte cubanische Nation über die sozialen und politischen Massenorganisationen, die es vertreten, zum 11. Weltweiten Solidaritätstreffen mit Cuba auf, das vom 10, bis 14. November 2000 in der Stadt Havanna stattfinden soll.*
>
> *An der Schwelle zum neuen Jahrtausend rufen wir dazu alle auf der Welt, die sich der Blockade Cubas widersetzen, ungeachtet ihrer ideologischen oder religiösen Überzeugungen, dazu auf, ihre Ablehnung zu bekunden gegenüber einer Politik, die – wenn auch moralisch gescheitert – mit Gewalt versucht, die legitimen Bestrebungen nach Unabhängigkeit und Souveränität des cubanischen Volkes zu ersticken.«*
>
> **Im letzten Jahr waren es 158 Staaten, die den cubanischen Antrag unterstützten.*
>
> Aus ncn Nr. 28, Mai 2000

Das NETZWERK CUBA rief nicht nur zur Teilnahme am Treffen auf, sondern organisierte eine Spendenaktion für die Teilnahme von zwei Compañer@s aus Afrika, KämpferInnen gegen Apartheid und Kolonialismus.

Zur Unterstützung des Spendenfonds für diese Beiden druckte das Netzwerk T-Shirts mit dem Logo des 2. Welttreffens und dem berühmten Foto von Che, gebildet aus dem Text »Solidarität mit Cuba – Schluß mit der Blockade« in vielen verschiedenen Sprachen, welches an viele TeilnehmerInnen des Welttreffens verkauft wurde.

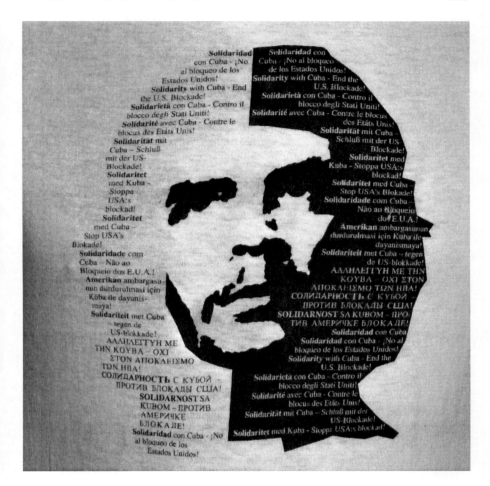

Mit 4.264 TeilnehmerInnen aus 118 Staaten, darunter auch über 100 aus der BRD, war das Treffen ein beeindruckender Akt der Solidarität mit Cuba.

Ein Höhepunkt des Treffens war ohne Zweifel eine Manifestation von ca. 8.000 Menschen auf der »Tribuna Antiimperialista« direkt vor der Interessenvertretung der USA mit der Rede von Lucius Walker von den »Pastors for Peace« (die mit 70 »Caravanistas« anwesend waren), in der er sich direkt an »seine« Interessenvertretung und Regierung wandte, und sie wegen ihrer verschiedenen innen- wie außenpolitischen Verbrechen anklagte.

Ein weiterer Höhepunkt war der Auftritt von Fidel am letzten Tag.

162 SOLIDARITÄT – DIE ZÄRTLICHKEIT DER VÖLKER

Tribuna Antimperialista de la Solidaridad, 14 de Noviembre del 2000

Abschlusserklärung
Des Welttreffens der Cuba-Solidarität 2000
Unter dem brüderlichen Himmel Cubas haben wir uns vom 10. bis 14. November des Jahres 2000 mit 4264 Teilnehmerinnen und Teilnehmer des II. Welttreffens der Cuba-Solidarität getroffen, die 118 Staaten aus den fünf Kontinenten repräsentierten, um unsere Überzeugung zu bekräftigen und zu erklären dass das cubanische Volk das unbestreitbare Recht hat, sein eigenes Modell wirtschaftlicher, politischer und sozialer Entwicklung aufzubauen, ohne Einmischung, Drohungen oder Aggressionen aus dem Ausland und ihre Souveränität und Unabhängigkeit zu verteidigen.
Nach 10 Jahren der wirtschaftlichen Krise, erschwert durch die Blockade und schrittweise Gesetzesverschärfungen durch die US-Regierung, die sie noch weiter verstärkten, nehmen wir mit großer Bewunderung die Tatsache zur Kenntnis, dass die Cubanerinnen und Cubaner ihren Kampfgeist beibehalten haben. Sie stellen sich den Problemen mit Intelligenz, Einheit und Entschlossenheit und sind siegreich.
Sie setzen nicht nur beharrlich den Aufbau der Gesellschaftsordnung, die sie gewählt haben fort, sie üben auch den armen Ländern verschiedener Kontinente gegenüber großzügige und wachsende Solidarität.

KAPITEL II: »UND ES GEHT WEITER ...«

Wir haben eine Gesellschaft des Friedens und des Respekts vor den fundamentalen Menschenrechten vorgefunden, ganz verschieden von dem verzerrten und falschen Bild, das die Feinde der Revolution verbreiten. Die US-Regierung hat weder eine politische, noch historische, noch moralische Legitimation, Cuba zu unterjochen, indem sie – wie seit 40 Jahren geschehen – Leiden und Entbehrung über sein Volk bringt.
Die Wirtschaftsblockade ist ein illegaler kriegerischer Akt, und sie muss vollständig und bedingungslos aufgehoben werden.
Die Nordamerikanischen Bürger sollten ihr verfassungsmäßiges Recht ausüben, das ihnen erlaubt, nach Cuba zu reisen, um die Wirklichkeit in ihrem Nachbarland mit eigenen Augen zu sehen. Cubanische Bürger sollten auf legalem, wohlorganisiertem und sicherem Wege in die USA reisen.
Der »Cuban Adjustment Act«, ein Produkt des kalten Krieges, der zahllose Menschenleben gefordert hat, diese permanente Herausforderung zu Abenteurertum und verantwortungslosem Menschenhandel muss abgeschafft werden.
Cuba ist das Opfer eines grausamen und unerklärten Krieges. Es ist unmöglich, der Macht und der Verachtung für die allgemeinen Regeln des Zusammenlebens, auf der die größte Weltmacht der Erde ihre Politik gegenüber Cuba begründet, mit Friedfertigkeit gegenüber zu treten.

> *Die ständige Mobilisierung der Solidarität wird unsere Antwort auf diese nicht hinnehmbare Situation sein!*
> *Wir werden für die Globalisierung von Respekt, Brüderlichkeit und Freundschaft mit dem heldenhaftem cubanischen Volk eintreten!*
> *Jeder Tag, an dem Cuba die Gerechtigkeit vorenthalten wird, ist ein Tag der Schande für die gesamte Menschheit!*
> *Wir verdoppeln unsere Kampfkraft, um die todbringende Blockade gegen Cuba endgültig abzuschaffen!*
> **Aus dem Englischen von Manfred Sill**
> **Aus NCN Nr. 30, Dezember 2000**

80. Geburtstag Fidel Castros und 50. Jahrestag der Landung der Granma und Gründung der FAR, 28.11. – 1.12.2006

Der 80. Geburtstag von Fidel Castro im August 2006 sollte gebührend gefeiert werden. Die Stiftung »Guyasamin« des berühmten Malers und Freund Fidels aus Ecuador plante dazu ein Kolloquium mit prominenten Intellektuellen, Politikern und Künstlern aus der ganzen Welt.

Durch die schwere Erkrankung Fidels Ende Juli wurde die Veranstaltung auf November verschoben und so wurde auch der Netzwerk-Vorsitzende, der zu dieser Zeit in Cuba war, eingeladen, am Kolloquium teilzunehmen. Zu seiner Überraschung wurde er dann kurzfristig gebeten, auf einer Solidaritätsveranstaltung während des Kolloquiums im großen Saal des Kongresspalastes als Vertreter der europäischen Solidaritätsbewegung zu den Beziehungen EU-Cuba und zu einigen Aspekten der Arbeit der Solidaritätsbewegung in spanisch zu sprechen.

Rede des Netzwerk-Vorsitzenden Frank Schwitalla auf dem Kolloquium:

> *Saludos a todos*
> *Vielen Dank für die Einladung zur Teilnahme am Kolloquium.*
> *Es ist für mich eine große Ehre hier teilnehmen zu dürfen und sprechen zu können.*
> *Entschuldigt mein schlechtes spanisch, aber da es leider keine deutsche Übersetzung gibt, müsst ihr damit zurechtkommen.*
> *Die Beziehungen zwischen der EU und Cuba sind vor allem durch 2 Faktoren geprägt:*
> *1. Unterordnung der Politik der EU unter die USA-Politik auch in Bezug auf Cuba.*
> *2. der »gemeinsame Standpunkt« der EU von 1996, im Wesentlichen geprägt und formuliert von Aznar.*

Zu 1:
Nachdem es Ende der 90er Jahre, Anfang dieses Jahrhundert eine Verbesserung in den Beziehungen zwischen der EU und Cuba gegeben hatte, verschlechterten sich die Beziehungen schlagartig und dramatisch.
Was waren u. a. die Ursachen?
a. In den USA war Bush Präsident geworden und verschärfte die Politik gegenüber Cuba und drängte die Verbündete in die gleiche Richtung. Und er hatte starke Verbündete in der EU, Aznar und Berlusconi vor allem.
b. Zwischen Teilen der EU (BRD und Frankreich) und den USA kam es zu Differenzen in Bezug auf den Irakkrieg.
c. Die Ereignisse im März/April 2003 in Cuba mit den Todesurteilen und den Urteilen gegen 75 Konterrevolutionäre sah man in der EU als gute Gelegenheit, sich wieder bei den USA anzudienen und beschloss Maßnahmen, die quasi ein Einfrieren der Beziehungen gleichkamen.
Die Beziehungen waren noch nie so schlecht wie seitdem.
Zu 2.
Der »Gemeinsame Standpunkt« ist das andere Hindernis für wirklich gleichberechtigte Beziehungen zwischen souveränen Staaten.
Er wurde 1996 im gleichen Jahr wie »Helms-Burton« beschlossen auf Initiative von Aznar und macht die Entwicklung der Beziehungen abhängig von den »Verbesserungen der Menschenrechte« in Cuba.
Abhängig gemacht wird davon z. B. auch eine Teilnahme/Mitgliedschaft Cubas am Cotonou-Abkommen.
Der »Standpunkt« wird alle halbe Jahre wieder neu diskutiert und beschlossen. D. h., die Herren der EU sitzen dann über Cuba zu Gericht, um zu entscheiden, wie der Stand der Menschenrechte in Cuba ist.
Das sind aus meiner Sicht die zwei wesentlichen Faktoren, die die Beziehungen prägen und da ich nicht viel Zeit zum Reden habe, gestattet mir, es dabei zu belassen.
Zu erwähnen sei vielleicht noch, dass mit der Erweiterung der EU vor allem Richtung Osten auch starke Kräfte gegen Cuba dazukommen (Tschechien).
Noch einige Worte zum EU-Parlament, auf das wir auch nicht stolz sein können. Es widerspiegelt die Kräfteverhältnisse in Europa.
Wir haben in der Mehrheit konservative Regierungen, die gewählt worden sind, genauso wie die Abgeordneten des EU-Parlamentes, die ja sogar direkt gewählt werden.
Es gibt dort eine linke Fraktion, aber sie konnte nicht verhindern, dass vor einem Jahr eine Resolution gegen Cuba verabschiedet wurde, wo z. B. Cuba verantwortlich für die Menschenrechtsverletzungen in Guantánamo gemacht wurde.

Da kann Mensch mal sehen, welche Geisteskinder dort sitzen und abstimmen!
Leider muss man noch was zu der Abstimmung über die Resolution hinzufügen: Es haben auch Abgeordnete der linken Fraktion dafür gestimmt. U. a. auch 3 Abgeordnete aus der BRD. Das hat ihnen allerdings viel Ärger gebracht und die Freundinnen und Freunde Cubas, vor allem auch die Parteibasis hat sie stark angegriffen und der Parteivorstand musste eine Solidaritätserklärung zu Cuba abgeben und distanzierte sich vom Verhalten der 3.
Wir haben in Europa die letzten Jahre verschiedene Initiativen entwickelt, um Einfluss zu nehmen auf eine Verbesserung der Beziehungen.
Wir haben einen großen Kongress durchgeführt mit starker internationaler und cubanischer Beteiligung, organisiert von der Linksfraktion des EU-Parlamentes und vielen Organisationen aus der BRD, wie auch dem NETZWERK CUBA.
Zur Erklärung: Das NETZWERK CUBA ist ein Zusammenschluss von momentan 43 verschiedenen Solidaritätsgruppen aus der ganzen BRD. Wir versuchen die Arbeit zu koordinieren, Informationen auszutauschen etc.
Es gab Petitionen, Kampagnen an die EU-Kommission gerichtet, organisiert von den italienischen und belgischen cr@s und viele nationale Initiativen.
Wir können sagen, dass es seit 3 Jahren eine Propagandaoffensive in Europa gegen Cuba gibt:
-Treffen mit Dissidenten
- »Reporter ohne Grenzen – vor allem in Frankreich – sehr aktiv gegen Cuba
- Sacharow-Preis der EU für Payá und den »Damas de Blanco«
sind einige Beispiele.
Aber ich glaube sagen zu können, dass sie nicht so erfolgreich ist, wie von den Initiatoren erhofft.
Aber sie wird natürlich fortgesetzt und wir müssen dagegenhalten.

Die Verbreitung von Propaganda/Ideologie ist auch immer eine Sache der Medien.
Auf unserer letzten Jahreshauptversammlung des Netzwerk haben wir die Medienpolitik in unserem Land analysiert und beschlossen, mit anderen politischen Kräften eine Konferenz mit dem Thema »Lügen, Verschweigen, Verfälschen – die Macht der Medien am Beispiel Cubas und Lateinamerikas« durchzuführen, um aufzudecken, wie mit Hilfe der Medien manipuliert wird, wie dagegen angegangen werden kann, welche Strategien, Alternativen wir entwickeln können.
Die Konferenz war ein Erfolg und wir beschlossen, weitere Aktivitäten in dieser Richtung zu entwickeln und dafür noch mehr andere Kräfte aus dem Medienbereich und aus der Lateinamerikabewegung zu gewinnen.

Wir denken, dass die Entwicklung von Gegenstrategien unsererseits, ein Bestandteil der »La Batalla de Ideas«, immer wichtiger für die Solidaritätsarbeit wird.
»Un mundo mejor es possible«. Unter diesem Motto gibt es auch in Europa seit 2002 Europäische Sozial Foren und die Frage für uns war natürlich, wie bringen wir uns ein bei solchen Treffen, wo vor allem Jugendliche nach Alternativen zum Kapitalismus/Neoliberalismus suchen. Wir haben Alternativen anzubieten und zu diskutieren. Außerdem können wir dort viel lernen und andere Bewegungen kennen lernen.
Ein größeres Forum als bei diesen Treffen werden wir nie haben.
Wir haben auf dem Europatreffen der Cubasolidarität 2002 in Wien/Österreich sehr ausführlich angefangen zu diskutieren, wie sich die europäische Cubasolidarität in den ESF einbringen kann.
Diese Diskussion ist auf dem Europatreffen in Luxemburg 2004 fortgeführt worden. Es ist eine cra. bestimmt worden, die die Arbeit der europäischen Gruppen koordiniert.
Ich glaube sagen zu können, dass es uns gelungen ist, dass Thema Cuba und die fortschrittliche Entwicklung in Lateinamerika mit Hilfe cubanischer und lateinamerikanischer ReferentInnen präsent zu machen. Und als Alternative zu den bestehenden System darzustellen.
Und natürlich ist der Kampf für die Befreiung der 5 Patrioten ein weiterer Schwerpunkt der Solidaritätsarbeit.
Es existieren in allen Ländern Europas Komitees zur Befreiung der 5 und auf dem Europatreffen in Luxemburg wurde auch eine cra. benannt, die die Arbeit für die 5 Helden koordiniert.
Sie, die cra. Katrien wird hier später noch sprechen.
Dieses waren einige Aspekte unserer Arbeit in Europa.

Als ich vor ca. 30 Jahren mich in der Solidaritätsbewegung mit Cuba in der BRD organisiert hatte, hätte ich niemals mir vorstellen können, dass ich nun zu Ehren des 80. Geburtstages des Comandanten en Jefe in Habana an einem Kolloquium teilnehmen würde.
Und ich möchte, quasi als Veteran der deutschen Solidaritätsbewegung die Gelegenheit nutzen und einige Worte zu unseren Beziehungen zu Fidel sagen.
Und ich denke, dass das, was ich in Bezug auf Deutschland sage, für die Freundinnen und Freunde Cubas in den anderen europäischen Ländern ähnlich sein wird.
In der Solidaritätsbewegung sind sehr unterschiedliche politisch-ideologische Kräfte organisiert, aber ich glaube sagen zu können, dass die Anerkennung, Achtung und Liebe zu Fidel uns alle eint.
Wir leben in der BRD in einem Hauptland des Kapitalismus/Imperialismus und die

Solidaritätsbewegung zu Cuba in der alten kapitalistischen BRD war auch immer in ihrer Mehrheit Teil der linken Bewegung, die im Gegensatz zum herrschenden System der BRD stand.

In der sozialistischen DDR war das natürlich anders, aber die Freundinnen und Freunde aus diesem Teil unseres Landes sind ja nun auch im Kapitalismus angekommen.

Die BRD war und ist treuer Verbündeter der USA und unterstützt die Cubapolitik der US-Administration, vor allem auch in der Propaganda gegen das revolutionäre Cuba und gegen die Person Fidels.

Fidel war – und ist natürlich immer noch – immer einer der Hauptangriffspunkte in der Propaganda gegen Cuba gewesen.

Von daher war für uns klar, dass die Verteidigung Cubas auch immer die Verteidigung der Person des Comandanten bedeutete.

Das ist aber nur die eine Seite unserer Beziehung zu ihm.

Die andere ist die, dass der Revolutionär Fidel uns natürlich auch politisch ungeheuer viel gegeben hat.

Mit seinen intellektuellen Fähigkeiten, seinen Analysen, seinem strategischen Weitblick und seinem internationalistischen, solidarischen Herangehen an die Problem der Menschheit – nicht nur Cubas – gibt er uns vor allem immer wieder Orientierungen, damit wir uns zurechtfinden in dem manchmal großen Chaos der geschichtlichen Entwicklungen.

Vor allem aber wissen wir, dass auf Fidel immer Verlass ist und keine bösen Überraschungen zu erwarten sind, wie wir sie von vielen anderen Politikern kennen.

Seine Standhaftigkeit und Prinzipienfestigkeit, seine Art, die Dinge beim Namen zu nennen, wenn es nötig ist – und wenn es nötig ist, das auch ohne »diplomatische Rücksichtnahme« – hat so manchen von uns wieder aufgerichtet und weitermachen lassen.

Er hat uns immer das Gefühl gegeben, dass er einer von uns ist und bleibt.

Wir haben die Solidaritätsarbeit nie als eine Einbahnstraße verstanden. Was wir Cuba gegeben haben, das haben wir schon diverse Male zurückbekommen.

Was Fidel uns geben hat, da können wir nur hoffen, dass wir einen kleinen Teil davon zurückgeben können.

Die Tage habe ich in Habana Vieja Transparente gesehen, auf denen stand:

»Viva Fidel 80 más«

Ich denke, dem ist nichts hinzuzufügen.

Danke Fidel und noch viele gesunde Jahre.

Wir brauchen dich.

Aus dem spanischen: Frank Schwitalla

KAPITEL II: »UND ES GEHT WEITER ...«   169

8. »Gemeinsam sind wir stärker«

Teilnahme des NETZWERK CUBA an anderen Veranstaltungen

Rosa-Luxemburg-Konferenzen in Berlin
Seit Jahren unterstützt das NETZWERK CUBA die jährlich jeweils am Tag vor der Luxemburg-Liebknecht-Ehrung und -Demonstration im Januar stattfindende Rosa-Luxemburg-Konferenz der linken Tageszeitung »junge Welt«.
 Außerdem ist das Netzwerk auch regelmäßig mit einem Infostand auf der Konferenz vertreten. Seit 2011 wird auch ein Käfig aufgebaut, in dem die in US-Gefängnissen einsitzenden Cuban 5 symbolisch als Puppen eingesperrt sind und auf ihren skandalösen Fall und die politische Justiz der USA hinweisen.

UZ-Pressefeste in Dortmund
Auf den Pressefesten der UZ, der Zeitung der DKP, nimmt Cuba regelmäßig eine zentrale Stellung ein. Es gibt ein besonderes Zelt, die »Casa Cuba«, mit großem Programm zu aktuellen Fragen zu Cuba und natürlich zu den Cuban 5. Das NETZWERK CUBA beteiligt sich an diesem Programm in Form von ReferentInnen und

Pressefest 2007 in der Casa Cuba, Podiumsdiskussion mit v. l. Frank Schwitalla, Vors.Netzwerk Cuba, Ekki Sieker, stellv. Vors. Netzwerk Cuba, Günter Belchaus, Komitee Basta Ya, Oscar Martínez, stellv. Leiter der Internationalen Abteilung des ZK der PCC (KP Cubas), Tobias Kriele, Cuba AG der DKP, Heinz Stehr, Vorsitzender der DKP

ModeratorInnen und außerdem ist es immer mit einem großen Informationsstand vor dem Eingang der »Casa Cuba« vertreten.

Fiestas zum 26.7. Nationalfeiertag Cubas
Im Kapitel I unter Punkt 4 wurde schon ausführlich beschrieben, wie es zu den alljährlich von den Solidaritätsgruppen begangenen Fiestas zum 26.7.1953 kam.

Hier soll nur noch einmal erwähnt werden, dass es diese Fiestas bis heute gibt und zwar in doppelter Ausführung.

Einmal in Berlin, früher auf dem Gelände der cubanischen Botschaft. Dieses war dann aber wegen der stetig wachsenden TeilnehmerInnenzahl zu klein, und so findet die »Fiesta de Solidaridad«, wie sie in Berlin heißt und von der Mitgliedsgruppe Cuba Sí organisiert wird, seit Jahren in einem öffentlichen Park in Lichtenberg statt.

In Bonn wurde auch das Gelände der Außenstelle der cubanischen Botschaft zu klein und so findet die »Fiesta Moncada«, wie sie dort genannt wird, immer in verschiedenen Städten im Rhein-Ruhrgebiet statt, je nachdem, welche Solidaritätsgruppe die Fiesta ausrichtet.

Außerdem findet seit mehreren Jahren eine solche, dort ebenfalls von mehreren Solidaritätsgruppen organisierte Fiesta auch in München statt. Das NETZWERK CUBA unterstützt diese Fiestas, nimmt an Informationsständen und/

oder als RednerInnen teil und beteiligt sich nach seinen Möglichkeiten am Programm.

Europäische Sozialforen (ESF)
2003 in Paris, 2004 in Berlin und 2005 in London

Das NETZWERK CUBA diskutierte und orientierte auf dem Cubakongress 2001 in Berlin und der 10-Jahresfeier 2003 über die Mitarbeit der Solidaritätsbewegung an den Sozialforen und globalisierungskritischen Bewegungen.

Ausgehend von den Diskussionen zu diesem Thema auf den Europäischen Solidaritätstreffen mit Cuba 2002 in Wien und 2004 in Luxemburg, übernahm das NETZWERK CUBA die Koordination für diese Arbeit auf europäischer Ebene. Während 2002 auf dem ESF in Florenz wegen der kurzfristigen Organisierung nur ein Workshop zu Cuba stattfand, waren es auf den folgenden ESF schon mehrere Workshops und Veranstaltungen im großen Plenum, welche sich mit Cuba und den Entwicklungen in Lateinamerika beschäftigten. Dabei ging es im Wesentlichen darum, welche Verbindungen es zwischen den sozialen Bewegungen in Lateinamerika, die ja in einigen Ländern sehr erfolgreich agierten, und den sozialen Bewegungen in Europa gibt, und wie Beziehungen hergestellt werden können. Es konnten hochrangige ReferentInnen unter anderem auch aus Cuba gewonnen werden, und die Veranstaltungen waren sehr erfolgreich.

Leider waren die Vorbereitungen und Durchführungen der ESF sehr arbeitsintensiv und kostenaufwändig und letztendlich von uns nicht mehr zu tragen, zumal das NETZWERK CUBA auf den Kosten »sitzen blieb« weil die versprochene finanzielle Unterstützung durch andere europäische Solidaritätsgruppen mit Cuba zum Teil ausblieb.

Das Netzwerk musste dann 2006 diese Arbeit notgedrungen einstellen, nachdem auf dem Europäischen Solidaritätstreffen in Istanbul 2006 auch keine weitere Unterstützung zugesagt wurde.

BUKO-Kongresse

2002 wurde das NETZWERK CUBA Mitglied in der Bundeskoordination Internationalismus.

(Dies ist ein unabhängiger Dachverband, dem über 120 Eine-Welt-Gruppen, entwicklungspolitische Organisationen, inter- bzw. transnationalistische Initiativen, Solidaritätsgruppen, Läden, Kampagnen und Zeitschriftenprojekte sowie zur Zeit fast 100 Einzelpersonen angehören. Der Ursprung der BUKO lag in den Solidaritätsbewegungen mit den Befreiungskämpfen im Süden.)

Das NETZWERK CUBA bot auf einigen Kongressen Workshops zum Thema Cuba an, aber leider haben wir nicht die Kräfte und Möglichkeiten, in diesem Netzwerk kontinuierlich mit zu arbeiten.

ATTAC-Ratschläge
2002 wurde das NETZWERK CUBA auch Mitglied in ATTAC. An einigen Ratschlägen nahm es auch mit Informationsständen teil. Aber ansonsten galt das Gleiche wie für die BUKO.

9. Teilnahme/Organisation von Demonstrationen, Mahnwachen etc.

> »Wer kämpft, kann verlieren,
> wer nicht kämpft,
> hat schon verloren«
> (Brecht)

Hier können unmöglich alle einzelnen Aktionen aufgezählt werden, die das NETZWERK CUBA und/oder Mitgliedsgruppen organisiert haben, oder an denen sie beteiligt waren.
    Exemplarisch sollen einige solcher Aktionen erwähnt werden, die regelmäßig durchgeführt werden.

Aktionen vor der cubanischen Botschaft in Berlin, bzw. der Außenstelle in Bonn
Immer wieder kommt es zu kleinen Demonstrationen/Kundgebungen von anticubanischen Kräften vor den beiden Botschaften Cubas. Das NETZWERK CUBA und die örtlichen Solidaritätsgruppen organisieren dann umgehend Gegendemonstrationen/Kundgebungen. Da deren Buntheit sowie Größe (mitunter unterstützt durch eine Lautsprecheranlage) ein Mehrfaches der Anticubaner beträgt, das Kräfteverhältnis also klar zugunsten der CubafreundInnen ausfällt, ist es für die Contras eine blamable Angelegenheit.

Aktionen vor der US-Botschaft in Berlin und vor den US-Konsulaten
Seit einigen Jahren finden regelmäßig Aktionen/Mahnwachen vor den US-Einrichtungen statt – beispielsweise anlässlich des Tages der politischen Gefangenen (18.3.) und des Tages der Verhaftung der Cuban 5 (12.9.). Damit soll an die ungerechte Verurteilung der 5 erinnert, bzw. die Öffentlichkeit informiert und somit die diesbezügliche Medienblockade durchbrochen werden.

Aktion vor der Außenstelle der cubanischen Botschaft in Bonn am 18.04.2008

Aktion in Düsseldorf am 17.03.2012

KAPITEL II: »UND ES GEHT WEITER ...«

Mahnwache vor der US-Botschaft in Berlin am 12.09.2010

Mahnwache im Juni 2005 bei der alten US-Botschaft in Berlin mit Kranzniederlegung für die Opfer von US-Terror

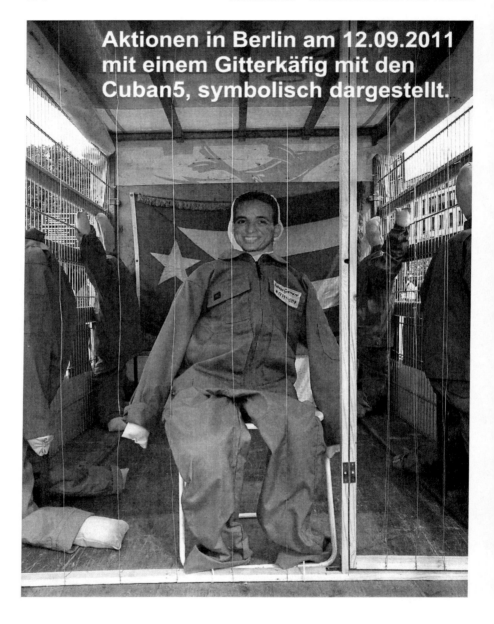

Aktionen in Berlin am 12.09.2011 mit einem Gitterkäfig mit den Cuban5, symbolisch dargestellt.

Aktionen bei anticubanischen Veranstaltungen
Exemplarisch soll hier eine Veranstaltung erwähnt werden, weil sie eine besondere Bedeutung hatte. Das »International Committee For Democracy In Cuba« (ICDC) mit der »Konrad-Adenauer-Stiftung« (KAS) und dem »Swedish International Liberal Center« planten für den 24.-26.4.2007 in Berlin, in den Räumen der KAS eine Konferenz zum Thema »Demokratie in Cuba: Auf der Suche nach gemeinsamen Initiativen«.

Eingeladen waren neben bekannten Konterrevolutionären und CIA-Agenten wie Frank Calzón und Carlos Alberto Montaner auch Ex-Staatschefs wie Václav Havel und Aleksander Kwasniewski sowie hohe politische Repräsentanten der BRD wie Frank-Walter Steinmeier (Außenminister), Norbert Lammert (Bundestagspräsident) und die parlamentarische Staatssekretärin Karin Kortmann vom BMZ.

Als das NETZWERK CUBA Mitte Februar von der Konferenz erfuhr, informierte es sofort die Öffentlichkeit, insbesondere die Solidaritätsbewegung und in Berlin wurde eine Arbeitsgruppe (bestehend aus dem Netzwerk, Berliner Cuba- und Venezuelagruppen sowie der Tageszeitung »junge Welt««) gebildet, die die Aufgabe hatte, Schritte zu überlegen, wie gegen diese Konferenz vorgegangen werden kann.

Briefe an die Mitgliedsgruppen:

Liebe compañer@s,
wie ihr vielleicht schon gehört habt, wird vom 24. - 26.4.07 in Berlin eine Konferenz mit dem Titel »Demokratie in Cuba: Auf der Suche nach gemeinsamen Initiativen« stattfinden.
Organisiert wird diese Konferenz von »Internationales Komitee für Demokratie in Cuba«, der Konrad-Adenauer-Stiftung und dem »Schwedisches internationales liberales Zentrum«.
Behandelt werden sollen Themen wie: »Cuba nach Castro – welchen Part wird Cuba nehmen?«, »Was soll die europäische gemeinsame Position sein?«, »Meinungen und Empfehlungen von denen, die eine cubanische Zivilgesellschaft unterstützen«, »Das gemeinsame Interesse – gibt es Möglichkeiten für eine gemeinsame Politik (EU, USA und Lateinamerika) gegen Cuba«.
(Anbei das genaue Programm).
Als RednerInnen und TeilnehmerInnen finden sich das Who is Who der Konterrevolution.

> *Wie ihr seht, wird mit dieser Konferenz ein erneuter Versuch gestartet, sich massiv in die inneren Angelegenheiten Cubas einzumischen.*
> *Das dies von deutschen Boden aus geschieht, ist an sich schon ein Skandal.*
> *Das dies aber auch die Unterstützung der BRD-Regierung genießt, macht die Angelegenheit noch skandalöser.*
> *Frank-Walter Steinmeier, BRD-Außenminister ist als Redner vorgesehen, ebenso eine parlamentarische Staatssekretärin vom Entwicklungsministerium.*
>
> *Wir werden diesen Skandal nicht so einfach hinnehmen. Auf seiner gestrigen Sitzung hat der Vorstand des Netzwerkes über Maßnahmen, Aktionen etc. beraten.*
> *So werden wir u. a. versuchen über die Fraktion der Linken im Bundestag das Thema zu Sprache zu bringen und eine Idee war es, zu dem Zeitpunkt der Konferenz eine (Gegen)veranstaltung in Berlin durchzuführen.*
> *Diese Veranstaltung sollte von den Berliner Solidaritätsorganisationen getragen werden.*
> *Wir werden uns auch um weitere UnterstützerInnen bemühen.*
> *Aber wir wollten uns mit diesem Brief schon mal frühzeitig an die Mitgliedsgruppen des Netzwerkes wenden, um eine Information über die Konferenz zu geben und um eine Rückmeldung zu bekommen, inwieweit ihr Aktionen, die Veranstaltung etc. mittragen würdet.*
>
> *Mit solidarischen Grüßen*
> *der Vorstand*
>
> *Anlage:*
> *Informationen zur Konferenz*
> *Papier zur Strategie der EU gegenüber Cuba von der Botschaft/Cuba*

Die Arbeitsgruppe entwarf Briefe an Merkel, Steinmeier, Lammert, Kortmann und weitere TeilnehmerInnen, mit der Aufforderung, sich gegen die Konferenz zu wenden bzw. nicht teilzunehmen.[38]

Brief des NETZWERK CUBA an Bundeskanzlerin Merkel:

Bundeskanzleramt
Bundeskanzlerin Angela Merkel
Willy-Brandt-Straße 1
10557 Berlin

Offener Brief

Berlin, den 26.02.2007

Sehr geehrte Frau Bundeskanzlerin Merkel,
für den 25. und 26. April 2007 ist in den Räumlichkeiten der Konrad-Adenauer-Stiftung in Berlin die Durchführung einer Veranstaltung unter dem Namen des »International Committee for Democracy in Cuba« (ICDC) vorgesehen. Sowohl der Titel (»Seeking Common Initiatives«) als auch die Workshops und vorgesehenen ReferentInnen offenbaren ganz unmissverständlich, dass damit eine gegen die eigenständige und selbstgewählte Entwicklung Kubas gerichtete, auf ausländische Intervention ausgerichtete Aktion erfolgen soll.
Die deutsche Außenpolitik steht vor der akuten Gefahr, in alte überwunden geglaubte Muster von »Weltbeglückung« zurück zu verfallen.
Beim Thema Kuba in Klischees zu verfallen ist ein weit verbreitetes Phänomen. Die übliche Politik der Bundesregierung wird bedauerlicher Weise dominiert von den üblichen eurozentrischen Denkmustern. Damit verbunden sind eklatante Schwächen, die beim Thema Kuba inzwischen zum herrschenden Repertoire gehören: Enthistorisierung, Dekontextualisierung, Personalisierung, verzerrende Selektion, Eurozentrismus, Doppelstandards. Hier seien zwei grundsätzliche Defizite angesprochen.
Dekontextualisierung: Die seit Beginn der Präsidentschaft von Bush jr. nochmals verschärfte Strategie der USA gegen Kuba wird völlig ignoriert. Dabei wurden auf der Grundlage der beiden Berichte der »US-Kommission für die Unterstützung eines freien Kuba« in letzter Zeit die subversiven und feindseligen Akte gegen Kuba intensiviert – die leider verschwiegen werden, obwohl sie den Alltag der KubanerInnen und ihre Zukunftsgestaltung mittelbar aufs Negativste tangieren und in die EU hineinreichen (die schweizer UBS hat auf Druck der USA alle Geschäfte mit Kuba beendet; eine Delegation kubanischer Geschäftsleute musste ein seit Kurzem einem US-Konzern gehörendes Hotel in Norwegen verlassen, etc.).
Doppelstandards: während auf Kuba von US-Behörden massenhaft und nachgewiesener Maßen Menschenrechtsverletzungen praktiziert wurden und werden (660 Gefangene in Guantánamo, ohne Rechtsbeistand, zahlreiche Folterungen etc.), betreiben einige reaktionäre westliche Personen und zwielichtige Institutionen eine maßlose Hetze wegen

der schätzungsweise 200 in Kuba einsitzenden »politischen Gefangenen«, von denen Viele aufgrund ihrer gerichtlich nachgewiesenen Kollaboration mit den systemzerstörenden USA gegen legitime kubanische Gesetze verstoßen haben. Gegen die eklatanten und skandalösen Menschenrechtsverletzungen der USA (jährlich fast 100 Exekutionen, Zehntausende von zivilen Opfern der US-Kriegseinsätze) hingegen wurde von Seiten der Bundesregierung nichts annähernd spürbares unternommen.

Außerdem haben es weder Bundesregierung und Bundestag noch EU-Gremien bislang für erforderlich gehalten, wegen der von den USA völlig ignorierten jährlich mit überwältigender Mehrheit in der UN-Vollversammlung geforderten Beendigung der US-Blockade gegen Kuba (»Embargo«) nach Möglichkeiten der Durchsetzung der Resolution(en) zu suchen und erste ernste Schritte einzuleiten. Stattdessen wird nun offensichtlich der Aggressor flankierend in einigen EU-Staaten von hochrangigen Personen unterstützt und das Opfer dieser US-betriebenen Subversions- und Umsturzaktivitäten – also das souveräne – noch weiter verunglimpft. Dies ist eine inakzeptable Politik. Denn völlig ignoriert werden damit von bundesdeutschen Staatsorganen und EU-Gremien die legitimen und legalen kubanischen Staatsorgane und das Selbstbestimmungsrecht Kubas und seiner Bevölkerung. Selbst im Rahmen einer von der US-Firma Gallup kürzlich in Kuba klandestin durchgeführten Umfrage ergab sich, dass mehr als die Hälfte der Bevölkerung die Regierung unterstützt; in anderen Umfragen liegt die Quote bei etwa 70% und die Wahlergebnisse sprechen ebenfalls eine deutliche Sprache. Dass sich dennoch ausländische Akteure eine ganz bestimmten ideologischen Extremposition das Recht herausnehmen, über die Zukunft Kubas befinden zu wollen, ist schon verbrecherisch, dass aber allem Anschein nach staatliche und parlamentarische Repräsentanten derartige Machenschaften durch Teilnahme und in anderer Form zu unterstützen scheinen, ist nicht hinnehmbar.

Selbst bei einem gewissen sozialpsychologischen Verständnis für die persönlichen Erfahrungen in der DDR und daraus abgeleiteten Haltungen und (grundfalschen) Analogisierung der treibenden Abgeordneten Vaatz und Meckel kann es nicht angehen, dass durch deren persönlichen Rachegefühle fälschlicherweise eine ganze Gesellschaft (Kuba) als zu maßregelnder Gegner/Feind behandelt und ein »regime change« vorbereitet wird, und dass die deutsche Politik sich durch derartige Banalitäten leiten lässt. Herr Vaatz ging bereits so weit, mit einem Touristenvisum in Kuba einzureisen und dort gezielt Austausch mit so genannten Oppositionellen zu pflegen, Absprachen zu treffen, und sogar eine Konferenz zu besuchen. Mit diesem undiplomatischen Abenteurertum bewies er, dass sich einige EU-Politiker dem subversiven und aggressiven Kurs der Bush-Administration verschrieben – und damit den grundgesetzlichen Rahmen verlassen – haben. Sie imitieren damit z. B. die Soloauftritte des tschechischen Milliardärs und Senators Schwarzenberg und einiger Exilkubaner.

Die Geschichte, Struktur und Kultur Kubas einerseits und derjenigen der DDR etc. andererseits sind völlig verschieden. Ob Menschen wie Vaatz, Meckel, u. a. mit ihren obsessiven Aktivitäten gegen Kuba eine Art Wiedergutmachung an NATO/USA bewerkstelligen wollen, oder es um Kadavergehorsam gegenüber Washington geht, oder ob es Einigen um eine Art Bereinigung der eigenen (linken?) Geschichte/Biografie getan ist; oder um Erheischen von öffentlicher Aufmerksamkeit und Anerkennung bei den herrschenden Kreisen, ist unklar – und für eine fundierte und ausgewogene Politik letztlich unerheblich.

Während die US-Regierung (offiziell) in den vergangenen Jahren über das State Department und USAID $74 Mio. für den Umsturz in Kuba zahlten, haben sie nun $80 Mio. bereitgestellt.

Geostrategisch/geopolitisch kontraproduktiv würde diese Veranstaltung aus zwei weiteren Gründen wirken. Seit den letzten Kongresswahlen in den USA zeichnet sich eine außenpolitische Akzentverschiebung ab, die auch einen Wandel in den Beziehungen Washingtons zu seinen südlichen Nachbarn einläuten dürfte. Das ausgerechnet jetzt die deutsche Politik auf Verhärtung und Druck setzt, erscheint völlig absurd. Der zweite Grund ist die seit wenigen Jahren zu beobachtende wachsende Zusammenarbeit der lateinamerikanischen Staaten, in die Kuba eine konstruktive Rolle spielt. Auch in dieser Hinsicht würde eine Verhärtung und auf Druck setzende Politik das Ansehen und die Kooperationschancen für Deutschland – und die EU – weiter schmälern wenn nicht auf Jahre hin erschweren oder verunmöglichen.

Dem Geist und Buchstaben der Präambel des GG, in welcher deutlich versprochen wird, »dem Frieden der Welt zu dienen«, wird mit dieser Veranstaltung und einer Beteiligung durch Mitglieder der Staatsorgane der Bundesrepublik Deutschland offensichtlich widersprochen.

Wir verurteilen aus all diesen Gründen die Veranstaltung auf das Schärfste und sehen in ihr eine feindselige Provokation gegen Kuba und dessen eigenständige Entwicklung (garantiert in der Charta der UN). Dieser Akt stellt einen weiteren Meilenstein einer Konvergenz deutscher Außenpolitik mit der von Herrn Bush eingeschlagenen subversiven und offensiven Politik gegen Kuba dar und kann nicht toleriert werden. Wir fordern von Außenminister Steinmeier, dass er diese destruktive Veranstaltung nicht durch seine Anwesenheit und Mitarbeit unterstützt und »aufwertet«.

Wir fordern von Ihnen als Vorsitzende der CDU und als Mitglied der KAS, sich für eine Stornierung der Veranstaltung einzusetzen.

Vielen Dank für Ihre geschätzte Aufmerksamkeit.

  Mit freundlichen Grüßen,
  Frank Schwitalla (Vorsitzender)

NOT WANTED weder als Teilnehmer auf der Konferenz „Demokratie für Cuba" des „Internationalen Komitees Demokratie in Cuba" und der Konrad Adenauer Stiftung am 25./26. April noch als Ideengeber für die Politik der Europäischen Union gegenüber Cuba.

**Kommt zur Kundgebung
„Gegen Terroristen
in unserer Stadt UND weltweit!"
Mittwoch - 25. 04.2007 - 08:30 Uhr
Tiergarten 35, Berlin**

Die Briefe, die von vielen FreundInnen Cubas geschrieben wurden, zeigten schon bald erste Erfolge: Steinmeier verschwand von der Teilnehmerliste, Lammert und Kortmann sagten ab, vom Büro Kortmann gab es sogar die Bitte ans NETZWERK, jetzt doch bitte die Verschickung der Briefe einzustellen.

Gleichzeitig überlegte die Arbeitsgruppe, wie die Konferenz gestört werden könnte.

Die Gruppen wurden aufgefordert, an einem vor dem offiziellen Beginn der Konferenz stattfindenden Forum für Nichtregierungsorganisationen, die in/mit Cuba arbeiten, teilzunehmen. Dort auf dem Forum sollte mitdiskutiert, und versucht werden, dass einzelne FreundInnen, die die Möglichkeit dazu hatten, dann auch an der Konferenz teilnehmen konnten. Zudem wurde eine öffentliche Protestaktion direkt vor dem Gebäude der KAS zu Beginn der Konferenz geplant.[39]

Diese Aktion war dann auch ein voller Erfolg und viele der TeilnehmerInnen der Konferenz mussten sich die Procuba-Kundgebung gefallen lassen und beschwerten sich teilweise empört bei der anwesenden Polizei.

Die Jahreshauptversammlung des NETZWERK CUBA am 2.2.08 schätzte die gesamte Aktion wie folgt ein:

> *Das »Internationale Komitee für Demokratie in Kuba« (ICDC) veranstaltete mit Unterstützung der Konrad-Adenauer-Stiftung (KAS) vom 24. bis 26. April 2007 in der Berliner Akademie der KAS eine Konferenz zum Thema »Demokratie auf Kuba: Auf der Suche nach gemeinsamen Initiativen«. Hinter der Berliner Konferenz steht ein Netzwerk von Gruppen und Organisationen, die letztlich von der US-Regierung finanziert werden.*
> *Unter den angekündigten Gästen und Rednern befanden sich Aktivisten gegen die sozialistische Regierung Cubas, deren Verbindungen zu rechtsterroristischen Gruppierungen belegt sind.*
> *Die Konferenz diente offensichtlich dazu, aktuelle Vorstöße zu einer Verschärfung der EU-Politik gegen Cuba zu befördern.*
> *Unter den rund 150 Teilnehmern waren neben so genannten Bürgerrechtlern und abgewickelten Präsidenten osteuropäischer Nachwendestaaten auch führende Figuren der anticubanischen Mafia aus Miami wie Calzón und der ebenfalls früher in Terroranschläge gegen Cuba verwickelte Carlos Alberto Montaner.*
> *Gleich nachdem wir von der Konferenz erfuhren, bildete sich im Berlin ein Arbeitskreis mit dem Netzwerk, den Berliner Mitgliedsgruppen, der Tageszeitung »jungen Welt« und Venezuela Avanza, um die Pläne der Konferenz zu durchkreuzen.*
> *So initiierte der AK das Anschreiben von Politikern der Bundesregierung und von denjenigen, die dort auftreten sollten, machte deutlich, um welchen Charakter es sich bei dieser Konferenz handeln würde und warum sie nicht teilnehmen sollten. Es konnte erreicht werden, dass Außenminister Steinmeier und andere absagten und nur noch »die zweite Garnitur« erschien. Die vom AK am 1. Tagungstag veranstaltete Demo war mit über 80 Teilnehmern sehr erfolgreich Für uns war Ekki auf der Tagung: Er berichtete ausführlich und bestätigte die Hilflosigkeit der Cuba-GegnerInnen, da ihr Strategien bislang versagt hätten und die cubanische Regierung immer noch stabil sei.*
> *Es wurden auch Unterschiede in den Strategien der US-Amerikaner und der Europäer deutlich: Die einen wollen den Umsturz mit Brachialgewalt erreichen, die anderen durch einen Wandel durch Annäherung.*
> *Die Konferenz hat bewiesen, dass wir erfolgreich sein können, wenn die verschiedenen Solidaritätsorganisationen konzertiert handeln.*

Und aus der »Granma« für alle spanisch Sprechenden ein Artikel vom 28.4.07 [40]

Vom cubanischen Botschafter in der BRD bekamen wir dazu folgenden Brief:

DER BOTSCHAFTER
DER REPUBLIK KUBA

Berlin, den 02. Mai 2007

Herrn
Frank Schwitalla
Vorsitzender Netzwerk Cuba

Lieber Frank,
hiermit möchte ich aus Anlass der Protestdemonstration am vergangenen 25. April in Berlin allen teilnehmenden Organisationen im Namen des kubanischen Volkes für die stetige Solidarität mit der kubanischen Revolution unsere Anerkennung zum Ausdruck bringen.

Wie ihr wisst, versucht das US-Imperium weiterhin auch in den Ländern der Europäischen Union Unterstützung zu finden, um seinen makabren Zukunftsplan durchzusetzen, der nichts anderes bedeutet, als Kuba in die vor 1959 existierende Kolonie zurückzuversetzen.

Mit dem entworfenen sogenannten Plan des »Übergangs auf Kuba« versuchten die extrem rechten Flügel der Bush-Administration gemeinsam mit Terroristen wie Carlos Alberto montaner und den Vertretern des Bush-Plans in Europa, wie der Organisation »People in Need«, dies antikubanische Konferenz in Berlin durchzuführen.

Die rechtzeitige Verurteilung der Teilnahme hochrangiger Vertreter des Auswärtigen Amtes und Abgeordneter des Bundestags war eine klare und deutliche Antwort eurer starken Solidaritätsbewegung in der Bundesrepublik Deutschland.

Eure aktive Teilnahme an der Demonstration bringt damit zum Ausdruck, dass Kuba nicht alleine steht und eure Verteidigung des kubanischen Rechts auf Souveränität und Selbstbestimmung nicht tot geschwiegen werden kann.

Mit solidarischen Grüßen,
Gerardo Peñalver [handschriftlich]

Staffelübergabe 2

Auf der Jahreshauptversammlung 2008 hatte der damalige Vorsitzende des NETZWERK CUBA, Frank Schwitalla, schon angekündigt aus persönlichen Gründen nur noch ein Jahr für den Vorsitz zur Verfügung stehen zu können.

Und so war es dann auch auf der JHV am 31.1.2009 soweit: Nach 10 Jahren Netzwerkvorsitz wurde Frank verabschiedet. Vom ICAP aus Havanna waren der Europadirektor Holmedo Pérez und der zuständige Mitarbeiter für die BRD, Maikel Véloz anwesend und bedankten sich bei Frank für seine Arbeit und überbrachten ihm eine Anerkennungsurkunde des ICAP und seines Präsidenten.

10. Europatreffen der Cubasolidarität vom 9.11.-11.11.2012 in Berlin

»Mit großer Hoffnung in die Jugend und darin, dass die Welt weiter existiert«
(Fidel Castro)

(Zur Information: Die Europatreffen der Cubasolidarität finden alle zwei Jahre in jeweils einem anderen Land statt. Ausrichter sind das ICAP und die Gruppen des entsprechenden Landes.)

Auf dem XV. Europatreffen der Cubasolidarität in Sofia, im Mai 2010 wurde beschlossen, dass das nächste Treffen 2012 in der BRD stattfinden soll.

Der ehemalige Vorsitzende des NETZWERK CUBA, Frank Schwitalla, wurde gebeten, die Vorbereitung und Organisation des Treffens federführend zu übernehmen. Da die Idee, das Treffen auch einmal in der BRD durchzuführen, schon etwas älter war und der Vorstand des Netzwerkes noch unter seinem Vorsitz schon Gedanken zur Konzeption entwickelt hatte, konnte die Arbeit gleich beginnen.

Der Vorstand des Netzwerkes beschloss, das Treffen in Berlin durchzuführen und so bildete sich eine Vorbereitungsgruppe (aus NETZWERK und Berliner Soligruppen) in Berlin, die zuerst damit beschäftigt war, eine geeignete Tagungsstätte zu finden. Das war gar nicht so einfach, weil es zwei wesentliche Bedingungen gab: Es durfte nicht zu teuer sein und alles, also Schlafen, Tagen und Essen, sollte unter einem Dach stattfinden können.

Nach langer Suche, im April 2011 konnte dann endlich ein Vertrag unterschrieben werden.

Die Mitgliederversammlung des NETZWERK CUBA beschloss am 14.5.2011 die vom Vorstand vorgeschlagene Konzeption und Tagesordnung für das Treffen und das ICAP stimmte dem zu. Diese Konzeption unterschied sich wesentlich von denen der vorangegangenen Europatreffen: Kernpunkt des Treffens sollte der intensive Erfahrungsaustausch und die Besprechung künftiger Aktivitäten sein. Dies sollte in Arbeitsgruppen, die es bei früheren Treffen nicht gab, durchgeführt und entsprechend inhaltlich vorbereitet werden.

Nachdem der Veranstaltungsort und die Konzeption feststanden, konnte die erste Information im Oktober 2011 an die europäischen Solidaritätsgruppen verschickt werden (alle Informationen wurden in 5 Sprachen verfasst):

XVI. Europatreffen der Cubasolidarität in Berlin vom 9.11.-11.11.2012
Das Treffen wird im Hotel Kolumbus im Stadtteil Hohenschönhausen im Osten von Berlin (ehemalige Hauptstadt der DDR) stattfinden.
Im Hotel schlafen die Delegierten, essen und tagen. Es ist also alles unter einem Dach.
Nach intensiven Diskussionen im Vorstand des Netzwerkes und auf der Mitgliederversammlung des Netzwerkes am 14.5.11 wurde beschlossen, auf diesem Treffen mit Arbeitsgruppen zu arbeiten.

Es werden 3 AGs mit folgenden Themen vorgeschlagen:
1. zu den 5 Patrioten
2. zum gemeinsamen Standpunkt der EU zu Cuba
3. zur Medienpolitik
Zur Einstimmung für die Arbeit in den AGs gibt es Kurzreferate.
Es werden auf dem Treffen keine Redebeiträge der Delegierten im Plenum geben.
Darum schlagen wir vor, dass die Delegierten kurze Beiträge über ihre Arbeit/Erfahrungen der letzten beiden Jahre uns vor dem Treffen schriftlich schicken, so dass wir sie in den Tagungsmappen für die Delegierten einlegen können.
Am Freitag ist nach dem Abendessen ein kultureller Abend geplant. mit Musik, evtl. Film und mit Gelegenheiten der Delegierten, sich auszutauschen.
Am Samstag Abend möchten wir eine Veranstaltung mit einem(r) Vertreter(in) der Fraktion der Gruppe »GUE/NGL« aus dem Europaparlament zum Thema der Beziehungen der EU zu Cuba anbieten. Sie wird auch im Hotel stattfinden.
Am Sonntag Nachmittag könnten wir, wenn es den Wunsch bei mehreren Delegierten gibt, eine Stadtrundfahrt zu einigen Sehenswürdigkeiten in Berlin anbieten.

Möglicher Ablauf der Konferenz: *(Uhrzeiten sind Richtzeiten)*

Freitag, 9.11.12 *Nachmittags Ankunft der Delegierten, Akkreditierung*
19h Abendessen im Hotel
20h Abend der Begegnungen
Samstag, 10.11.12
9.00h Begrüßung und Eröffnungsworte durch den Gastgeber
Referat ICAP (Präsidentin)
10.00h Kurzrede/Referat zu den 5
zum Gemeinsamen Standpunkt
zu Medienpolitik
11.00h Kaffeepause
11.30h Beginn der Arbeit in den AGs
13.00h Mittagessen und Pause
14.30h Fortführung der Arbeit in den AGs
16.30h Kaffeepause
18.00h Abendessen und
20.00h Veranstaltung
Sonntag, 11.11.12
9.00h Begrüßung cubanische Botschaft und evtl. weiterem (cubanischen) Gast

9.30h Berichte aus den AGs mit Diskussion
11.30h Kaffeepause
12.00h Vorstellung der Abschlußerklärung und des Aktionsplanes mit Diskussion
12.30h Abschlußworte ICAP
13.00h Mittagessen
Abreise der Delegierten oder Stadtrundfahrt

Im Januar 2012 waren auch schon einige finanzielle Eckpunkte geklärt (Kosten für Übersetzungen etc.), so dass wir eine Einladung an die europäischen Gruppen verschicken konnten:

weydingerstr. 14-16 * 10178 berlin
tel.: +49 (0)30 - 24 00 93 38
e-mail: info@netzwerk-cuba.de
internet: www.netzwerk-cuba.de
konto: 32 33 01 04
postbank berlin (BLZ: 100 100 10)

«La solidaridad es la ternura de los pueblos»

EINLADUNG

Instituto Cubano de Amistad con los Pueblos (ICAP)
und
NETZWERK CUBA - Informationsbüro - e. V.

laden ein zur Teilnahme am XVI Europäischen Treffen der Solidarität mit Cuba vom 9.11. – 11.11.2012

Liebe Compañeras und Compañeros,

wir würden uns freuen, euch bei dem Treffen als Delegierte begrüßen zu können.

Wir haben euch schon eine Konzeption mit der Tagesordnung für das Treffen zugeschickt, jetzt geht es um einige organisatorische Informationen.

Wir werden im Hotel »Kolumbus« wohnen und tagen. Das Hotel befindet sich im Ostteil der Stadt, in der ehemaligen Hauptstadt der DDR.

Die Adresse ist:
Hotel »Kolumbus«
Genslerstr. 18
13055 Berlin
+49 (0)30 981970
www.hotel-kolumbus.de

In der Teilnehmergebühr von 250 € sind enthalten:

- 2 Übernachtungen in Doppelzimmern (Freitag und Samstag)
- 2 Frühstücke (Samstag und Sonntag)
- 2 Mittagessen (Samstag und Sonntag)
- 2 Abendessen (Freitag und Samstag)
- Transfer vom Flughafen bzw. Bahnhof zum Hotel und zurück
- Dokumente für das Treffen
- Teilnahme an einer Abendveranstaltung mit Europaabgeordneten

Der Zuschlag für ein Einzelzimmer beträgt 20 € pro Nacht.
Es wäre für unsere Planung zum jetzigen Zeitpunkt sehr wichtig zu wissen, wieviele Delegierte an dem Treffen teilnehmen werden.
Darum möchten wir euch bitten, uns so schnell wie möglich die Anmeldungen zukommen zu lassen.

Die Anmeldungen schickt bitte entweder per Post an folgende Adresse:
NETZWERK CUBA e.V.
Weydingerstr. 14-16
10178 Berlin
Germany
oder per email an: euro2012@netzwerk-cuba.de

Die Teilnahmegebühren könnt ihr in 2 Varianten bezahlen:
1. Die gesamten 250 € mit der Anmeldung auf das Konto des Netzwerk
2. 100 € mit der Anmeldung auf das Konto, 150 € bei der Akkreditierung direkt im Organisationsbüro der Konferenz bei der Ankunft im Hotel

Die Kontoverbindungen sind:

NETZWERK CUBA e. V.
Postbank Berlin
Rathausstraße 5
10178 Berlin, Germany
Konto-Nr. 32 33 01 04
BLZ: 100 100 10
IBAN: DE52 1001 0010 0032 3301 04
BIC/Swift: PBNKDEFF

Verwendungszweck: »Europatreffen« und »Name des/der TeilnehmerIn«

Wir hoffen euch alle in Berlin beim XVI europäischen Treffen der Cubasolidarität begrüßen zu können.

Mit solidarischen Grüßen

NETZWERK CUBA
i. A. Frank Schwitalla

Zur Unterstützung und Mobilisierung verschickte die Präsidentin des ICAP, Kenia Serrano, einen Aufruf zur Teilnahme an dem Europatreffen:

Der Vorstand des NETZWERK CUBA erarbeitete im Vorfeld des Treffens Thesen für die Arbeitsgruppen und schickte sie allen TeilnehmerInnen zu. Damit sollte erreicht werden, dass sie sich auf die Arbeitsgruppen vorbereiten konnten, damit zielgerichtet diskutiert wird, Meinungen ausgetauscht und gemeinsame Ziele für die weitere Arbeit beschlossen werden.

Und dann war es soweit. Dank der guten Vorbereitung durch die Arbeitsgruppe, des großen Einsatzes von Cuba Sí, der Freundschaftsgesellschaft Berlin-Kuba, KarEn und anderer FreundInnen aus der ganzen BRD, der großen Disziplin aller TeilnehmerInnen, des tollen Einsatzes der DolmetscherInnen (die Arbeit in Arbeitsgruppen erforderte zusätzliche Übersetzungskräfte) und des hilfsbereiten Personals des Hotels Kolumbus lief das Europatreffen ohne größere Probleme über die Bühne.

Mit 120 TeilnehmerInnen aus 30 Ländern und 54 Organisationen war das Tref-

Aufruf des ICAP

Instituto Cubano de Amistad con los Pueblos (ICAP)
Kubanisches Institut für Völkerfreundschaft
Calle 17 No. 301 e/ H e I. El Vedado. Ciudad de la Habana. Cuba.

Havanna, 15. März 2012 "Jahr 54 der Revolution"

Liebe Freundinnen und Freunde,
vom 9. bis 12. November diesen Jahres findet das „XVI Europäische Solidaritätstreffen mit Cuba", ausgerichtet vom „Netzwerk Cuba eV" in Abstimmung mit dem „Cubanischen Institut für Völkerfreundschaft" (ICAP) statt.
Die XVI. Auflage des Treffens, das diesmal in Berlin stattfindet, ist angesichts des 51. Jahrestages des Sieges über die us-amerikanische Invasion in der Schweinebucht, Playa Girón, und des 120. Jahrestags der durch José Marti erfolgten Gründung der Zeitung „Patria" (Heimat), von besonderer Bedeutung für unser Volk. Diese Zeitung gründete er mit dem Ziel, die Unabhängigkeit Cubas und Puerto Ricos zu erringen und die Menschheit vor dem entstehenden nordamerikanischen Imperium zu retten.
Zum jetzigen Zeitpunkt, an dem die globale Krise des Kapitalismus die Völker der Welt und im Besonderen die ärmsten Länder erfasst hat und an dem die Zerstörung der Umwelt derartig bedrohliche Ausmaße annimmt, dass sie das Ende der menschliche Gattung bedeuten kann, forcieren die Großmächte, angeführt von den USA und deren Verbündeten in der NATO, den Krieg und den Völkermord zur Durchsetzung des Neoliberalismus und um die sogenannten „terroristischen" Länder auszuschalten. „Terroristisch" genannt, weil sie die Fahne der Souveränität
und Selbstbestimmung hochhalten.
Cuba steht in diesem Zusammenhang erneut auf der Liste derjenigen Länder, die verschwinden sollen, weil sie die universellen Prinzipien von Gleichheit und Gerechtigkeit, die nur mit dem Sozialismus erreichbar sind, verteidigen.
Es reicht den Imperialisten nicht, dass sie Cuba eine völkermörderische, über 50 Jahre, seit der Revolution, bestehende Blockade auferlegt haben. Durch die Massenmedien wurde eine Mauer des Schweigens um Cuba errichtet, durch sie werden Desinformationskampagnen geboren, die dem Ziel dienen, Cuba als ein Land, das die Charta der Vereinten Nationen in Fragen von Demokratie und Menschenrechten verletzen würde.
Die gegenwärtige Wahlkampagne in den USA belegt dies. Sie macht das Begehren der Anwärter auf die Präsidentschaftskandidatur deutlich, die Revolution endgültig zu beseitigen.
In diesem Szenario bekommt das XVI. Europäische Solidaritätstreffen einen besonderen Charakter. Und die Stimme der geeinten Solidaritätsbewegung mit Cuba wird beweisen, dass Cuba nicht alleine ist; dass nur die Aktionseinheit unserer Völker zum Sieg beim Aufbau einer besseren Welt führen kann.
Lasst uns die Welt retten, lasst uns die Losung unseres Treffens Wirklichkeit werden „Die Solidarität ist die Zärtlichkeit der Völker".
Wir erwarten Euch in Berlin!
¡Hasta la victoria siempre!

Kenia Serrano,
Presidenta
ICAP.

fen sehr gut besucht und die Konzeption mit den Arbeitsgruppen erwies sich als Volltreffer. In allen 3 Gruppen wurde intensiv diskutiert und dem Plenum dann konkrete Aktionspläne vorgestellt, die dann auch einhellig beschlossen wurden.[41]

Außerdem wurden eine Abschlußerklärung und ein Spendenaufruf zugunsten der Sandy-Hurrikan-Opfer verabschiedet.[42]

> **ABSCHLUSSERKLÄRUNG DES XVI. EUROPATREFFENS DER CUBA-SOLIDARITÄT IN BERLIN VOM 9.11. – 11.11.2012**
>
> *Die 120 Teilnehmerinnen und Teilnehmer des Europäischen Solidaritäts- und Freundschaftstreffens aus 30 Staaten und 54 Organisationen wenden sich an die europäischen Regierungen und an die Institutionen der Europäischen Union. Diese sollen von der Regierung der Vereinigten Staaten von Amerika die sofortige Aufhebung der unrechtmäßigen und verbrecherischen Wirtschafts-, Handels- und Finanzblockade verlangen, die die USA der kubanischen Bevölkerung seit einem halben Jahrhundert auferlegen. Ebenso fordern die Delegierten dieses Treffens die sofortige Freilassung der fünf kubanischen Antiterrorkämpfer, welche seit vierzehn Jahren zu Unrecht und nach einem manipulierten Verfahren in den Gefängnissen der USA festgehalten werden. Zudem fordern wir das Recht auf Einreise in die USA für Olga Salanueva und Adriana Pérez, Ehefrauen von René González und Gerardo Hernández, denen bisher das Besuchsrecht verweigert wurde. Es handelt sich um jene fünf Kubaner, die ungesetzlich und ungerechtfertigt wegen ihrer Aktivitäten zur Verhinderung von Attentaten gegen Unschuldige verurteilt wurden, während gleichzeitig die tatsächlichen Terroristen wie Posada Carriles sich auf den Straßen der USA frei bewegen dürfen.*
>
> *Wir fordern alle Staaten Europas auf, sich klar zu distanzieren von der aggressiven Politik der US-Administration, die sich in die inneren Angelegenheiten Cubas einmischt und von der Europäischen Union, ihren »Gemeinsamen Standpunkt« aufzuheben. Einen solchen »Standpunkt« hat es noch nie gegenüber irgendeinem anderen Volk dieser Welt gegeben, und er entspricht nicht der Auffassung der Völker Europas.*
>
> *Wir fordern von der Europäischen Union, eine Position gegenüber Cuba einzunehmen, die auf Gleichberechtigung und Fairness basiert, und sich nicht weiter an der Durchsetzung der US-Blockade zu beteiligen, sondern sich spürbar für deren Abschaffung einzusetzen. Zugleich begrüßen wir, dass zahlreiche Länder Europas ihre bilateralen Beziehungen zu Cuba ausgebaut haben.*
>
> *Wir werden in unseren Ländern für die Aufhebung der europäischen Politik des »Gemeinsamen Standpunktes« kämpfen und zugleich für die Entwicklung und Vertiefung bilateraler Beziehungen unserer jeweiligen Länder mit Cuba eintreten. Ebenso werden wir uns unermüdlich für die Rückkehr von Gerardo Hernández, Ramón Labañino, Fernando González, René González und Antonio Guerrero in ihre Heimat einsetzen.*
>
> *Wir fordern außerdem von der EU, die Politik der Doppelmoral zu beenden und sich mit Nachdruck für die Schließung des Konzentrationslagers in der US-Marinebasis*

Guantánamo sowie die Rückgabe dieses Gebietes an seinen rechtmäßigen Eigentümer, das kubanische Volk, einzusetzen.

Mitten in der großen Krise der kapitalistischen Weltwirtschaft, des Neoliberalismus und des internationalen Finanzsystems, zeigen uns Cuba und die Bolivarianische Alternative für die Völker Unseres Amerika (ALBA) eine neue Entwicklungsperspektive, die Wege aufzeigt zu einer gerechten und friedlichen Welt jenseits der Dominanz der Finanzmärkte, jenseits von kapitalistischer Konkurrenz und Wettbewerbsfähigkeit und jenseits von Freihandelsabkommen als neuer Form der Kolonialisierung. Cuba stellt durch seine sozialen, ökologischen und humanen Errungenschaften und seine internationalistische Solidarität diese Alternative dar. In Venezuela, Bolivien, Ecuador, Nicaragua und den anderen ALBA-Ländern sind beachtliche Erfolge im Kampf gegen Armut erreicht worden. Mit kubanischer Unterstützung wurde der Analphabetismus in Venezuela und Bolivien beseitigt und eine Gesundheitsfürsorge auch für die Armen eingerichtet. Dies ist möglich, weil der kubanische Sozialismus bewiesen hat, dass arme Länder sich trotz extrem schwieriger Bedingungen und durch den Aufbau eines Sozialstaates entwickeln können, während die Marktwirtschaft predigt, dass der Sozialstaat ein Hindernis sei, welches die wirtschaftliche Erholung aus der Krise verunmögliche. Dies zeigt wie enorm die Leistung der kubanischen Gesellschaft ist, wo niemand im Stich gelassen wird, sondern für alle ein Leben in Würde und Gerechtigkeit garantiert wird. Cuba und der fortschrittliche Prozess in Lateinamerika müssen ein Impuls für die antikapitalistisch orientierten Linken und andere progressive Kräfte in Europa sein. Cuba zeigt uns auch, dass die Politik internationalistisch sein muss und dass die irrationalen Lebens- und Konsumformen sich ändern müssen, denn Lebensqualität beruht auf Wissen und Kultur.

Wir unterstützen die Gründung der Gemeinschaft der Staaten Lateinamerikas und der Karibik (CELAC) als einen weiteren Schritt hin zur lateinamerikanisch-karibischen Integration.

Wir freuen uns über die Wiederwahl von Hugo Chávez als Präsident der bolivarianischen Republik Venezuela. Dies war ein großer Sieg für die bolivarianische Revolution in Venezuela und für alle, die den Prozess der Entwicklung des Sozialismus im XXI Jahrhundert fortsetzen wollen.

Die Delegierten des XVI. Europatreffens der Cubasolidarität schlagen allen Organisationen der Solidarität vor, die beschlossenen Aktionspläne der drei Arbeitsgruppen (Freiheit für die Cuban Five / Gegen den gemeinsamen Standpunkt der EU / Medienpolitik) zu unterstützen und sie in Aktivitäten in ihren Ländern umzusetzen.

Es lebe das sozialistische Cuba! – Freiheit für die Cuban Five!
Es lebe die internationalistische Solidarität!
Einstimmig beschlossen in Berlin, Bundesrepublik Deutschland, am 11. November 2012

Das Europatreffen war ein Erfolg und im Nachhinein wurde von zahlreichen TeilnehmerInnen viel Lob und Dankbarkeit ausgesprochen. Und sicherlich war es auch ein Höhepunkt in der Geschichte des NETZWERK CUBA.

Im Rechenschaftsbericht des Vorstandes auf der Jahreshauptversammlung am 2.2.2013 heißt es dazu:

> *Wir können, auch an Hand der Rückmeldungen, die wir von TeilnehmerInnen des Treffens, insbesondere auch von den cr@s der ICAP-Delegation bekommen haben, feststellen, dass das Europatreffen der Cuba-Solidarität sehr erfolgreich war. Die Überlegungen, durch die Arbeit in thematischen Arbeitsgruppen zur Diskussion, zum Austausch und dann zu gemeinsamen Aktionsvorschlägen zu kommen und weg zu kommen vom Anreihen von Beiträgen einzelner Delegierter, hat sich als richtig erwiesen. Das brachte zwar einen immensen finanziellen (zusätzliche Übersetzungen in den AGs) und arbeitsmäßigen (Erarbeitung von Konzeptionen für die einzelnen AGs, deren Übersetzung und Verschickung im Vorfeld des Treffens, in der Nachbereitung die Übersetzung und Verschickung der Dokumente) Aufwand mit sich, hat aber wesentlich zum Erfolg des Treffens beigetragen. In den Arbeitsgruppen wurde durchweg sehr konstruktiv diskutiert. Das lag auch an der sehr guten Vorbereitung durch die LeiterInnen der AGs. Von dieser Stelle auch ihnen einen herzlichen Dank.*

120 TeilnehmerInnen aus 30 Ländern und 54 verschiedenen Organisationen ist ein gutes Ergebnis. Vor allem die hohe Anzahl der verschiedenen Organisationen ist als sehr positiv einzuschätzen.
Das Treffen zeichnete sich auch durch eine sehr große Disziplin aller TeilnehmerInnen aus, was für ein Gelingen eines solchen Treffens nicht ganz unwesentlich ist, ebenso wie die Auswahl der Tagungsstätte, mit der alle sehr zufrieden waren, nicht zuletzt durch das sehr junge, freundliche und aufmerksame Personal.
Über zwei Jahre Vorbereitungszeit, eine sehr intensive Arbeitsphase vor allem im letzten halben Jahr vor dem Treffen haben sich also gelohnt und wir hoffen, dass der Wunsch auf eine größere, kontinuierlichere europäische Vernetzung – von allen TeilnehmerInnen geäußert – jetzt auch zumindest punktuell in die Tat umgesetzt wird.
Das NETZWERK CUBA, mit allen seinen Gruppen, die in der einen oder anderen Form auch am Gelingen des XVI Europatreffens der Cuba-Solidarität beigetragen haben, hat sich gut dargestellt und wir können stolz auf das Ergebnis sein...

Alle beschlossenen Dokumente des Europatreffens wurden im Anschluss mehrsprachig an die TeilnehmerInnen verschickt und sie sind auf der homepage des **NETZWERK CUBA** umfassend dokumentiert, siehe www.eurocubasoli2012.de/

Anmerkungen

1
Komplette Rede: http://www.cubafreundschaft.de/Fidel-Reden/1990,%2009%20-%2028,%20 Havanna,%20Fidel%20-%20Rede%20zum%2030.%20Jahrestag%20CDR%20-%20Die%20Revolution%20zu%20retten.pdf

2
Komplette Rede: http://www.cubafreundschaft.de/Fidel-Reden/1990%20 %2001-%2028,%20 Havanna,%20Fidel%20-%20Rede%20zum%20Abschluss%20des%20XVI.%20CTC-Kongresses.pdf

3
Zu diesem Treffen lagen den Autoren leider keine Originaldokumente vor.

4
Für (nicht nur) Statistiker hier die Übersicht der stattgefundenen Bundestreffen:
1. Bundestreffen: Mai 1992 in Leipzig
2. Bundestreffen: 31.1.-02.02.1992 in Darmstadt
3. Bundestreffen: 08.-10.01.1993 in Nürnberg

Ab Gründung des NETZWERK CUBA fanden die folgenden Bundestreffen in Trägerschaft des NETZWERK CUBA und ausgerichtet durch die jeweils gastgebenden Gruppen statt. Die inhaltliche und organisatorische Vorbereitung wurde jeweils gemeinsam bestritten. Auch dieses Prozedere kam der besseren Vernetzung untereinander zugute,
4. Bundestreffen: 21.-23.01.1994 in Berlin
5. Bundestreffen: 26.-28.05. 1995 in Darmstadt
6. Bundestreffen: 06.-08.09.1996 in Offenburg
7. Bundestreffen: 08.-10.05.1998 in Hamburg
8. Bundestreffen: 07.-09.05.1999 in Erfurt
9. Bundestreffen: 26.-28.05.2000 in Frankfurt/M. und
10. Bundestreffen: 26.-28.04.2002 in Düsseldorf.

5
Über diese Ursachen geben ein Artikel und zwei sich darauf beziehende Antworten in der Tageszeitung »junge Welt«, die der Cuba-Solidaritätsbewegung eng verbunden ist, Auskunft:

junge Welt vom 02.05.2002 / Inland
Neue Kuba-Solidarität
Zehntes Bundestreffen des NETZWERK CUBA »das letzte in dieser Form«
von Harald Neuber

Der Vorsitzende des NETZWERK CUBA – Informationsbüro – e.V. hatte Mühe, eine positive Bilanz zu ziehen. »Weniger als erwartet« seien gekommen, erklärte Frank Schwitalla nach der zehnten Konferenz des Verbundes am vergangenen Wochenende in Düsseldorf, deswegen sei das Treffen wohl das letzte in dieser Art. Politische Öffnung steht auf dem Programm. Zu besseren Zeiten der Solidaritätsbewegung mit dem sozialistischen Inselstaat kamen gut 200 Menschen zu dem Treffen der heute rund 40 dem Netzwerk angegliederten Organisationen. Am vergangenen Wochenende waren es rund fünfzig Personen, die den Weg in ein Jugendzentrum am Rande der Rheinmetropole fanden. Kurz hinter der Tür die ersten Stände. »Cuba si« ist vertreten, Bücher über den Che, Fahrradklingeln und Poster mit dem Che. An jeden, der hereinkommt, die Aufforderung: »Trag dich bitte ein, wir müssen die Liste vollbekommen.«

Die Solidaritätsbewegung mit dem sozialistischen Kuba steckt in der Krise. Die Gründung des Netzwerkes war 1993 ein Resultat der direkten Solidaritätsarbeit in den wahrscheinlich schwersten Jahren des Inselstaates. Ohne Zweifel ist dessen wirtschaftliche Lage auch 2002 noch angespannt, die materielle Unterstützung aber hat an Bedeutung verloren. Derweil sind Gruppen ins Zentrum gerückt, die sich gegen die neoliberale Globalisierung wenden – ein Anspruch, den die Kuba-Solidarität auch stets hatte, der aber stark in den Hintergrund gedrängt wurde.

Das soll sich nun ändern. Vertreter der Bundeskoordination Internationalismus, von ATTAC, der Humboldt-Universität zu Berlin und vom Zentrum für Europäische Studien in Havanna setzten sich mit den neuen Gegebenheiten auseinander. Die Vertreterin des Europazentrums aus Havanna, Rebeca Orozo, wies darauf hin, daß maßgebliche Initiativen der Antiglobalisierungsbewegung wie die Kampagne für einen Schuldenerlaß bereits Jahre vor Porto Alegre von Kuba vertreten wurden.

»Wir hatten bislang schlichtweg keine Ressourcen für das Thema Kuba«, erklärte Sven Giegold die Lage von ATTAC. Politische Vorbehalte existierten jedoch nicht. Und doch: Während sich ATTAC vornehmlich auf reformistische Positionen zurückzieht, ist die Kritik Kubas an der Weltlage fundamentaler. »Kuba kritisiert nicht einzelne Organisationen, sondern den Mechanismus«, faßte Manfred Sill vom Netzwerk die Unterschiede in der Analyse zusammen.

Rainer Schultz vom Referentenrat der Berliner Humboldt-Universität wies auf eine weitere mögliche Entwicklung hin. Sowohl Solidaritätsbewegungen als auch globalisierungskritische Gruppen seien von Kriminalisierung bedroht. Dieser Gefahr könne man nur gemeinsam begegnen.

junge Welt vom 11./12.05.2002 / Leserbriefe
Herausgefordert
Zu jW vom 2. Mai: »Neue Kuba-Solidarität«

(...) Die Überschrift »Neue Kuba-Solidarität« und die Intention des Artikels suggeriert, daß es auch eine »alte Kuba-Solidarität« gibt, die nun abgeschlossen werden muß. Die »alte Solidarität« ist neben der im Artikel angesprochenen materiellen Unterstützung, die in der Tat schon seit Jahren an Bedeutung verliert, auch Initiierung und Unterstützung von Projekten in Kuba, die z.T. Beispielcharakter für andere Länder der »Dritten Welt« haben. Die »alte«, das ist aber auch die politische Solidarität, z.B. der politische Kampf gegen die US-Blockade, oder der Kampf für eine Verbesserung der Beziehungen zwischen der EU und Kuba. Das ist Solidaritätsarbeit, die weiter gemacht werden muß und die, außer der Cuba-Solidaritätsbewegung, keine oder nur wenige anderen Bewegungen auf ihre Fahnen geschrieben haben.

Es ist richtig, daß die Cuba-Solidaritätsbewegung sich neu orientieren, neue Schwerpunkte setzen muß. Neue Bewegungen sind entstanden, deren Teil wir objektiv sind. Auf dem »Internationalen Kuba-Solidaritätskongreß« vom letzten Jahr (deren Mitveranstalter das Netzwerk war) wurde u.a. auch in dem Referat des Netzwerkes darauf hingewiesen, daß wir als Teil der sogenannten »Antiglobalisierungsbewegung« in dieser Bewegung auch mitarbeiten, von ihr lernen und uns mit ihr austauschen wollen.

Auf dem Bundestreffen haben wir dazu, mit der in dem Artikel angesprochenen Diskussion (im übrigen mit Unterstützung der jW), einen ersten Schritt gemacht. Dazu muß keine politische »Öffnung« auf dem Programm stehen, wie in dem Artikel behauptet wird. Das Netzwerk, als Bündnisorganisation von vielen, auch weltanschaulich verschiedenen Gruppen, war in diesem Sinne nie »geschlossen«. Der gemeinsame Nenner unserer Mitglieder ist die Solidarität mit dem revolutionären Kuba, und daran wird sich auch in Zukunft nichts ändern.

Auch den Satz »Die Solidaritätsbewegung mit dem sozialistischen Kuba steckt in der Krise« kann ich so nicht unwidersprochen stehen lassen, da er nur z.T. stimmt. Er stimmt in dem Sinne, daß wir uns den oben und in dem Artikel beschriebenen neuen An- und Herausforderungen bis jetzt ungenügend gestellt haben; er stimmt in dem Sinne, daß viele Gruppen stagnieren, sowohl in der Anzahl ihrer Mitglieder als auch in ihren Aktivitäten.

Er stimmt aber auch nicht, weil wir in den letzten Jahren gerade aus dem gewerkschaftlichen Bereich, aus der Gewerkschaftsjugend neue Mitstreiter gewinnen und die Unterstützung für Kuba innerhalb der Gewerkschaften einen neuen Stellenwert einnimmt. Der Zuspruch für das Netzwerk, auch ausgedrückt in neuen Mitgliedern, ist in den letzten beiden Jahren größer gewesen als je zuvor. D. h., daß für viele Menschen die Solidarität mit Kuba trotz anderer Bewegungen, die mehr ins Zentrum gerückt sind, ein Bedürfnis ist. (...)

Schade ist es auch, daß es in dem Artikel keinen Hinweis auf die vom Bundestreffen beschlossene Abschlußerklärung und die Solidaritätsadresse an die fünf in den USA inhaftierten kubanischen Patrioten gibt. (...)

Eine Möglichkeit bietet unsere Website: www.netz-werk-cuba.de/miami5/post.html

Frank Schwitalla, Vorsitzender NETZWERK CUBA – Informationsbüro – e. V.

Lange Liste der Hilfe
Zu jW vom 2. Mai: »Neue Kuba-Solidarität«

Nicht Masse, sondern die Kraft der im NETZWERK CUBA vereinten Hilfsorganisationen ist entscheidend. Es haben sich in den vergangenen Jahren eine Reihe neuer Organisationen, wie die Humanitäre Cuba Hilfe (HCH) gebildet. Die HCH gehört sicherlich zu den größten Hilfsorganisationen der BRD und leistet u. a. in Zusammenarbeit mit der SPD-geführten Bundesregierung erfolgreiche humanitäre Hilfe und wurde hierfür mehrfach seitens Kubas ausgezeichnet. Carlos Lage stellte bei einem Besuch in Berlin die Arbeit der HCH besonders heraus. Aleida und Camilo Guevara überbrachten der HCH ihre persönlichen Dankesgrüße.

Die Solidaritätsbewegung für Kuba steckt in seiner Gesamtheit keineswegs in der Krise. Monat für Monat erreichen z. B. in der BRD gesammelte medizinische Hilfsgüter kubanische Gesundheitseinrichtungen. Im Osten Kubas in Banes entstand mit großer Unterstützung der HCH ein neues Krankenhaus, in Cardenas entsteht zur Zeit eine neue Diabetes-Station, in Holguín erfährt die größte Kinderklinik Kubas mit 700 Betten, das Pediatrico, eine starke Unterstützung seitens der HCH. Diese Liste der Leistungen von Solidaritätsorganisationen innerhalb des Netzwerkes Cuba könnte noch weiter fortgeführt werden.

Statt die Arbeit der Hilfsorganisationen als bedeutungslos darzustellen, solltet Ihr Euch näher umsehen und über die Leistungen berichten, Leistungen der HCH allein in den letzten Jahren in einem Wert von mehreren Millionen Dollar, Leistungen, die das ausgezeichnete kubanische Gesundheitssystem zu erhalten helfen, Leistungen, die dem kubanischen Volk helfen, die Blockade seit mehr als 40 Jahren zu überstehen.

Friedhelm Böcker Humanitäre Cuba Hilfe e. V.

6
Der Trägerkreis bestand aus: Trägerkreis: Aktionskreis Internationalismus Karlsruhe (AKI); Anti-EG-Gruppe Köln; Barrel-Öl-Kampagne, Christinnen für den Sozialismus, Cuba Sí; Cuba Va; Cultur Cooperation Hamburg; DeCub; El Rojito; Freundschaftsgesellschaft Berlin – Kuba; Freundschaftsgesellschaft BRD – Kuba; Informationsbüro Nicaragua; InterRed Cooperación; Kommunistische Arbeiterzeitung; Lateinamerika-Initiative Karlsruhe; Monimbó; Sozialistische Linke Karlsruhe; Taller de la Solidaridad. Außerdem hatten aufgerufen die Abgeordneten des Europäischen Parlamentes: BRD – Dorothee Piermont; Frankreich – Sylvie Mayer; Griechenland – Dimitrios Dessylas; Groß-Britannien – Janey Buchan; Italien – Luciana Castellina; Niederlande – Herman Verbeek. Die ila hatte Anfang Mai durch einen Telephonanruf im Büro von Dorothee Piermont ohne Angaben von Gründen ihre Mitgliedschaft im Trägerkreis zurückgezogen.

ANMERKUNGEN   201

7
Kompletter Text: http://www.cubafreundschaft.de/Fidel-Reden/1992,%2005%20-%2023.pdf

8
In der überaus informativen DIN A4-Broschüre zum Kongress (»Reader zum Cuba-Kongreß«) sind neben dieser Abschlusserklärung auch alle Reden und Grußadressen dokumentiert.

9
Vertreten waren: FG BRD–Kuba e. V. Bundesvorstand, FG-Regionalgruppe Essen, Arbeiterbund für die Wiederaufbau der KPD/KAZ-Fraktion, FG-Regionalgruppe München, CC.OO/Frankfurt/M., FG-Regionalgruppe Köln, FG-Regionalgruppe Aachen, Latein-Amerika-Initiative e. V., Alexander-von-Humboldt-Gesellschaft, KATE e. V., InterRed, Cuba Sí, FG-Regionalgruppe Nürnberg, Eine-Welt-Laden Frankfurt/M., Cuba-Gruppe Bonn, DKP Darmstadt-Dieburg, Cuba-Gruppe Köln

10
In den folgenden zwei Jahrzehnten änderte sich naturgemäß die personelle Zusammensetzung des Vorstands. Alle handelnden Personen können hier nicht aufgeführt werden. Daher seien an dieser Stelle stellvertretend die jeweiligen Vorsitzenden mit den entsprechenden Amtszeiten aufgeführt: Heinz-W. Hammer 19.6.93-6.2.99; Frank Schwitalla 6.2.99-31.1.2009; Ralf Minkenberg 31.1.09-29.1.2011; Harri Grünberg ab 29.1.2011

11
Satzung des NETZWERK CUBA – Informationsbüro – e. V.
(Aktuelle Fassung siehe: www.netzwerk-cuba.de/satzung.html)

§ 1
Der Verein führt den Namen »NETZWERK CUBA – Informationsbüro –«. Er hat seinen Sitz in Berlin. Der Verein ist in das Vereinsregister in Berlin eingetragen und führt den Zusatz »e. V.«.

§ 2
1. Zweck des Vereins »NETZWERK CUBA – Informationsbüro –« ist die Förderung internationaler Gesinnung, der Toleranz auf allen Gebieten der Kultur und des Völkerverständigungsgedankens. Der Verein verfolgt ausschließlich und unmittelbar gemeinnützige Zwecke im Sinne des Abschnitts »Steuerbegünstigte Zwecke« der Abgabenordnung.
2. Der Satzungszweck wird verwirklicht, insbesondere durch:
   1. Koordination und Veranlassung von Hilfeleistungen für die notleidende Bevölkerung in Cuba (Nahrungsmittel, Kleidung, Medizin, Geldspenden), insbesondere durch Spendenkampagnen nach Naturkatastrophen auf Cuba.
   2. Förderung von Kontakten und Austausch in den Bereichen der Kultur, der Bildung und der Öffentlichkeitsarbeit.
   3. Verbreitung von Nachrichten und Informationen aus und über Cuba.
   4. Organisierung und Durchführung von Informationsveranstaltungen mit Delegationen aus Cuba, sowie Unterstützung von Studienaufenthalten und Seminaren auf Cuba.

§ 3
1. Der Verein verfolgt ausschließlich und unmittelbar Zwecke im Sinne des Abschnitts »Steuerbegünstigte Zwecke« der Abgabenordnung.
2. Der Verein ist selbstlos tätig; er verfolgt nicht in erster Linie eigenwirtschaftliche Zwecke.
3. Mittel dürfen nur für satzungsgemäße Zwecke verwendet werden. Die Mitglieder erhalten weder Gewinnanteile noch irgendwelche sonstige Zuwendungen aus Mitteln des Vereins.

4. Die Mitglieder erhalten bei ihrem Ausscheiden oder bei Auflösung oder Aufhebung des Vereins weder eingezahlte Beiträge noch etwaige sonstige Leistungen zurück.
5. Die Mitglieder erhalten keine Vergütungen bzw. Spesen für ehrenamtliche Tätigkeit im Interesse des Vereins.
6. Sind Mitglieder beruflich für den Verein tätig, können sie entsprechend ihrer Tätigkeit bzw. Leistung eine angemessene Vergütung erhalten.
7. Es darf keine Person durch Ausgaben, die dem Zweck der Körperschaft fremd sind, oder durch unverhältnismäßig hohe Vergütungen begünstigt werden.
8. Die Mitglieder des Vereins haften nicht für die Verbindlichkeiten des Vereins. Der Verein haftet für die Verbindlichkeiten nur in Höhe seines jeweiligen Vereinsvermögens.
9. Das Geschäftsjahr ist das Kalenderjahr.

§ 4
1. Es gibt aktive und fördernde Mitglieder. Aktives Mitglied kann jede natürliche Person werden, die bereit ist, die Ziele und Aufgaben des Vereins zu unterstützen, über die Anträge auf Mitgliedschaft entscheidet die Mitgliederversammlung.
2. Fördernde Mitglieder können durch schriftliche Erklärung gegenüber dem Vorstand alle natürlichen und juristischen Personen, Gesellschaften, Organisationen und Gruppen werden, die bereit sind, die Vereinszwecke finanziell zu unterstützen. Sie haben das Recht, an der Mitgliederversammlung mit beratender Stimme teilzunehmen.
3. Die Mitgliedschaft endet durch Tod, Austrittserklärung oder Ausschluss.
4. Der Austritt ist schriftlich gegenüber dem Vorstand zu erklären.
5. Ein Mitglied kann ausgeschlossen werden, wenn es den satzungsgemäßen Zielen und den Beschlüssen der Mitgliederversammlung zuwiderhandelt. über den Ausschluss entscheidet die Mitgliederversammlung.
6. Vereinsbeiträge werden durch die Mitgliederversammlung festgesetzt.

§ 5
Organe des Vereins sind die Mitgliederversammlung und der Vorstand.

§ 6
1. Die Mitgliederversammlung hat die sich aus dem Gesetz ergebenden Rechte und Pflichten. Sie wählt und entlastet insbesondere den Vorstand und beschließt die Geschäftsordnung.
2. Die Jahreshauptversammlung findet einmal pro Jahr statt. Der Vorstand beruft durch schriftliche Einladung mit einer Frist von drei Wochen unter Bekanntgabe der Tagesordnung die Versammlung ein.
3. Außerordentliche Mitgliederversammlungen sind einzuberufen, wenn das Interesse des Vereins es erfordert oder ein Drittel der Mitglieder es schriftlich verlangt. Außerordentliche Mitgliederversammlungen werden vom Vorstand mit einer Frist von zwei Wochen unter Bekanntgabe der Tagesordnung einberufen.
4. Mitgliederversammlungen sind ohne Rücksicht auf die Zahl der Erschienenen beschlussfähig. Satzungsänderungen sowie die Auflösung des Vereins können nur mit 3/4-Mehrheit der erschienenen Mitglieder beschlossen werden.
5. Die Mitgliederversammlung wird durch die/den Vorsitzende/n des Vorstandes oder bei ihrer/seiner Verhinderung durch dessen Stellvertreter/in geleitet.
6. Beschlüsse der Mitgliederversammlung sind schriftlich niederzulegen und von dem/der Protokollführer/in und dem/der Leiter/in der Mitgliederversammlung zu unterzeichnen.

§ 7
1. Die Jahreshauptversammlung wählt einen Vorstand, dessen Aufgaben in der Satzung und Ge-

ANMERKUNGEN

schäftsordnung definiert sind. Es können nur Vollmitglieder und Fördermitglieder in den Vorstand gewählt werden. Die Zahl der Fördermitglieder im Vorstand darf 1/3 nicht überschreiten.
2. Die Jahreshauptversammlung wählt aus dem Kreis der Vollmitglieder und Fördermitglieder zwei Kassenprüfer/innen, deren Aufgabe es ist, nach Abschluss des Geschäftsjahres die ordnungsgemäße Führung der Kassengeschäfte zu überprüfen und die Richtigkeit durch Unterschrift zu bestätigen. Sie berichten der Mitgliederversammlung über das Ergebnis.
3. Sowohl zur Wahl des Vorstandes wie zur Wahl der Kassenprüfer/innen haben die Vollmitglieder ein passives und aktives Wahlrecht; die Fördermitglieder haben zu den genannten Wahlen ein passives Wahlrecht.

§ 8
1. Der Vorstand im Sinne des § 26 BGB besteht aus mindestens drei Personen, im einzelnen dem/der Vorsitzenden, seinem/ihrer Stellvertreter/in, dem/der Kassierer/in sowie ggf. Beisitzer/innen. Er führt die Geschäfte des Vereins im Rahmen der Satzung und der Beschlüsse der Mitgliederversammlung. Seine Amtszeit dauert bis zur nächsten Jahreshauptversammlung. Jeweils zwei Vorstandsmitglieder sind zur gemeinschaftlichen Vertretung des Vereins berechtigt.
2. Der Vorstand wird von der Mitgliederversammlung mit 2/3-Mehrheit gewählt.
3. Nähere Einzelheiten regelt die Geschäftsordnung.

§ 9
1. Die Auflösung des Vereins kann nur durch eine zu diesem Zwecke einberufene Mitgliederversammlung erfolgen.
2. Im Falle einer Auflösung oder Aufhebung des Vereins fällt das Vermögen nach seiner Feststellung durch das zuständige Finanzamt an MEDICO INTERNATIONAL e. V, der es unmittelbar und ausschließlich für gemeinnützige oder mildtätige Zwecke zu verwenden hat.

§ 10
1. Der Vorstand ist berechtigt Satzungsänderungen vorzunehmen, die vom zuständigen Amtsgericht oder vom zuständigen Finanzamt verfügt oder angestrengt werden, soweit sie dem Vereinszweck nicht widersprechen.
2. Diese Satzung wurde auf der Gründungsversammlung des »NETZWERK CUBA – Informationsbüros -« am 19.06.1993 in Frankfurt/Main beschlossen, bei der Jahreshauptversammlung am 24.01.1998 in Essen und auf einer Vorstandssitzung am 29.10.2005 in Berlin überarbeitet, durch die Jahreshauptversammlung am 02.02.2013 geändert und tritt mit der Eintragung ins Vereinsregister des Amtsgerichtes Berlin in Kraft.

12
Quelle: Rechenschaftsbericht des NETZWERK CUBA – Vorstands bei der 2. JHV am 02.12.1995 in Darmstadt.

13
Quelle: Rechenschaftsbericht des NETZWERK CUBA – Vorstands bei der 4. JHV am 24.01.1998 in Essen.

14
Für (nicht nur) Statistiker hier die Übersicht der seither stattgefundenen Jahreshauptversammlungen. Diese fanden in Trägerschaft des NETZWERK CUBA und ausgerichtet durch die jeweils gastgebenden Gruppen statt. Die inhaltliche Vorbereitung oblag dem NETZWERK – Vorstand, die organisatorische der gastgebenden Gruppe.

1. Ordentliche JHV: 03.09.1994 in Bremen
2. Ordentliche JHV: 02.12.1995 in Darmstadt
3. Ordentliche JHV: 30.11.1996 in Hamburg
   Dies war die (bisher) einzige Situation, bei der das Programm nicht abgearbeitet werden konnte. Daher musste ein 2. Teil der 3. JHV einberufen werden. Dieser fand am 04.01.1997 in Essen statt. Seither wurden alle JHVen Anfang des jeweiligen Kalenderjahres durchgeführt.
4. Ordentliche JHV: 24.01.1998 in Essen
5. Ordentliche JHV: 06.02.1999 in Essen
6. Ordentliche JHV: 05.02.2000 in Essen
7. Ordentliche JHV: 03.02.2001 in Essen
8. Ordentliche JHV: 02.02.2002 in Essen
9. Ordentliche JHV: 25.01.2003 in Essen
10. Ordentliche JHV: 24.01.2004 in Essen
11. Ordentliche JHV: 29.01.2005 in Essen
12. Ordentliche JHV: 28.01.2006 in Essen
13. Ordentliche JHV: 03.02.2007 in Essen
14. Ordentliche JHV: 02.02.2008 in Essen
15. Ordentliche JHV: 31.01.2009 in Essen
16. Ordentliche JHV: 30.01.2010 in Essen
17. Ordentliche JHV: 29.01.2011 in Essen
18. Ordentliche JHV: 28.01.2012 in Essen
19. Ordentliche JHV: 02.02.2013 in Essen

Bei allen Jahreshauptversammlungen nahmen, ebenso wie bei allen stattgefundenen Bundestreffen, Vertreterinnen und Vertreter der cubanischen Botschaft in der BRD sowie Gäste aus Cuba teil.

Seit Gründung des NETZWERK CUBA e.V. fanden, zusätzlich zu diesen Jahreshauptversammlungen (und den jährlichen Bundestreffen) jeweils zwei bis drei Mitgliederversammlungen sowie durchschnittlich sechs Vorstandsitzungen und -klausuren statt.

15

Kompletter Text der Rede: www.cubafreundschaft.de/Fidel-Reden/1994,%2011%20-%2025,%20Havanna,%20Fidel%20-%20Rede%20beim%20Welttreffen.pdf;
    Video: www.cubainformacion.tv/index.php/cuba/historia/34367-discurso-de-fidel-castro-en-el-encuentro-mundial-de-solidaridad-con-cuba-1994

16

Das II. Welttreffen fand vom 10. bis 14. November 2000 statt; das III. Treffen dieser Art wurde für 27. bis 31. Oktober 2014 nach Havanna einberufen

17

Nachrufe: www.cubafreundschaft.de/Internationale%20Solidaritaet/Internationale%20Solidaritaet.html#Nachrufe

18

Quelle: Rechenschaftsbericht des NETZWERK CUBA-Vorstands bei der 4. JHV am 24.01.1998 in Essen

19

Selbstdarstellung siehe: www.ifconews.org/node/350

ANMERKUNGEN

20
Unser guter Freund und compañero Prof. Dr. Ernst Fidel Fürntratt-Kloep ist am am 11. Februar 2007 in Hackås, Schweden, wenige Wochen vor seinem 69. Geburtstag gestorben. Nachruf der FG Essen: www.cubafreundschaft.de/Internationale%20Solidaritaet/Internationale%20Solidaritaet.html#Nachrufe

21
Das komplette jW-Interview »Hilfe nicht der Hilfe wegen«, das im Vorfeld der Europakonferenz, die im November 2012 erstmals in der Bundesrepublik stattfand, ist online abrufbar unter: www.cubafreundschaft.de/Vermischtes/Versch.,%20Internat.,%202012-08-06,%20jW-Interview%20ICAP.pdf

22
Ein Bericht dieser JHV sowie die »Erklärung in eigener Sache« wurde in der NCN Nr. 25 von Mai 1999 veröffentlicht. Auszüge:

»Liebe Compañeras und Compañeros,
(...) es gibt eine Tradition, nach der Leute, die nach einem gewissen Zeitraum aus ihren Funktionen ausscheiden, die Gelegenheit zu einigen launischen Bemerkungen bekommen. Diese Tradition möchte auch ich zu selbigem Zweck nutzen.
(...) Es liegen also keinerlei inhaltlichen oder politischen, sondern ausschließlich gesundheitliche Gründe vor
(...) Es ist dies wohl das erste und zugleich letzte Mal, daß ich vor der NETZWERK-Mitgliedschaft etwas vortrage, was nicht vorher im gesamten Vorstandskollektiv als Entwurf vorlag, mehr oder minder ausführlich debattiert, danach wiederum mindestens ein weiteres Mal in überarbeiteter Form diesem Gremium vorlag, um dann als gemeinsame Position vorgelegt zu werden.
Das ganze hört sich sehr kompliziert an; ist es dann aber nicht, wenn sich Leute zusammenfinden, die sich ihrer Differenzen, ihrer Unterschiedlichkeit in vielen Bereichen bewußt sind; die sich aber zugleich über ihren Willens einig sind, all diese Unterschiedlichkeiten zurück zu stellen, um gemeinsam für die Unterstützung der cubanischen Revolution zu arbeiten – in der Tat liegt die Betonung auf »arbeiten«.
Dies ist es, was das NETZWERK CUBA und damit auch die Arbeit seines jeweiligen Vorstands auszeichnet: Unter Zurückstellung sonstiger Differenzen jeglicher Art die praktische, materielle und politische Solidarität mit dem revolutionären Cuba als gemeinsames Ziel produktiv (die Marxisten haben die Formulierung »schöpferisch«) zu entwickeln.
Die Stärke des NETZWERK CUBA liegt in der »Einheit in der Vielfalt«!
(...) Pastor Konrad Lübbert aus Wedel, langjähriges Präsidiumsmitglied im Weltfriedensrat, hat im Oktober 1998 in einem längeren Aufsatz (»UZ«, 16.10.98) einige m. E. sehr bemerkenswerte Überlegungen zu Fragen der Bündnisarbeit geäußert. Er bezieht sich in seinem Artikel vor allem auf das Zusammenwirken von Christen und Kommunisten. Viele seiner Ausführungen lassen sich aber verallgemeinern und auch auf die Arbeit des NETZWERK CUBA übertragen, so z. B. seine folgenden Bemerkungen:
»Wir konnten offen auch über die Unterschiede reden. Das Vertrauen war in jahrelanger gemeinsamer Arbeit entstanden. Das Vertrauen zwischen Menschen bedeutet, daß man sich aufeinander verlassen kann und daß man weiß, wofür der andere einsteht. (...) Das Vertrauen entsteht in der gemeinsamen Arbeit, und darin muß es auch wachsen. (...) Da, wo man offen über die unterschiedlichen Standpunkte spricht, ist auch ein partnerschaftliches Handeln miteinander und, wenn es nötig ist, das Finden von Kompromissen möglich. In solchem Fall ist es nicht nur möglich, miteinander zu arbeiten, sondern auch voneinander zu lernen. (...) Ich persönlich habe dabei die Erfahrung gemacht, daß sich dieser Weg miteinander lohnt. Denn es geht dabei um die Schaffung

einer humaneren Gesellschaft, um das Teilen der Erfahrung miteinander und die Suche nach vernünftigen Wegen. (...)«

In den ersten 2 Jahren nach unserer Gründung im Juni 1993 sprachen wir vom NETZWERK CUBA immer von einem »zarten Pflänzchen«, das es zu hüten und zu pflegen galt. Nunmehr ist daraus m. E. ein kleiner, aber kräftiger Stamm geworden, der bereits zahlreiche schöne Blüten trägt und die besten Voraussetzungen mitbringt, auch zukünftig noch zu wachsen und stärker zu werden.

Doch natürlich kann auch ein kleiner, kräftiger Stamm mit einer handelsüblichen Axt zerschlagen werden. Innerhalb jedes linken Bündnisses – so zeigt es die Erfahrung in deutschen Landen – besteht diese Gefahr: Versuche einzelner Gruppen, ein gemeinsames Bündnis organisatorisch zu majorisieren; immer mal wieder auftauchende Begehrlichkeiten von Parteien, internationalistische Bündnisse zu instrumentalisieren; das Bestreben einzelner Gruppierungen, das Bündnis inhaltlich/ideologisch auf »eine Linie« zu zwängen etc. pp.

Diese und andere Varianten haben in der Geschichte linker Bündnisse in der BRD immer mal wieder selbige zum Tode verurteilt.

Das o. g. Zitat von Pastor Lübbert zeigt Aspekte (Vertrauen, Offenheit, Kompromißfähigkeit, Zielorientierung) auf, unter deren Zuhilfenahmen solche Spaltungen (oder im schlimmsten Fall Liquidierungen) vermieden werden können. Ein weiteres, m. E. sehr wichtiges Zitat sei noch hinzugefügt. Im Rahmen einer Podiumsdiskussion bei der »Rosa-Luxemburg-Konferenz« der Tageszeitung »junge Welt« und der PDS-Arbeitsgemeinschaft Cuba Sí im Januar 1999 in Berlin formulierte die Podiumsteilnehmerin Ellen Brombacher, Mitglied der Kommunistischen Plattform der PDS:

»Die Verpflichtung der Linken sehr unterschiedlicher Couleur besteht darin, die politische Fähigkeiten und die Kultur zu haben, trotz unterschiedlicher Positionen, an den Punkten, wo gekämpft werden muß, bei Wissen um diese Differenzen gemeinsam zu gehen. (...) Dazu gehört, daß man sich nicht gegenseitig ausgrenzt, und nicht versucht wird, einander Positionen aufzudrücken. (...)« (»junge Welt«, 11.01.1999)

Um auf keinen Fall mißverstanden zu werden: Ich sehe keinerlei akute Gefahr für den Bestand des NETZWERK CUBA durch wie auch immer geartete Spaltungstendenzen. Mir geht es aber darum, in aller Deutlichkeit darauf hinzuweisen, daß die alles entscheidende Grundlage für das NETZWERK auch in Zukunft die Bündnisfähigkeit und -bereitschaft aller Beteiligter ist und bleiben wird und daß sich hierüber ständig alle im klaren sein müssen. (...)

Liebe compañeras und compañeros,

Cuba hat – der barbarischen Blockade und Aushungerungspolitik des Imperialismus sowie allen anderen Widrigkeiten zum Trotz – standgehalten und wird weiter standhalten. Und es ist die, wenn ich denn so sagen darf, verdammte Pflicht und Schuldigkeit von uns allen, vom NETZWERK CUBA und all seinen Mitgliedsorganisationen und Fördermitgliedern, dem revolutionären Cuba weiterhin mit all unseren, wenn auch bescheidenen Kräften zur Seite zu stehen – ohne wenn und aber und ohne Rücksicht auf persönliche Befindlichkeiten, individuelle oder organisationsbedingten Animositäten und was es sonst noch an störenden Luxusfaktoren gibt.

In diesem Sinne wünsche ich dem neu zu wählenden Vorstand und insbesondere dem von uns vorgeschlagenen Kandidaten für die Funktion des Vorsitzenden, Compañero Frank, weiterhin langen Atem, Kraft, Gesundheit und gute Nerven für unseren weiteren gemeinsamen Kampf.

Ich verabschiede mich nicht aus der Cuba-Solidarität, wohl aber (notgedrungen aus den eingangs genannten Gründen) vom meiner Funktion im NETZWERK-Vorstand mit einem aufrichtigen Dankeschön an Euch alle, an die Mitglieder, Freundinnen und Freunde des NETZWERK CUBA und natürlich bei meinen cubanischen compañeros und compañeras, Freundinnen und Freunden der Botschaft, dem ICAP und der Granma Internacional für turbulente, arbeitsreiche und schöne sieben Jahre mit dem Wort eines berühmten italienischen, ja man kann sagen gesamteuropäischen, Poeten: »Ich habe fertig«. GLÜCKAUF!«

ANMERKUNGEN

23
Auszüge aus dieser Rede
»Zur Erinnerung: Am 23. Mai 1992 trafen sich in Bonn über 1.000 Menschen zum Cuba-Kongreß, um in der damals sich für Cuba abzeichnenden schweren Krise ein Zeichen zu setzen und dieses sozialistische Land ihrer Unterstützung und Solidarität zu versichern.
Als unmittelbare Konsequenz aus dieser beeindruckenden Veranstaltung entstand der NETZWERK CUBA e.V. – mit dem Ziel, die Vernetzung und Koordination aller Kräfte zugunsten Cubas zu fördern.
Heinz war von der ersten Sekunde an die treibende Kraft des Prozesses der Vorbereitung, Gründung und der Koordinierung der Arbeit des NETZWERK CUBA, und er ist es bis heute geblieben.
Wer immer in den letzten Jahren im Vorstand mit ihm zusammengearbeitet hat, wird bestätigen, daß Heinz viele positive Eigenschaften eines politisch arbeitenden Menschen auf sich vereinigt.
(...) Politisch aktive Menschen werden häufig kritisiert, angegriffen oder sind Opfer von Verleumdungen. Auch gegen Heinz hat es solche Angriffe gegeben.
Mir ist kein Fall in Erinnerung, wo ich – in Kenntnis der Hintergründe – einen solchen Angriff hätte als gerechtfertigt empfinden können.
Hier nur ein Beispiel: Vor der Solidaritätsdemonstration am 16. Mai 1993 halten wir einen Termin im Bonner Polizeipräsidium, um über den Verlauf der Marschroute zu verhandeln. Heinz hat damals während der ca. 1½ Stunden, die wir dort den Uniformierten gegenübersaßen mit einer für mich beeindruckenden Hartnäckigkeit und Unerbittlichkeit auf einen Beginn der Demo im Bonner Hofgarten gedrängt und auf eine Marschroute durch bewohntes Gebiet. Der erste Punkt war uns schließlich zugestanden worden, obwohl in Bonn mehrere andere Demonstrationen stattfanden, die auch im Stadtzentrum begannen. Bezüglich der Route war etwas besseres nicht herauszuholen, vorher hätten uns die Herren von der Polizei wahrscheinlich hinausgeworfen. Trotzdem: Die Kritik war uns sicher, und selbstverständlich war Heinz schuld, daß die Marschroute nicht optimal verlief.
Und so war es immer, und viele kennen das ja aus eigenen Zusammenhängen: Wer am meisten arbeitet, bietet am meisten Angriffsfläche und bekommt am meisten Prügel.
(...) Es geht hier nicht um verschiedene Meinungen, die von Heinz in jeder Situation nüchtern und respektvoll zur Kenntnis genommen werden, sondern es geht um Respektlosigkeit. Ich wünsche allen, die Heinz mit Vorbehalten und Respektlosigkeit begegnen oder in der Vergangenheit begegnet sind, daß sie Gelegenheit hätten, mit ihm einige Zeit zusammenzuarbeiten.
(...) Um hier keinen falschen Eindruck entstehen zu lassen: Der Vorstand des NETZWERK CUBA ist unter dem Vorsitz von Heinz keine konfliktfreie Zone gewesen. Es hat immer wieder Auseinandersetzungen gegeben, auch durch unterschiedliche Meinungen zwischen Heinz und einzelnen Vorstandsmitgliedern, was eine völlig normale Sache innerhalb eines Gremiums einer politischen Organisation ist. Entscheidend ist, wie man mit diesen Situationen umgeht, und unter der Leitung durch Heinz hat sich immer ein konstruktives und sachliches Klima schaffen lassen. Emotionen begegnete er mit Sachlichkeit und Aggression mit vehementer Vertretung seiner Positionen.
Ich wünsche dem neuen Vorstand, daß sich auch unter anderem Vorsitz dieses Arbeitsklima erhalten läßt.
Die vielen Verdienste und Leistungen im einzelnen sollen hier nicht ausgebreitet werden, sie haben ihren Platz in den Rechenschaftsberichten, so auch in dem jetzt vorliegenden.
Lieber Heinz, ich möchte mich an dieser Stelle darauf beschränken, Dir im Namen des Vorstandes für die gute Zusammenarbeit zu danken und denke, daß ich damit auch im Namen aller Mitglieder des NETZWERK CUBA spreche.
Du hast Deine ganze Kraft und Zeit in den letzten Jahren dem Kampf für die Cubanische Revolution gewidmet.

(...) Ich überreiche Dir hiermit im Namen des Vorstandes und vieler Freunde ein Abschiedsgeschenk in der Hoffnung, daß Du Dir etwas mehr Zeit für Dich nimmst und uns noch lange in der Cuba-Solidaritätsarbeit erhalten bleibst.

Manfred – im Namen des Vorstandes des NETZWERK CUBA e. V.
Essen, den 6.2.99«

24
GEMEINSAMER STANDPUNKT
vom 2. Dezember 1996 – vom Rat aufgrund von Artikel J.2 des Vertrags über die Europäische Union festgelegt – zu Kuba (96/697/GASP)
DER RAT DER EUROPÄISCHEN UNION – gestützt auf den Vertrag über die Europäische Union, insbesondere auf Artikel J.2 –, HAT FOLGENDEN GEMEINSAMEN STANDPUNKT FESTGELEGT:

1. Die Europäische Union verfolgt in ihren Beziehungen zu Kuba das Ziel, einen Prozeß des Übergangs in eine pluralistische Demokratie und die Achtung der Menschenrechte und Grundfreiheiten sowie eine nachhaltige Erholung und Verbesserung des Lebensstandards der kubanischen Bevölkerung zu fördern. Die Chancen für einen friedlichen Übergang stünden dann am besten, wenn das derzeitige Regime einen derartigen Prozeß selbst einleiten oder zulassen würde. Es ist nicht die Politik der Europäischen Union, den Wandel durch Zwangsmaßnahmen herbeizuführen zu versuchen, die nur die wirtschaftliche Not der kubanischen Bevölkerung noch vergrößern würden.
2. Die Europäische Union erkennt an, daß Kuba den Versuch unternimmt, seine Wirtschaft zu öffnen. Der Europäischen Union ist sehr daran gelegen, Kubas Partner bei der schrittweisen und unumkehrbaren Öffnung der kubanischen Wirtschaft zu werden. Wie bereits auf der Tagung des Europäischen Rates in Florenz dargelegt, vertritt die Europäische Union den Standpunkt, daß eine umfassende Zusammenarbeit mit Kuba von Fortschritten im Bereich der Menschenrechte und der politischen Freiheit abhängt.
3. Um den friedlichen Wandel in Kuba zu erleichtern, wird die Europäische Union
   a) den derzeitigen Dialog mit den kubanischen Behörden und mit allen Sektoren der kubanischen Gesellschaft intensivieren, um die Achtung der Menschenrechte und echte Fortschritte in Richtung auf eine pluralistische Demokratie zu fördern;
   b) stärker als bisher alle sich bietenden Gelegenheiten nutzen, um die kubanischen Behörden – sowohl öffentlich als auch in geschlossenem Kreise – an ihre grundlegende Verantwortung für die Menschenrechte, insbesondere das Recht der freien Meinungsäußerung und die Vereinigungsfreiheit, zu erinnern;
   c) die Reform der die politischen und bürgerlichen Rechte betreffenden kubanischen Gesetze, einschließlich des kubanischen Strafgesetzbuchs, und mithin die Aufhebung aller politischen Straftatbestände, die Entlassung aller politischen Häftlinge und die Einstellung der Schikanierung und Bestrafung von Dissidenten fördern;
   d) die Entwicklungen in der kubanischen Innen- und Außenpolitik nach den gleichen Maßstäben bewerten, die auch für die Beziehungen der Europäischen Union zu anderen Ländern gelten; dazu gehören insbesondere die Ratifizierung und die Einhaltung der internationalen Übereinkommen zum Schutz der Menschenrechte;
   e) in der Zwischenzeit weiterhin bereit sein, über ihre Mitgliedstaaten humanitäre Hilfe vorbehaltlich einer vorherigen Einigung über deren Verteilung auf Ad-hoc-Basis zu gewähren; die derzeit geltenden Maßnahmen, die die Verteilung der Hilfe durch Nichtregierungsorganisationen, die Kirchen und internationale Organisationen sicherstellen, werden beibehalten und im Bedarfsfall intensiviert. Der Rat stellt fest, daß die Kommission in der gleichen Weise verfährt;

f) weiterhin bereit sein, über ihre Mitgliedstaaten auch gezielte Maßnahmen wirtschaftlicher Zusammenarbeit zur Unterstützung der sich zur Zeit vollziehenden wirtschaftlichen Öffnung durchzuführen. Der Rat stellt fest, daß die Kommission in der gleichen Weise verfährt.
4. In dem Maße, wie die kubanischen Behörden Fortschritte auf dem Weg zur Demokratie machen, wird die Europäische Union diesen Prozeß unterstützen und prüfen, welche der ihr zu diesem Zweck zur Verfügung stehenden nachstehend aufgeführten Mittel zum Einsatz gelangen sollen, darunter
   - die Intensivierung eines konstruktiven, erfolgsorientierten politischen Dialogs zwischen der Europäischen Union und Kuba;
   - die Intensivierung der Zusammenarbeit und insbesondere der wirtschaftlichen Zusammenarbeit;
   - die Vertiefung des Dialogs mit den kubanischen Behörden durch die geeigneten Gremien, um die Möglichkeiten für künftige Verhandlungen über ein Kooperationsabkommen mit Kuba auf der Grundlage der einschlägigen Schlußfolgerungen des Europäischen Rates von Madrid und Florenz zu sondieren.
5. Der Rat überwacht die Durchführung dieses gemeinsamen Standpunkts. Nach sechs Monaten findet eine Bewertung dieses gemeinsamen Standpunkts statt.
6. Dieser gemeinsame Standpunkt gilt mit Wirkung vom 2. Dezember 1996.
7. Dieser gemeinsame Standpunkt wird im Amtsblatt veröffentlicht.

Geschehen zu Brüssel am 2. Dezember 1996.
Im Namen des Rates
Der Präsident http://eur-lex.europa.eu/
R. QUINN

25
Die unglaubliche Geschichte der fünf Männer, die in den Vereinigten Staaten im Gefängnis sind, weil sie gegen den Terrorismus gekämpft haben.

Wer sind die fünf Cubaner, die in den Vereinigten Staaten im Gefängnis sind?
Es sind fünf junge Leute mit akademischer Ausbildung, die sich dazu entschlossen haben, weit von ihrer Heimat entfernt, in Miami, dem Zentrum aller terroristischen Aggressionen gegen Cuba, ihr Leben dem Kampf gegen den Terrorismus zu widmen.
- Antonio Guerrero (Miami 1958), Ingenieur für den Bau von Flugzeuglandebahnen, Dichter, zwei Kinder.
- Fernando González (Havanna 1963), verheiratet, Graduierter des Instituts für Internationale Beziehungen (ISRI) des cubanischen Außenministeriums.
- Gerardo Hernandez (Havanna 1965), verheiratet, ebenfalls Graduierter des ISRI, Karikaturist.
- Ramon Labañino (Havanna 1963), verheiratet, drei Töchter, Graduierter der Ökonomie der Universität Havanna
- René González (Chicago 1956), verheiratet, zwei Töchter, Pilot, Fluginstrukteur.

Warum waren sie in den Vereinigten Staaten?
Sie fuhren in dieses Land, um sich Informationen über die Pläne der terroristischen Organisationen zu beschaffen, die seit vielen Jahren von Miami aus operieren, darunter die Cubanisch-Amerikanische Nationalstiftung (FNCA), der Rat für die Freiheit in Cuba (CLC), Brüder zur Rettung, Demokratiebewegung, Alpha 66 und andere, viele davon mit bekanntermaßen krimineller Vergangenheit. Zu den terroristischen Aktivitäten dieser Gruppen gehören zahlreiche Sabotagen und

Aggressionen gegen Cuba mit Tausenden von Toten, Verletzten und großen wirtschaftlichen Verlusten, Schmuggel von Waffen, Drogen und Menschen. Es sind Hunderte von Plänen gescheitert, mit denen man versuchte den cubanischen Präsidenten Fidel Castro zu ermorden und es wurden auf dem Gebiet der USA selbst und in Drittländern terroristische Aktionen durchgeführt.

Verletzungen des rechtmäßigen Prozesses:
Die Fünf wurden in der Stadt Miami selbst einem manipulierten Gerichtsverfahren ausgesetzt, in einer völlig feindseligen Atmosphäre, die von der cubanischen Ultrarechten dominiert wurde. Unter diesen Bedingungen war es unmöglich, einen gerechten und unparteiischen Prozess gemäß den Gesetzen der Vereinigten Staaten und des Internationalen Rechts durchzuführen. Mit einer gewaltigen propagandistischen Kampagne versuchten die anti-cubanischen Sektoren die öffentliche Meinung Miamis und die Geschworenen unter Druck zu setzen, was wiederholt von den Anwälten der Verteidigung vorgebracht wurde. Alle Anträge der Verteidigung auf eine Verlegung des Gerichtsortes wurden aber abgelehnt.

Dieses verletzt den Buchstaben des V. Zusatzes zur Verfassung der Vereinigten Staaten, in dem es heißt: »niemandem darf ohne einen rechtmäßigen Prozess seine Freiheit genommen werden...« und auch der VI. Verfassungszusatz wird verletzt, in dem geschrieben steht: »....der Angeklagte hat das Recht zügig, öffentlich und von unparteiischen Geschworenen beurteilt zu werden..«

Während des ganzen Prozesses behinderten die Behörden die Arbeit der Verteidigung, indem sie ihr nur in 20% der Unterlagen Einsicht gewährten. Die anderen wurden unter zweifelhaften Umständen als geheim klassifiziert, was noch in einem Zeitraum von fünf Jahren verhindert, dass diese Tausende von Dokumenten zur Stützung des Berufungsverfahren verwendet werden können.

Was wurde ihnen zur Last gelegt?
Verschwörung zum Mord ersten Grades: Gerardo Hernandez war der einzige Angeklagte mit dieser Anklage, weil er angeblich für den Abschuss von zwei kleinen Flugzeugen der terroristischen Organisation Hermanos al Rescate am 24. Februar 1996 verantwortlich war. Am Ende des Prozesses sah die Staatsanwaltschaft ein, dass sie diese Anklage mit dem Material der Richterin nicht zu beweisen waren. Aus diesem Grund beantragte sie beim Berufungsgericht in Atlanta, diesen Anklagepunkt abzulehnen. Dies wurde abgelehnt und entgegen jeder Logik erklärten ihn die Geschworenen für schuldig.

Verschwörung zur Spionage
Dessen wurden Gerardo Hernandez, Ramon Labanino und Antonio Guerrero angeklagt. Keiner von ihnen führte Aktionen der Spionage gegen die Vereinigten Staaten durch, denn nach dem Gesetz der Vereinigten Staaten ist der ein Spion, der Dokumente, die als geheim klassifiziert sind, raubt oder sie erhält und aufbewahrt mit dem Vorsatz sie einer ausländischen Regierung zu übergeben. Während des Prozesses gab es keinerlei Hinweis, dass sie Informationen der Regierung der Vereinigten Staaten erhalten hätten oder Informationen, die die Sicherheit des Landes gefährdet hätten.

Verschiedene Experten und Autoritäten wie die Generäle Charles Wilhelm und Edward Atkinson, der Admiral Eugenen Carol und der Oberst Buckner sagten aus, dass die Angeklagten keinen Zugang zu klassifizierter Information gehabt hätten und auch James Clapper, ehemaliger Direktor des Pentagon Geheimdienstes, Zeuge der Staatsanwaltschaft, gab zu, dass die Angeklagten keine Spionage gegen die Vereinigten Staaten begangen hatten. Trotzdem wurden ihre Aussagen nicht zur Kenntnis genommen, was die Willkürlichkeit des eindeutig politischen Prozesses deutlich macht.

Die fünf Cubaner hatten ausschließlich die Aufgabe, sich Informationen über die Pläne der terroristischen Gruppen im Süden Floridas zu beschaffen, die nicht Teil der US-Regierung sind.

ANMERKUNGEN 211

Verschwörung, um ein Verbrechen gegen die Vereinigten Staaten zu begehen.
Dieses Verbrechens wurden die fünf Cubaner angeklagt, obwohl sie ausschließlich Informationen über die Pläne der terroristischen Organisationen in Miami suchten und unter keinen Umständen Informationen anderer Art, die die Sicherheit der Vereinigten Staaten gefährden könnten. Das wurde von der Verteidigung bewiesen und von verschiedenen Zeugen während des Prozesses bestätigt.

Falsche Identität und Ausweise
Um in diese Gruppen eindringen zu können und ihre Pläne zu erfahren, sahen sich drei der fünf Kämpfer gegen den Terrorismus gezwungen ihre wahre Identität zu verbergen.

Vom Gesetz her existiert die Doktrin der Notwehr, die besagt, dass, um ein größeres Verbrechen zu vermeiden – in diesem Fall Morde und terroristische Akte-kleinere Delikte gerechtfertigt sind, wie falsche Identitäten oder Dokumente zu benutzen um seine Handlungen und sein Leben zu schützen, wenn man davon ausgeht, dass sich die Fünf inmitten von Gruppen von Mördern und Terroristen mit einer langen Geschichte aufhielten.

Nicht registrierte Agenten einer auswärtigen Macht
Wenn man die Ziele ihrer Arbeit, die Gefahren, die sie mit sich brachte und die systematische Feindseligkeit der Regierung der Vereinigten Staaten gegen Cuba, war es nicht möglich, dass sich die Fünf als Agenten der cubanischen Regierung registrierten.

Es ist eine allseits bekannte Tatsache, dass diese terroristischen Gruppen und ihre Führer straflos in Miami agieren und den Schutz der Behörden genießen. Der Chef des FBI in Miami Hector Pesquera selbst, erklärte, dass die Führer der FNCA, des ACL respektable Leute seien, zu denen er absolutes Vertrauen habe und er wiederholte, dass er niemals offiziell die Aktivitäten derer untersuchen würde, die terroristische Aktionen gegen Cuba gutheißen und finanzieren würden.

Wenn die beiden Organisationen die Hauptverantwortlichen für die Mehrzahl der gegen Cuba begangenen terroristischen Anschläge der letzten 15 Jahre sind, kann man sich ausdenken, was passiert wäre, wenn sich die Fünf bei den Behörden in Miami als Leute registriert hätten, die für die cubanische Regierung arbeiten. Deswegen war es ihnen unmöglich, sich als Agenten einer ausländischen Regierung eintragen zu lassen.

Ungerechte und unangemessene Urteile
Nach einem unrechtmäßig durchgeführten Prozess, sprach die Richterin, die keine der strafmildernden Umstände, die von der Verteidigung vorgebracht wurden, berücksichtigte, wohl aber alle erschwerenden der Staatsanwaltschaft, die unangemessenen und ungerechten Urteile aus. Sie verhängte in jedem einzelnen Fall die Höchststrafe auch wenn die Hauptanklagepunkte nicht bewiesen werden konnten. Sie verletzte damit unter anderem den Artikel 14 des Internationalen Vertrages für Bürgerrechte und politische Rechte der Vereinten Nationen, in dem es heißt: »... jede Person hat das Recht vor einem garantiert kompetenten, unabhängigen und unparteiischen Gericht öffentlich gehört zu werden ...«

Gerardo Hernández, verurteilt zu zwei Mal lebenslänglich wegen Verschwörung zum Mord ersten Grades und wegen Verschwörung um Spionage zu begehen.

Außerdem 15 Jahre für die Anklage der Verschwörung, um ein Verbrechen gegen die Vereinigten Staaten zu begehen, wegen gefälschter Dokumente und als ausländischer Agent ohne vorherige Meldung bei der US Staatsanwaltschaft.

Ramón Labañino, verurteilt zu lebenslänglich wegen Verschwörung zur Spionage, zusätzlich 18 Jahre wegen Verschwörung ein Verbrechen gegen die Vereinigten Staaten zu begehen, gefälschte Dokumente und ausländischer Agent ohne vorherige Meldung bei der US-Staatsanwaltschaft.

Antonio Guerrero, verurteilt zu lebenslänglich wegen Verschwörung Spionage zu begehen, zusätzlich 10 Jahre wegen Verschwörung ein Verbrechen gegen die Vereinigten Staaten zu begehen, und als ausländischer Agent ohne vorherige Meldung bei der US-Staatsanwaltschaft.

Fernando González, 19 Jahre wegen Verschwörung ein Verbrechen gegen die Vereinigten Staaten zu begehen, gefälschte Dokumente und ausländischer Agent ohne vorherige Meldung bei der US-Staatsanwaltschaft.

René González, 15 Jahre wegen Konspiration um ein Verbrechen gegen die Vereinigten Staaten zu begehen und las ausländischer Agent ohne vorherige Meldung bei der US-Staatsanwaltschaft.

Weitere Verletzungen der Menschenrechte
Die Regierung der Vereinigten Staaten hat systematisch die Besuche der Mütter, Ehefrauen und Kinder der Gefangenen behindert, was eine zusätzliche Bestrafung für diese und ihre Familien bedeutet. Adriana Pérez und Olga Salanueva, die Ehefrauen von Gerardo Hernández und René González und Ivette González, die keine Tochter von René, konnten sie seit mehr als fünf Jahren nicht besuchen. Gleichermaßen haben die US-Behörden die Besuche der Verteidiger und die der cubanischen konsularischen Vertretung in den Vereinigten Staaten erschwert, was eine willkürliche Missachtung des Artikels 37 der Mindestanforderungen für die Behandlung von Gefangenen darstellt: »Die Gefangenen haben die Erlaubnis sich periodisch, unter entsprechender Aufsicht, mit ihrer Familie und Freunden mit guter Reputation in Verbindung zu setzen, sowohl brieflich als auch durch Besuche.«

In weit entfernten Gefängnissen voneinander getrennt, waren die Fünf harten Bestrafungen ausgesetzt, um dadurch ihre psychische und physische Integrität zu erschüttern. Einzelhaft in Strafzellen (Löcher) für einen Zeitraum von 17 Monaten und 48 Tagen ohne sich auch nur eines Fehlverhaltens schuldig gemacht zu haben. Das widerspricht den Regeln, die das Gefängnisbüro der Vereinigten Staaten selbst aufgestellt hat und in denen es heißt: »die Höchstverweildauer in Strafzellen darf 60 Tage nicht überschreiten ...« und im Artikel 7 des Internationalen Vertrages der Bürgerrechte und politischen rechte heißt es: »Niemand darf Folterungen oder grausamen, unmenschlichen oder erniedrigenden Handlungen ausgesetzt werden ...«

Die fünf Kämpfer gegen den Terrorismus haben die Behandlung von gewöhnlichen Kriminellen erfahren und leben zusammen mit ihnen in den Strafanstalten. Das ist eine Verletzung des Artikels 8 über die Behandlung von Gefangenen. »Die Gefangenen, die unterschiedlichen Kategorien zuzuordnen sind, müssen in anderen Einrichtungen oder getrennten Sektionen entsprechend ihres Alters, Geschlechts, ihrer Vorgeschichte und dem Grund ihres Gefängnisaufenthalts untergebracht werden ...«

Welches sind die Argumente der Verteidigung vor dem Berufungsgericht?
Wenn man die Entscheidung des Obersten Bundesgerichts der Vereinigten Staaten im Fall Pamplin gegen Mason als Präzedenzfall nimmt, bei dem entschieden wurde, dass niemand an einem Ort vor Gericht gestellt werden darf, wo es erwiesenermaßen massive Vorurteile gegen die zu richtenden Personen gibt, beantragt man die Aufhebung des Urteils und die Wiederaufnahme an einem anderen Ort, außerhalb der Stadt Miami, die bekannt ist wegen ihrer Feindseligkeit gegen Cubaner, die für die Revolution sind, wie das bei den fünf Gefangenen der Fall ist.

Wenn das Berufungsgericht in Atlanta das Urteil aufhebt und ein neues Verfahren unter Berücksichtigung der Regeln eines rechtmäßigen Prozesses außerhalb von Miami stattfindet, könnte man mit unparteiischen Geschworenen rechnen, die nicht von Vorurteilen belastet sind und nicht jeder Art von Druck ausgesetzt sind. Das würde die Unschuld der fünf Cubaner in Bezug auf die schweren Anklagen beweisen, derer sie beschuldigt werden.

Dass die Wahrheit und die Gerechtigkeit siegen möge.

Am 10. März 2004 fand die mündliche Verhandlung vor den Richtern des Appellationsgerichts im Gericht von Miami statt. Bis man das Urteil dieser juristischen Instanz erwarten kann, können noch einige Monate vergehen. Wir appellieren an alle Menschen guten Willens, dass sie sich der wachsenden Solidaritätsbewegung mit den fünf cubanischen politischen Gefangenen in den Vereinigten Staaten anschließen.

Diese Kämpfer gegen den Terrorismus müssen als Verteidiger der Menschenrechte anerkannt werden, ein Status, den die Erklärung über die Verteidiger der Menschenrechte eingerichtet hat, die 1998 von der Generalversammlung der Vereinten Nationen verabschiedet wurde. Er ist für diejenigen gedacht, die, wie die Fünf, Verletzungen der Menschenrechte, organisierte Kriminalität und Terroristen bekämpfen.

Bitte verbreitet diese Information. Die Familien der fünf Kämpfer gegen den Terrorismus leiden genauso wie die Millionen von ehrlichen Menschen auf der ganzen Welt, die den Fall kennen.

Renate Fausten, übers. aus CUBA SOCIALISTA (www.cubasocialista.cu)

26
Kubanisch-Europäische Perspektiven
Internationaler Kuba Solidaritätskongress, 23./24. Juni 2001, Berlin

Aufruf
Seit 40 Jahren wehrt sich Kuba gegen eine aggressive, menschenverachtende und völkerrechtswidrige Wirtschafts-, Handels-, und Finanzblockade durch die Regierung der Vereinigten Staaten von Amerika.

Fast alle Länder Europas lehnen heute diese Blockade der Vereinigten Staaten gegen Kuba ab. Die kubanisch-europäischen Beziehungen haben in den vergangenen Jahren auf allen Ebenen einen spürbaren Aufschwung erfahren, bleiben jedoch nicht frei von Widersprüchen und Rückschlägen.

Zehn Jahre nach den weltpolitischen Veränderungen 1989/90 existiert Kuba weiter als unabhängiges, souveränes Land, auf der Suche nach einem eigenständigen, an sozialer Gerechtigkeit, Solidarität und wirtschaftlicher Effizienz orientierten Entwicklungsweg. Kuba setzt sich den Realitäten dieser globalisierten Welt aus und bewahrt gleichzeitig seine Eigenständigkeit, auch, weil es sich nicht dem neoliberalen Trend unterwirft.

In der Welt erfährt Kuba von immer mehr Menschen unterschiedlichster politischer Ansichten Interesse, Sympathie und Unterstützung. Gleichzeitig leisten tausende kubanische Ärztinnen und Ärzte sowie Lehrerinnen und Lehrer in Ländern Afrikas, Asiens und Lateinamerikas uneigennützige humanitäre Hilfe.

Nach dem vom Europaparlamentariern mitveranstalteten Kuba-Kongress 1992 in Bonn und den in diesem Zeitraum stattgefundenen gravierenden Veränderungen in und um Kuba soll dieser Kongress:
- eine Bilanz der europäischen Zusammenarbeit und Solidarität mit Kuba ziehen und neue Anforderungen, Anregungen und nachhaltige Perspektiven dafür aufzeigen;
- von der EU und deren Mitgliedsstaaten eine eindeutige Position der Verurteilung der US-amerikanischen Blockadepolitik einfordern und Möglichkeiten des gleichberechtigten Ausbaus der Beziehungen und der Kooperation Europa-Kuba verdeutlichen;
- die kubanische Realität mit ihren Möglichkeiten und Potentialen darstellen und dadurch für Kuba neue Chancen und Möglichkeiten in Europa befördern;
- die Bedeutung Kubas, insbesondere für die Länder des Südens, herausstellen, die alternativen Positionen und Vorschläge Kubas zur neoliberalen Globalisierung benennen sowie die Chancen und Risiken eines Landes aus der sogenannten Dritten Welt für eine selbstbestimmte gesellschaftliche Entwicklung unter den Bedingungen einer unipolar beherrschten Welt deutlich machen.

Aufrufer zum Kongress:
Marion Gerber; Cuba Sí – Harri Grünberg; Mitarbeiter der PDS Bundestagsfraktion – Dietmar Koschmieder; Geschäftsführer Tageszeitung junge Welt – Frank Schwitalla, Vorsitzender NETZWERK CUBA – Informationsbüro – e. V. – Manfred Sill, stellv. Vorsitzender NETZWERK CUBA – Informationsbüro – e. V. – Reinhard Thiele, Cuba Sí

Schirmherrschaft des Kongresses:
Wurtz, Francis: Abgeordneter EP und Vorsitzender der Konföderalen Fraktion der Vereinigten Europäischen Linken/Nordische Grüne Linke (KVEL/NGL)

Unterstützer des Kuba-Solidaritätskongress 2001:
DKP-Parteivorstand – Freundschaftsgesellschaft Berlin-Kuba – Freundschaftsgesellschaft BRD–Kuba – PDS-Hochschulgruppe Tübingen – OXFAM-Belgien – Partito della Rifondazione Comunista, Federazione Svizzera – PDS Parteivorstand – Vereinigung Schweiz-Cuba, Sektion Basel – Vereinigung Schweiz-Cuba, Sektion Zürich | Abdolmalaki, Fariborz, Solidaridad con Cuba Heidelberg – Anklam, Hans-Jürgen, Cuba Sí Gera- Antwerpes, Dr. Josef-Franz, Köln – Buddin, Gerd, HBV-Berlin – Freitag, Mirko Pascal, Bachnang – Bartel, Frank, IG Metall Dornstetten – Becker, PD Dr. Johannes M., Arbeitskreis Marburger Wissenschaftler für Friedens und Abrüstungsforschung – Becker, Wolfgang, IG Metall Pfinztal – Belchaus, Günter, Kirchhundem – Berndl, Hans-Peter, Medienbüro meconos München – Bidmon, Michael, IG Metall Reutlingen – Bilke, Eugen, IG Metall Lörrach – Bitzer, Edgar, IG Metall Freudenstadt – Breuer, Wolfgang, IG Metall Tauberbischofsheim – Ciszewski, Piotr, Polnische Arbeiterjugend FMUP, Warszawa – Dahlmann, Jutta, IG Metall Sindelfingen – Dammköhler, Ilona, IG Metall Esslingen – Diehm, Dorotthee, IG Metall Neuried – Fuchs, Matthias, IG Metall Bergleu – Gehrcke, Wolfgang; PDS-MdB – Gross, Horst-Eckart, Bielefeld – Giewald, Ingeborg, Cuba Sí-Thüringen – Gmoser, Renate, IG Metall Neckarteilfingen – Goldstein, Dr. Horst, Berlin – Groß-Bounin, Jürgen, IG Metall Plochingen – Grübl, Petra, Soli Cuba e.V. Düsseldorf/Rommerskirchen – Hag, Detlef, IG Metall Ulm -Hamm, Roland, IG Metall Aalen – Hänsel, Heike, Gesellschaft Kultur des Friedens Tübingen – Heil, Gottried, 2. Bevollmächtigter IG Metall Friedrichshafen – Herrmann, Rudi, IG Metall Offenburg – Hohm, Reinhard, IG Metall Offenburg – Hoppe, Manfred, IG Metall Sandhausen – Hornung, Anne, Cuba-Soli Heidelberg e.V. – Julius, Gert, PDS BV Tempelhof/Schöneberg – Krause, Gerda, PDS-Fraktion Landtag Sachsen-Anhalt – Kaiser, Josef, IG Metall Elchingen – Karch, Kristine, Cuba Sí Düsseldorf – Kauß, Karl-Heinz, Deutsche Angestellten Gewerkschaft Bezirk Frankfurt a. Main – Kehrbaum, Tom, IG Metall Karlsruhe – Keller, Katharina, Wien – Klinis, Pat, IG Metall Heidelberg – Knauber, Bernd, IG Metall Heidelberg – Koch, Gerd, IG Metall Tauberbischofsheim – Kotzlod, Sabine, IG Metall Ludwigsburg – Kreissl-Dörfler, Wolfgang; MdEP – Nicodemus, Dagmar, Aschersleben – Otto, Wilfriede, Berlin – Piermont, Dr. Dorothee, Offenburg – Mense, Peter, Camilo Cienfuegos e.V. – Moßfeller, Heiko, IG Metall Östringen – Müller, Elfi, IG Metall Offenburg – Nitzsche, Hans-Georg, IG Metall Tauberbischofsheim – Obst, Martin, IG Metall Egg.-Leopoldshafen – Ott, Konrad, IG Metall Ludwigsburg – Peter, Claudia, IG Metall Karlsruhe – Piermont, Dr. Dorothee, Offenburg – Prelle, Elka, Bremen-Cuba: Solidarität konkret – Rabinowitsch, Astrit, PDS-KV Potsdam/Mittelmark – Rademacher, Lilo, IG Metall Friedrichshafen – Rassmann, Ulf, Deutscher Freidenkerverband Rheinland-Pfalz/Saar – Rastetter, Arno, IG Metall Karlsruhe – Reinsch, Roger, Berlin – Rodenfels, Paul, Gaggenau – Röder, Wolf-Jürgen, IG Metall Frankfurt a. Main – Roth, Helmut, Eine Welt Laden Geisenheim – Sahle, Hans, PDS Schöneberg – Salm, Rainer, IG Metall Stuttgart – Sambeth, Martin, IG Metall Dietigheim – Savarino, Enzo, IG Metall Friedrichshafen – Scharf, Heidi, IG Metall Leonberg – Schattat, Cornelia, Berliner Missionswerk/Kuba Referat – Schmidt, Hans, IG Metall Friedrichshafen – Schmidt-Bockreis, Monika, IG Metall Ludwigshafen – Schmitthenner, Horst, IG Metall-Vorstand – Schneider, Karl, IG Metall Haigerloch – Schömmel, Hans-Peter, LAG Internationale Arbeit PDS Brandenburg – Schreiner, Peterkarl, Bad Homburg – Schulz, Guido, IG Metall Friedrichshafen – Schumacher, Jürgen, IG Metall Bochenheim – Schweizer, Manfred, IG Metall Neu-Ulm – Seis, Michael, IG Metall Mannheim – Sölle, Prof. Dr. Dorothee, Hamburg – Sperber-Tertsunen, Martin, IG Metall Ulm – Steffensky, Prof. Dr. Fulbert, Hamburg – Stockmayer, Gustl, IG Metall Neuried – Stossun, Bernd, IG Metall Aalen – Thomas, Susanne, IG Metall Stuttgart – Tschöcke, Hans, Cuba Sí Löbau-Zittau – Wallbrecher, Uwe, IG Metall Wildberg – Wansler, Thomas, IG Metall Lörrach – Weberbaum, Gabi, IG Metall Ubstadt-Wehen – Wick, Gerhard, IG Metall Geislingen – Wunderlich, Verona, Kontaktstelle für Umwelt und Entwicklung-KATE e.V. – Zimmer, Gabriele, Vorsitzende der PDS

ANMERKUNGEN

27
Internationaler Kuba-Solidaritätskongress Kubanisch-europäische Perspektiven
23. – 24. Juni 2001, Berlin

Abschlusserklärung

Wir, die 850 Teilnehmerinnen und Teilnehmer aus 11 Ländern Europas haben uns in Berlin über die Notwendigkeit einer sofortigen Normalisierung der Beziehungen der Europäischen Union (EU) und aller europäischen Länder zu Kuba verständigt.

Als Abgeordnete im Europäischen Parlament und in nationalen Parlamenten des europäischen Kontinents, als Vertreterinnen und Vertreter von Parteien, Nichtregierungsorganisationen, Solidaritätsgruppen, Kirchen, Gewerkschaften und anderen demokratischen Organisationen, als Geschäftsleute und Privatpersonen stellen wir fest:

Die Blockade der USA gegen Kuba und ihre Verschärfung durch das Helms-Burton- Gesetz und durch die Bush-Administration ist als eine völkerrechtswidrige, menschenverachtende und annexionistische Politik zu verurteilen. Diese aggressive Politik bringt dem kubanischen Volk viel Leid und Opfer. Sie gehört als Relikt des Kalten Krieges auf den Scheiterhaufen der Geschichte.

Die Europäische Union (EU) und ihr Ministerrat verharren gegenüber Kuba in einer widersprüchlichen Haltung zwischen Kooperation und dem Diktat unannehmbarer Bedingungen. Durch die bisherige Unfähigkeit der EU, sich deutlich von der Kuba-Politik der USA zu distanzieren, befindet sich die Kuba-Politik der EU in einer Sackgasse und im Widerspruch zu den Interessen der Menschen in Europa und Kuba.

Kuba hat, wie jedes demokratische Gemeinwesen unserer Erde, ein Recht auf Selbstbestimmung, Unabhängigkeit und die Wahl des eigenen Gesellschaftsmodells. Jegliche Form von Bevormundung, Einmischung oder Erpressung, z. B. durch die Instrumentalisierung der Menschenrechte, lehnen wir ab.

Als Land der sogenannten Dritten Welt hat Kuba Enormes erreicht, insbesondere bei der Verwirklichung der Menschenrechte auf Leben, Nahrung, Gesundheit, Wohnung, Bildung, Kultur, Ausbildung und Entwicklung. Dies ist beispielhaft, nicht nur für die Länder des Südens. Im Unterschied zu vielen Ländern des Südens, die durch Weltbank und IWF in die Zwangsjacke des zerstörerischen und die Armut verschärfenden Neoliberalismus gepresst werden, ermöglicht der sozialistische Anspruch Kubas eine selbstbestimmte und integrale Entwicklung.

Trotz wirtschaftlicher Probleme leistet Kuba uneigennützige humanitäre Hilfe in zahlreichen Ländern Afrikas, Lateinamerikas und Asiens. Gemeinsame Entwicklungsprojekte der EU und Kubas in Ländern des Südens könnten die Wirksamkeit dieser Hilfe vergrößern. Der Öffnungs- und Stabilisierungsprozess der kubanischen Wirtschaft, die Potentiale Kubas in Bildung, Wissenschaft, Medizin, Kunst und Kultur bieten weitreichende Felder der Kooperation zwischen Europa und Kuba, auf gleichberechtigter Basis und zum beiderseitigen Nutzen.

Die Globalisierung stellt die gesamte Menschheit vor existenzielle Herausforderungen, die dringender Lösungen bedürfen. Der Neoliberalismus bietet keine Antworten, er bedroht die Existenz unseres Planeten. Nicht das Aufzwingen verbrauchter Gesellschaftsmodelle sondern die vorurteilsfreie, respektvolle und gemeinsame Suche nach Lösungen, geprägt von sozialer Gerechtigkeit, Solidarität, nachhaltigem und ökologischem Wirtschaften, direkter Teilnahme der Menschen sowie Entwicklung, im Norden wie im Süden, sind der Weg aus der globalen Krise. Nur auf dieser Grundlage haben auch die kubanisch-europäischen Beziehungen eine Perspektive und könnten beispielhaft für ein friedliches Zusammenleben der Völker sein.

Deshalb fordern wir von der Europäischen Union:
- Eine klare Distanzierung und Verurteilung der USA-Blockadepolitik gegen Kuba und die Entwicklung einer eigenständigen Kuba-Politik.
- Die Aufgabe der diskriminierenden Politik gegenüber Kuba und die Einleitung eines Prozesses

der Normalisierung der kubanisch-europäischen Beziehungen, ohne Bevormundungen und unannehmbare Bedingungen.
- Die Aufnahme Kubas in das EU-AKP-Abkommen von Cotonou ohne Sonderbedingungen
- Die Unterzeichnung eines Kooperationsabkommens zwischen der EU und Kuba.

Wir erwarten von den gewählten europäischen Volksvertretern, dass sie im Interesse eines großen Teils der europäischen Bevölkerung handeln und sich deutlich und vernehmbar für die Erfüllung dieser Forderungen einsetzen.

Wir werden unsere Anstrengungen verstärken und unsere Kräfte bündeln und koordinieren, um die aggressive Politik der USA wirksamer zu entlarven, die Kooperation zwischen Europa und Kuba zu befördern und das Recht Kubas auf Selbstbestimmung und Würde zu verteidigen.

Unser Ruf muss lauter werden: Globalisieren wir die Solidarität!

Cuba Sí – Bloqueo No!

28
Der Verlag 8. Mai hat ein Buch mit sämtlichen Reden, Dokumenten etc. vom Kongreß herausgebracht. Es ist beim NETZWERK CUBA zu beziehen.

29
Redebeitrag des NETZWERK CUBA e. V.
zum Kuba-Solidaritätskongress vom 23. bis 24. Juni 2001 in Berlin

Bilanz und Perspektiven der Unterstützung für Cuba
Liebe Compañeras und Compañeros aus Cuba;
liebe Freundinnen und Freunde Cubas;
liebe Gäste des Cuba-Solidaritätskongresses,

es ist unbestritten, daß sich die Haltung vieler Regierungen gegenüber Cuba zum Positiven oder sagen wir besser in Richtung hin zu »normalen« Verhältnissen geändert hat, und daß sich dieser Prozeß weiter fortsetzt.

Seit einigen Jahren ist fast die gesamte Staatengemeinschaft der Meinung, daß die US-Blockade gegen Cuba, die seit nunmehr 40 Jahren besteht, endlich beendet werden muß.

Die Jahr für Jahr aufs Neue von Cuba in die Vollversammlung der Vereinten Nationen eingebrachten Resolutionen zur Verurteilung der US-Wirtschafts- Handels- und Finanzblockade, wurden in den letzten Jahren fast durchweg mit nur wenigen Gegenstimmen angenommen.

Und diese Gegenstimmen kamen hierbei regelmäßig von den USA und von Ländern, die zum jeweiligen Zeitpunkt Grund zu haben glaubten, den USA gegenüber aus ökonomischen oder sonstigen Gründen besondere Loyalität unter Beweis stellen zu müssen.

Einige Staaten haben in den letzen Jahren ihre Beziehungen zu Cuba in politischer und wirtschaftlicher Hinsicht intensiviert und arbeiten auf vielen Gebieten mit der Insel zusammen.

Millionen von Menschen besuchen das Land jedes Jahr als Touristen, um Sonne und Strand zu genießen, und das Interesse an cubanischer Musik und Lebensart ist seit Jahren ungebrochen.

Das alles könnte die Freundinnen und Freunde Cubas optimistisch stimmen. Doch diese »Entspannung« des internationalen Klimas in Bezug auf Cuba ist trügerisch. Wir wissen, daß es weiterhin Vorbehalte gibt:

Im Prinzip ist man zwar bereit, mit Cuba zusammenzuarbeiten, und es als gleichberechtigtes Mitglied der Staatengemeinschaft anzuerkennen, doch ein paar Hausaufgaben muß die cubanische Regierung noch machen, bevor die uneingeschränkte Normalisierung der Beziehungen in Aussicht gestellt wird:

Die Menschenrechte auf Cuba müssen besser geachtet werden, so wird oft verlangt, Demokratie und Pressefreiheit werden eingefordert, und natürlich muß auch wirtschaftliche Freiheit herrschen.

Es ist übrigens in diesem Zusammenhang besonders aufschlußreich, sich vor Augen zu führen, was die US-Regierung offenbar unter Demokratie versteht. In einem Katalog mit Definitionen im Anhang zum Helms-Burton-Gesetz, heißt es unter anderem:
»Eine demokratisch gewählte Regierung ist eine Regierung, die sich substantiell in Richtung auf ein marktorientiertes System zubewegt«

Das heißt im Klartext: Was für die USA zählt, ist mitnichten irgendeine Art von demokratischen Entscheidungsprozessen innerhalb der Gesellschaft. Was zählt ist die Wirtschaftsform: Was kapitalistisch ist, ist automatisch als demokratisch legitimiert zu betrachten. Wer freiwillig etwas anderes wählt als Kapitalismus, ist entweder manipuliert oder verrückt; und man muß ihm zeigen, wo es langgeht.

Wer sind nun diejenigen, die solche Forderungen an Cuba stellen? Sind es die sogenannten »Zivilgesellschaften«, die uns vormachen, wie man's richtig macht?

Sind es nicht allen voran die USA?

Ein Land, dessen Regierung Folter, Mord und Krieg seit langem zu den normalen Mitteln seiner Innen- und Außenpolitik zählt?

Ein Land, dessen Regierung kein Preis zu hoch und kein Mittel zu schmutzig war und ist, um nicht nur Cuba zu schaden, sondern Militärdiktaturen in Lateinamerika und der ganzen Welt an die Macht zu bringen oder mit Waffen und Geld zu unterstützen, wenn sie nur ihren wirtschaftlichen Interessen dienlich waren?

Ein Land, dessen Regierung unter den Augen der Weltöffentlichkeit zahllose blutige Militärinterventionen in Lateinamerika und anderen Teilen der Welt durchgeführt hat?

Ein Land, dessen Regierung in Mittelamerika in einer eigens dafür eingerichteten Schule Söldner in Foltertechniken unterrichtete?

Ein Land, dessen Regierung mindestens 30 mal seinen Geheimdienst mit der Ermordung des cubanischen Präsidenten beauftragte und dies auch noch offen zugibt?

Ein Land, dessen Regierung sich nicht gescheut hat, biologische und chemische Kampfstoffe gegen die cubanische Bevölkerung einzusetzen?

Ein Land, dessen Regierung nach immer neuen Mittel und Wegen sucht, um die Blockade gegenüber Cuba weiter zu verschärfen, wie zuletzt in Quebec.

Ein Land, dessen Regierung die Frechheit besitzt, Cuba als nationale Bedrohung zu bezeichnen.

Von 1902 bis 1959 also 57 Jahre lang hatten die Regierungen der USA Gelegenheit, unter Beweis zu stellen, daß sie willens und in der Lage dazu sind, Freiheit und Gerechtigkeit nach Cuba zu bringen. Die US-amerikanische Wirtschaft kontrollierte 1958 90% der Elektrizitätswerke, 100% der Telefongesellschaften, 100% der Raffinerien und große Anteile anderer wichtiger Wirtschaftszweige. Rund 36% des cubanischen Staatsgebietes befanden sich im Privatbesitz US-amerikanischer Firmen. 57 Jahre lang unterstand Cuba der uneingeschränkten wirtschaftlichen, militärischen und politischen Kontrolle der Vereinigten Staaten.

Doch wie sah es in Cuba aus nach 57 Jahren US-Herrschaft?

Massenarbeitslosigkeit, soziales Elend in den Slums von Havanna und den ländlichen Gebieten, staatliche Willkür, Folter und Mord waren an der Tagesordnung. Es gab kein funktionierendes Bildungssystem und keine Krankenversicherung für den Großteil der cubanischen Bevölkerung, Streiks und Demonstrationen wurden blutig niedergeschlagen.

Sicher: Die öffentlichen Gebäude und Kolonialbauten, deren teilweise schlechter Zustand von vielen Cuba-Touristen heute so schmerzlich wahrgenommen wird, waren gepflegt. Doch in den Armenvierteln und bei der Landbevölkerung grassierten Typhus, Malaria, Unterernährung und Analphabetismus und in Havanna gab es 1959 mehr Bordelle als Schulen.

So sah also das Vermächtnis des »Weltmeisters des Friedens und der Menschenrechte«, wie Fidel Castro die US-Regierung einmal spöttisch bezeichnete, am Ende ihrer Herrschaft über Cuba aus.

Damals forderte niemand die Einhaltung der Menschenrechte, weder von Cuba, noch von der US-Regierung.

Seit 1959 hat sich die Situation auf der Insel grundlegend gewandelt:
Die Einschulungsrate liegt bei fast 100%, es gibt keine ansteckenden Krankheiten mehr, keinen Analphabetismus, keine Unterernährung.

Es gibt zwar nach wie vor Armut, aber Elend und Verwahrlosung sind in Cuba Fremdworte.

Keine Straßenkinder, die sich aus den Mülhalden ihre Nahrung suchen müssen, keine Kleinkinder mit aufgetriebenen Hungerbäuchen, keine Familien, die in Pappkartons wohnen, bevölkern mehr die Straßen. Todesschwadrone, Übergriffe und Massaker von Militärs und Polizei gegen die Bevölkerung gibt es in Cuba seit 1959 nicht mehr. Nicht ein einziges Mal seitdem sind staatliche Sicherheitskräfte gegen das eigene Volk eingesetzt worden.

Die Kindersterblichkeit liegt mittlerweile niedriger als die in der Hauptstadt der USA. Die extrem ungleiche Landverteilung, die heute noch in fast allen anderen lateinamerikanischen Ländern eines der wesentlichen Hindernisse für eine soziale Entwicklung darstellt, wurde in Cuba durch zwei tiefgreifende Landreformen aufgehoben.

Cuba ist kein Paradies, und wer das behauptet, macht sich etwas vor.

Doch muß sich dieses Land, das mit ungeheuren Anstrengungen, mit Willenskraft, Standhaftigkeit und vor allem Prinzipienfestigkeit unter großen Opfern das erkämpft hat, was angeblich die Industrieländer mit ihren Entwicklungshilfeprogrammen so emsig anstreben, von diesen Ländern belehren lassen? Muß es auch noch Bedingungen akzeptieren, damit ihm das zuteil wird, was für viele Länder eine Selbstverständlichkeit war und ist?

Wo sind die Erfolge staatlicher Entwicklungshilfe, die sich mit dem messen könnten, was Cuba in den letzten 40 Jahren erreicht hat?

Ist mit »marktwirtschaftlichen« oder sagen wir lieber gleich: kapitalistischen Rezepten in den letzten 40 Jahren irgendwo auch nur annähernd das erreicht worden, was Cuba erreicht hat?

Und: Was hätte in Cuba alles erreicht werden können, wo könnte das Land heute stehen, ohne die US-Blockade, ohne den Kalten Krieg, ohne CIA-finanzierte Terrorkommandos, ohne Schweinebuchtinvasion, ohne Medienkrieg und ohne internationale Isolation?

Wo können wir vergleichbare Erfolge der »armutsorientierten« bundesdeutschen Entwicklungshilfe bewundern? Vielleicht in Kenia oder Indonesien? Über lange Zeit die Lieblinge der deutschen Entwicklungspolitik – in denen Folter, Mord und Korruption von Staatswegen zum Alltag gehören? Oder in Nigeria? Oder in Haiti?

Wo waren die Ermahnungen zur Achtung von Demokratie und Menschenrechten der deutschen Außen- und Entwicklungspolitik, als der demokratisch gewählte chilenische Präsident Allende mit Unterstützung des US-Geheimdienstes ermordet, und eine der grausamsten Militärdiktaturen in dem südamerikanischen Land errichtet wurde?

Wo waren die Mahner von Demokratie und Menschenrechten als 1961 unter den Augen von UNO-Truppen, der erste aus freien Wahlen hervorgegangene Präsident des Kongo, Patrice Lumumba ebenfalls mit Beteiligung der CIA ermordet wurde? Noch vor wenigen Monaten erläuterte ein damaliger CIA-Mitarbeiter vor laufenden Kameras mit einem Lächeln auf den Lippen, wie er die Leiche Lumumbas zerstückelte und in Schwefelsäure auflöste, um die Spuren zu verwischen.

Sind das die Länder, die Cuba Demokratie und Menschenrechte lehren wollen?

Und was ist das für eine Pressefreiheit, die von Cuba gefordert wird? Vielleicht so eine, wie sie in unserem eigenen Land herrscht, wo sich die Presse zum Handlanger einer Politik machen ließ, die unter dem Banner von Demokratie und Menschenrechten in einem völkerrechtswidrigen Angriffskrieg gegen Jugoslawien mündete? Ein Vorgang, der vor 10 Jahren undenkbar gewesen wäre, und der nur durch massive Meinungsmanipulation durch die Medien vorbereitet werden konnte.

Und was erfahren wir aus unserer freien Presse über Cuba?

Offenbar genug, um zu wissen, daß Cuba eine Diktatur ist, daß es dort keine Wahlen gibt, daß Alle auf Schritt und Tritt überwacht und bespitzelt werden, daß Cubaner nicht ins Ausland reisen dürfen und daß politisch Andersdenkende kurzerhand im Knast verschwinden und derlei Märchen mehr.

ANMERKUNGEN 219

Wer weiß schon, daß die sozialistische Verfassung Cubas übrigens im Gegensatz zum bundesdeutschen Grundgesetz per Volksabstimmung angenommen wurde? Daß die cubanische Nationalversammlung von der gesamten Bevölkerung in Wahlen gewählt wird, in denen weder Geld noch Macht, noch Parteizugehörigkeit eine Rolle spielen, sondern nur die Verdienste und die Persönlichkeit der Kandidaten?

Welcher Journalist interessiert sich dafür, daß die US-Einwanderungsbehörde vor Jahren eigens ein Programm aufgelegt hatte mit dem Ziel, künstlich politisch Verfolgte zu produzieren, die dann medienwirksam gegen Cuba in Stellung gebracht werden sollten?

In welchem Nachrichtenmagazin war zu lesen, daß in einem geheimen Bericht der US-Interessenvertretung von 1994 der Mißerfolg dieses Programms eingestanden wurde, da man auch mit Dollars und der Aussicht auf ein US-Visum keine propagandistisch verwertbaren Fälle von politischer Verfolgung provozieren konnte; dass schließlich festgestellt wurde, daß die Ausreisewilligen ausschließlich aus wirtschaftlichen Gründen das Land verlassen wollen?

Daß es auf Betreiben Cubas zwischen Cuba und den USA ein Emigrationsabkommen gibt, das die jährliche Einreise mehrerer Zehntausend Cubaner in die USA vorsieht?

In welchem Fernsehsender wurde berichtet, daß es die US-Behörden sind, die in ständiger Verletzung dieses Abkommens nur wenigen Prozent der einreisewilligen Cubanerinnen und Cubaner ein Visum erteilen, und gleichzeitig mit Hilfe illegaler Propagandamaßnahmen die Cubanerinnen und Cubaner zur illegalen Ausreise auffordern?

In welcher Zeitung steht, daß illegal aus Cuba aus und in die USA eingereiste cubanische Staatsbürger gleichzeitig wie politische Flüchtlinge behandelt werden, und sofort Aufenthalts- und Arbeitserlaubnis erhalten?

Daß also diese übrigens weltweit einzigartige Imigrationspolitik von den USA gezielt als Mittel zur politischen Destabliisierung und Verleumdung Cubas eingesetzt wird?

Während bei uns versucht wird, politische Flüchtlinge zu sogenannten »Wirtschaftsflüchtlingen« zu machen, um ihnen kein Asyl gewähren zu müssen, versuchen die USA verzweifelt, Menschen, die von einem materiell gesehen besseren Leben in den USA träumen, zu politischen Flüchtlingen zu machen, um Cuba der politischen Verfolgung bezichtigen zu können.

Sind vielleicht diejenigen, die die cubanischen Behörden beschuldigen, sie ließen ihre Bürger nicht ausreisen, dieselben, die sich dafür starkmachen, Bürger aus Trikontländern bei uns nicht einreisen zu lassen?

Tatsache ist, daß weit weniger als 1% der in Cuba gestellten Ausreiseanträge von den cubanischen Behörden abgelehnt werden, allerdings bekommen 75% der Reisewilligen keine Einreiseerlaubnis für das jeweilige Zielland.

In welcher Zeitung ist zu lesen, daß die US-Regierung nichts unversucht läßt, um in Cuba Vorfälle zu provozieren, die als Menschenrechtsverletzungen gebrandmarkt, und dann als Hebel gegen das Land eingesetzt werden können?

Wer protestiert dagegen, daß die US-Regierung seit Jahrzehnten im wahrsten Sinne des Wortes terroristische Organisationen unterstützt, die mit allen illegalen Mitteln einschließlich der Ermordung von Zivilisten versuchen, innere Unruhen in Cuba zu provozieren?

Daß die sogenannte cubanische Opposition über mehr Geld verfügt, als die meisten lateinamerikanischen Parteien?

In dem im März dieses Jahres erschienenen Buch »Originalton Miami« erklären Mitglieder dieser Organisationen ganz unverhohlen, mit welch verbrecherischen Methoden sie versuchen, Cuba nach Kräften zu schaden, und daß dies mit Wissen und Unterstützung des US-Geheimdienstes CIA geschieht.

Wenn es also unsere Presse nicht tut, dann müssen wir es deutlich aussprechen:
Sogenannte Menschenrechtsverletzungen in Cuba sind nicht der Grund für die Isolation Cubas, sondern die Provokation, das Heraufbeschwören von Menschenrechtsverletzungen oder Zwischenfällen, die der Öffentlichkeit als solche verkauft werden können, sind das Ziel der US-Außen-

politik, um ihre anticubanische Politik vor der Weltöffentlichkeit legitimieren zu können. Und die USA finden immer wieder willige Helfer für ihre Politik:
Länder und deren Regierungen, die sich von den USA Hilfe bei der Lösung ihrer ökonomischen Probleme versprechen, liefern mitunter erbärmliche Beispiele dafür, wie man durch finanzielle und wirtschaftliche Abhängigkeit seine Prinzipien über Bord wirft und seine Selbstachtung für ein paar Kredite verkauft.

Wer könnte sich umgekehrt ein solch jämmerliches Verhalten von Seiten der cubanischen Regierung vorstellen? Nicht ein einziges Mal seit 1959 hat die cubanische Regierung ihre Prinzipien der sozialen Gerechtigkeit und der Solidarität mit den Ländern des Trikont um ökonomischer Interessen willen verraten.

Cuba hat selbst in schwersten Zeiten Ärzte, Lehrer und Ingenieure in sogenannte Entwicklungsländer des Trikont entsandt.

Während auch die BRD-Regierung mit Waffenlieferungen das Apartheidregime in Südafrika, entgegen internationaler Boykottvereinbarungen, unterstützte, leistete Cuba einen entscheidenden Beitrag zu dessen Sturz. Heute leistet Cuba humanitäre medizinische Hilfe in Südafrika und in vielen anderen Ländern Afrikas und Lateinamerikas. Allein in Haiti arbeiten momentan 450 cubanische Ärztinnen und Ärzte.

Und das ohne Bedingungen zu stellen, ohne Bezahlung oder Wohlverhalten zu verlangen und ohne seine Prinzipien aufzugeben.

Zehntausende von Studentinnen und Studenten aus Ländern des Trikont – und seit kurzem sogar auch aus den USA -konnten und können in Cuba studieren, was ihnen in ihren Heimatländern zumeist aus ökonomischen Gründen unmöglich ist.

Cuba hat erst vor wenigen Jahren eine Hochschule für Humanmedizin und eine für Sport eigens für Studentinnen und Studenten aus dem Trikont geschaffen. 5000 Studentinnen und Studenten aus 24 Ländern studieren gegenwärtig auf der medizinischen Hochschule.

Die Aufzählung solcher Beispiele ließe sich noch seitenlang fortsetzen.

Diese Politik der Solidarität ist moralisch und wirtschaftlich weit mehr, als ein paar Zehntel Prozent vom Bruttosozialprodukt für die Entwicklungshilfe, um die in den Industrieländern gefeilscht wird.

»Solidarität ist die Zärtlichkeit der Völker.« Das sind die Worte Che Guevaras und das sind nicht nur Worte für die cubanischen Revolutionäre, sondern Verpflichtung bis auf den heutigen Tag.

Und es ist nicht allein diese Tatsache, dass Cuba Solidarität übt, die uns, die Solidarität mit Cuba üben, sagen lassen, dass die Solidarität mit Cuba keine Einbahnstraße ist. Sondern damit wird ein Staat, ein gesellschaftliches System unterstützt, dass den gesellschaftspolitischen Fortschritt repräsentiert, dass einen eigenen, selbstbestimmten Weg geht, entgegen dem allgemeinen Trend in der Welt und der bisher mit dem Erfolg einher geht, dass Unterdrückung, Verlust von nationaler Würde und Integrität, wie in so vielen Ländern Afrikas, Lateinamerikas und Asiens, eben nicht für Cuba gelten.

Cuba zeigt, dass es möglich ist, der größten imperialistischen Macht die Stirn zu bieten und sich erfolgreich zu entwickeln. Dies ist auch für die fortschrittlichen Menschen in unserem Lande und überall auf der Welt von großer Bedeutung. Es macht Mut, für die Verbesserung der gesellschaftlichen Verhältnisse auch in dem eigenen Land zu streiten. Die absolut meisten Menschen dieser Erde sind daher Cuba zu großem Dank verpflichtet.

Hinter der verlogenen Fassade der internationalen Diplomatie, Presse-, Entwicklungs-, Menschenrechts- und Wirtschaftspolitik verbirgt sich nur ein einziges Ziel:

Die Konservierung der internationalen Macht- und Besitzverhältnisse bzw. deren Veränderung zugunsten der reichen kapitalistischen Industrieländer und insbesondere der USA.. Und bei der Erreichung dieses Ziels, der Durchsetzung des sogenannten Neoliberalismus, also des ökonomischen Faustrechts im Weltmaßstab, steht Cuba im Wege. Cuba ist eines der letzten Hindernisse, das es noch aus dem Weg zu räumen gilt, und eine Gefahr für das internationale Machtgefüge.

ANMERKUNGEN

Das ist das Wesen und der Hintergrund der Aggressionen gegen Cuba. Wer angesichts des Elends der 800 Millionen unserer Mitmenschen, die in den Wellblechhütten und auf den Müllhalden dieser Welt leben und sterben, und den 1,5 Milliarden weiteren, die in bitterer Armut dahinvegetieren, ausgerechnet Cuba auf die Anklagebank setzen will, hat nichts verstanden – oder will bewußt ablenken.

Die letzten 9 Jahre der Solidaritätsbewegung:
Cuba soll also endlich vernichtet werden. Im Jahre 1992 schien für viele die Auslöschung des cubanischen Projektes in greifbare Nähe gerückt.

Die selbsternannten Kämpfer für Demokratie und Menschenrechte geiferten um die Wette beim Herbeireden des nahen Zusammenbruchs der Cubanischen Revolution.

Und die Situation, der die cubanischen Bevölkerung ausgesetzt war, war in der Tat besorgniserregend.

Auf die Umstände der »período especial«, der cubanischen Sonderperiode und den Opfern, die die cubanische Bevölkerung zur Bewahrung ihrer Errungenschaften und der nationalen Souveränität des Landes gebracht haben, braucht hier nicht im einzelnen eingegangen zu werden. Viele von uns haben die Sonderperiode aus eigener Anschauung kennengelernt und auch die Würde und die Standhaftigkeit, mit der die meisten Cubanerinnen und Cubaner die schwere Zeit ertrugen. Auch Freunde Cubas fürchteten damals um die Überlebensfähigkeit der Cubanischen Revolution.

Doch bei vielen überwog gegenüber der Angst die Entschlossenheit, Cuba aktiv zur Seite zu stehen. Um ein Zeichen der Solidarität zu setzen, veranstaltete der damals aktive Kern der Solidaritätsbewegung den ersten Cuba-Solidaritätskongress 1992 in Bonn. Viele, die jetzt unter uns sind, gehörten auch damals vor 9 Jahren zu den Besucherinnen und Besuchern in der Bad Godesberger Stadthalle.

Der Kongreß war ein großer Erfolg und gab uns die Kraft, den Anfang zu machen.

»Niemand, der eine Sache wie die verteidigt, die Cuba heute verteidigt, wird je allein sein«, so die Worte Fidels auf einem Transparent des Kongresses.

Die VertreterInnen der Mitgliedsorganisationen des Trägerkreises, der den Kongreß vorbereitet hatte, schlugen dem Bonner Kongreß nach langer und intensiver Diskussion vor, eine bundesweite Koordinierungsstelle der Cuba-Solidaritätsbewegung einzurichten. Dieser Vorschlag wurde von den 1.150 KongreßteilnehmerInnen einstimmig angenommen. Aus dieser Unterstützung speist sich die Existenz des NETZWERK Cuba – Informationsbüro – e. V.

Cuba hat viele Freunde in der Welt nicht nur unter traditionell linken Organisationen und Parteien. Auch viele humanitäre Organisationen, NGOs, kirchliche Kreise, liberale, fortschrittliche, und aufgeschlossene Einzelpersonen, Ärzte, Intellektuelle, Arbeiter, Gewerkschafter, Schriftsteller und viele andere, darunter auch solche, die dem cubanischen Gesellschaftssystem skeptisch gegenüberstehen, waren und sind bereit, Cuba den Rücken zu stärken.

All diese Kräfte, oder zumindest ein möglichst großer Teil von ihnen sollte gebündelt und vernetzt werden. Ein Kristallisationspunkt sollte geschaffen werden mit einer gemeinsamen Basis:

Der Solidarität mit dem sozialen Projekt der Cubanischen Revolution und ihren Errungenschaften.

Auf der Grundlage von gegenseitigem Respekt hinsichtlich der politischen Überzeugungen und trotz teilweise unterschiedlicher Einschätzungen von Entwicklungen in der cubanischen Gesellschaft, versuchten wir eine Vernetzung und eine gemeinsame Arbeit aufzubauen, und der erste Schritt hierzu war die Gründung des NETZWERK CUBA e. V.

In den 8 Jahren seines Bestehens wuchs das Netzwerk von ursprünglich 19 Mitgliedsgruppen auf mittlerweile 39 Gruppen/Organisationen an.

Der Gedanke der Vernetzung war also auf fruchtbarem Boden gefallen. Und viele Organisationen waren und sind bereit, im Interesse Cubas an einem Strang zu ziehen.

Die vorrangigen Ziele des Netzwerk sind in seiner Geschäftsordnung formuliert:
- Vernetzung der Solidaritätsgruppen und Förderung des Informationsaustausches untereinander,
- zentrale Informationserfassung und -verbreitung,
- Schaffung effektiver Interventionsmöglichkeiten,
- Unterstützung und Koordination von gemeinsamen Aktivitäten.

Also ein Hauptschwerpunkt liegt in der Informationserfassung und -verbreiterung, des Informationsaustausches. D. h. in der politischen Solidaritätsarbeit.

Natürlich hat dann, angesichts der ökonomischen Krise in Cuba, die materielle Solidarität einen großen Stellenwert in der Arbeit des Netzwerkes in den ersten Jahren eingenommen. Zumal es immer mehr neue Gruppen gab, die vorwiegend die Frage der materiellen Unterstützung Cubas in den Mittelpunkt ihrer Tätigkeiten gestellt hatten. Und auch diese materielle Solidarität, die Unterstützung von Projekten, Institutionen etc. haben wir immer als eine politische Arbeit verstanden. Denn auch ihr Ziel war und ist die Unterstützung des revolutionären Cuba.

Ich möchte jetzt hier aber nicht die Arbeit des Netzwerkes der letzten Jahre darlegen.

Es gab und gibt viele Probleme, wir haben bisher nur mit ehrenamtlichen Kräften gearbeitet, und können erst seit kurzem in sehr bescheidenem Umfang auf eine bezahlte Kraft zurückgreifen, zu deren Finanzierung wir übrigens noch dringend Unterstützung benötigen.

Aber ich möchte 3 Beispiele anführen, die zeigen, dass es auch unter schwierigen Bedingungen möglich ist, auf nationaler Ebene die Kräfte zusammenzuführen und erfolgreich Solidaritätsarbeit zu machen:

1. ist da zu benennen, die Organisierung und Durchführung einer Solidaritätskarawane 1994 nach dem Beispiel der PFP, wo es uns – neben der enormen materiellen Hilfe – vor allem politisch gelungen ist, viele Bereiche des gesellschaftlichen Lebens anzusprechen und einzubeziehen.

2. ist zu benennen, dass es uns, in gemeinsamer Anstrengung vieler Freunde Cubas, gelungen ist, die Granma Internacional auch in deutsch herauszubringen. Angesichts der Medienlandschaft in unserem Lande, die sich vor allem durch Desinformation und einseitige Berichterstattung über Cuba auszeichnet, ist dies ein nicht hoch genug zu schätzender Erfolg der Solidaritätsbewegung. Und

3. ist da zu benennen, dass es mittlerweile schon 9 Solidaritätstreffen auf nationaler Ebene gegeben hat, die zum Schwerpunkt die Diskussion, Beratung, Auswertung und Information über Erfahrungen, Arbeit und Perspektiven vieler Gruppen, Organisationen und Initiativen haben.

Diese Bundestreffen werden vom Netzwerk organisiert, und wir erwähnen sie deshalb besonders gern, weil in ihnen die Rolle und die Aufgabe des Netzwerkes am besten realisiert werden: selber ein Bündnis vieler unterschiedlicher Kräfte zu sein, welches eine Plattform bietet, um sich auszutauschen, zu beraten, gemeinsame Nenner für eine gemeinsame Arbeit zur Unterstützung der cubanischen Revolution zu finden und anzupacken.

Liebe cros., Freundinnen und Freunde, liebe Gäste

Was bleibt also von 9 Jahren Solidaritätsarbeit mit Cuba?

Die politische und wirtschaftliche Isolation Cubas, die im sogenannten Kalten Krieg ihren Höhepunkt erreicht hatte, konnte aufgebrochen werden. Und sicher hat auch die Arbeit der Cuba-Freundinnen und -Freunde mit dazu beigetragen.

Cuba ist heute mehr denn je ein Anwalt der Trikontstaaten und genießt bei vielen sogenannten Entwicklungsländern großen Respekt und Autorität, sowohl aufgrund der Leistungen im eigenen Land, als auch wegen seiner Prinzipienfestigkeit und seines solidarischen Verhaltens gegenüber anderen Nationen.

Die Abstimmungsergebnisse in der UNO-Vollversammlung gegen die US-Blockade zeigen die weltweite Isolierung der USA in dieser Frage.

Cubas Wirtschaft ist eine der wenigen in Lateinamerika mit Wachstumsraten und die Lebensbedingungen für die Cubaner verbessern sich allmählich und stetig.

Unsere Bewegung hat weltweit einen enormen Aufschwung erhalten. In den vergangenen

9 Jahren fanden in Havanna 2 weltweite Solidaritätstreffen mit jeweils mehreren Tausend Vertreterinnen und Vertretern aus über 110 Ländern statt. Es gab regelmäßige kontinentale und nationale Treffen.

Die Solidaritätsbewegung mit Cuba ist wahrscheinlich die größte soziale, emanzipatorische, antiimperialistische Bewegung weltweit. In dieser Bewegung sind in den letzten Jahren Bündnisse zustande gekommen, die vorher undenkbar waren, und insofern hat Cuba in vielen Ländern auch den fortschrittlichen, linken, und humanistischen Kräften einen Aufschwung beschert.

Aber auf der anderen Seite, müssen wir im Hinblick auf die Forderungen des letzten Cuba-Kongresses feststellen, daß diese leider noch nicht erfüllt worden sind.

Die US-Blockade, und die sie begleitenden und verschärfenden Gesetze wie das Torricelli- und das Helms-Burton-Gesetz, sind noch immer in Kraft.

Noch immer versuchen viele Regierungen fortwährend und massiv, sich in die inneren Angelegenheiten Cubas einzumischen.

Die Instrumentalisierung der »Menschenrechte« verhindern eine Normalisierung der Beziehungen.

Die Anforderungen sind also nicht geringer geworden, sondern haben noch zugenommen: Um den Druck auch international zu erhöhen, müssen die Freunde Cubas auch international tätig werden, d. h. enger zusammenarbeiten.

»Globalisieren wir die Solidarität« – das war zu Recht eine der Hauptlosungen auf dem 2. Welttreffen der Cuba-Solidarität im November letzten Jahres in Habana.

Deswegen wenden sich die italienischen cros. an alle europäischen Cuba-Freunde mit der Bitte um Unterstützung ihrer hervorragende Initiative für die Forderung nach einem Kooperationsabkommen der EU mit Cuba.

Und deswegen wird auch die Anti-Bacardí-Kampagne in einigen europäischen Ländern gemeinsam durchgeführt.

Deswegen hatten auch die griechischen, als auch die tschechischen Freunde sich mit ihren Protesten gegen die anticubanische Resolution in der Menschenrechtskommission der UNO an viele europäische Solidaritätsgruppen mit der bitte um Unterstützung gewandt.

Und deswegen rufen wir auch von dieser Stelle aus dazu auf, am Europatreffen der Cubasolidarität im Oktober in Thessaloniki in Griechenland teilzunehmen.

Und aus diesem Grund sind wir schließlich auch hier zusammengekommen, um darüber zu beraten, welche Perspektiven gibt es, um die Sache Cubas noch besser voranbringen zu können.

Wenn wir feststellen, dass sich die Auseinandersetzungen um Cuba immer mehr auf politisch-ideologischem Gebiet zuspitzen, d. h. auch auf dem Felde der Informationen, oder besser Desinformationen, was bedeutet das auch für uns, hier stärker tätig zu werden.

Wir sollten überlegen, und einen Vorschlag der cros. von SODEPAZ aufgreifen, einen Platz im Internet einzurichten, ein internationales Netzwerk für ein System der Gegenoffensive in verschiedenen europäischen Sprachen zu schaffen. D. h. Verbindungen aufzubauen, die es uns ermöglichen, schnell auf anticubanische Politik zu reagieren; die es uns ermöglichen, cubanischen NGOs einen Platz für ihre Informationen anzubieten; die es uns ermöglichen, schnell untereinander zu kommunizieren.

Wir sollten überlegen, wie wir den politischen Druck auf Institutionen der EU verstärken können, in gemeinsamen, aktionsbezogenen Aktivitäten/Kampagnen europaweit. Quasi als Fortführung/Ergänzung der italienischen Initiative.

Wir sollten überlegen, wie wir die Zusammenarbeit mit cubanischen NGOs verstärken können.

Wir sollten überlegen, wie wir die Zusammenarbeit der Länder der sogenannten 3.Welt mit Cuba fördern können.

Wir sollten überlegen, wie wir dem Versuch der US-Regierung, Einfluß auf europäische NGOs auszuüben, damit diese Cuba in Sachen Verletzung der »Menschenrechte« kritisieren und anklagen, begegnen können. (Immerhin haben die USA einen Fond von einer Mio. $ zur Infiltration europäischer NGOs bereitgestellt).

Wir sollten überlegen, wie es uns gelingt, die großen gesellschaftlichen Organisationen, sprich vor allem die Gewerkschaften, mehr in die Solidaritätsarbeit mit einzubeziehen, wie es uns gelingt, Kontakte herzustellen zwischen den cubanischen und den Gewerkschaften unserer Länder.

Doch WIR dürfen nicht nur an Cuba denken, denn auch Cuba denkt nicht nur an sich:

Weltweit mehrt sich der Widerstand gegen das, was auch die cubanischen Revolutionäre seit mehr als 40 Jahren bekämpfen:

Soziale Ungerechtigkeit, Elend und Unterdrückung, und ein unhaltbares Weltwirtschaftssystem, das unseren Planeten und die Menschen, die auf ihm leben, zugrunderichtet, und dem täglich Menschen geopfert werden.

Wir müssen uns auch anderen sozialen Bewegungen öffnen und von ihnen lernen, wie z. B. der Anti-Globalisierungsbewegung, die am selben Strang ziehen, die von demselben Durst nach Gerechtigkeit, Wahrhaftigkeit und Menschenwürde getrieben werden wie die cubanischen Revolutionäre und die Freunde Cubas.

Liebe cros., Freundinnen und Freunde, liebe Gäste.

abschließend wollen wir feststellen:

Cuba braucht vor allem eine sofortige und bedingungslose Aufhebung der US-Blockade.

Niemand hat das Recht, dieses Land unter Druck zu setzen oder ihm Bedingungen zu stellen für Gegenleistungen, die gegenüber jedem anderen Land selbstverständlich sind.

Was wir im Rahmen unserer nationalen und europäischen Politik einfordern müssen, ist das, was uns Cuba seit 1959 unter der Regierung Fidel Castro konsequent vorlebt:

Eine Politik, die sich an unverrückbaren humanitären Prinzipien orientiert, und nicht das Ergebnis eines Gemisches aus wirtschaftlichen Interessen eines bestimmten Teils der Gesellschaft, persönlichen Interessen von Politikern und der Unterwerfung unter die Interessen der vermeintlich Stärkeren in der Welt ist.

Die wenigen Politiker in unserem Land, die es mit der Schaffung normaler und respektvoller Beziehungen zu Cuba ernst meinen, müssen endlich den Mut haben, es offen auszusprechen:

Demokratie und Menschenrechte sind auf dem Parkett internationaler Diplomatie längst zu Worthülsen verkommen, die nur noch dazu dienen, einer verlogenen und opportunistischen Politik einen humanitären Anstrich zu geben, leere Phrasen, die die Völker der Welt über die wahren Bestimmungsgründe imperialistischer Politik hinwegtäuschen sollen.

Es ist nicht Cuba, das von den Ländern der Ersten Welt lernen und deren Bedingungen erfüllen muß.

Wir und vor allem unsere Regierungen sind es, die lernen müssen.

Wir sind es, die im Angesicht des Elends, in dem zwei Drittel der Weltbevölkerung ihr Leben fristet, handeln müssen.

Wir sind es, die dafür sorgen müssen, daß unsere Regierungen Cuba mit Respekt gegenübertreten und zur verbrecherischen Blockadepolitik der USA klar Stellung beziehen, und das nicht nur in Abstimmungen der UNO-Vollversammlung, sondern in Taten; das heißt: in der praktischen Politik.

Wir sind es, die von unseren Abgeordneten in den nationalen Parlamenten, sowie im Europaparlament fordern müssen, dass sie sich stärker und lauter einsetzen für eine Normalisierung der Beziehungen zu Cuba – und zwar ohne Vorbedingungen; d. h., dass Cuba gleichberechtigt behandelt wird, wie jedes Mitglied der internationalen Staatengemeinschaft und keine Sonderbehandlung erfährt; dass endlich ein Kooperationsabkommen zwischen der EU und Cuba abgeschlossen wird; dass sie sich einsetzen für eine stärkere Unterstützung und Förderung von Projektarbeiten europäischer NGOs und anderer Gruppen.

Wir fordern von der Regierung der BRD, von den Regierungen aller europäischen Länder und der EU, dass sie sich zumindest an diese oben erwähnten international üblichen Gepflogenheiten halten.

Dies sollte das Mindestmaß an Bedingungen sein, die wir als Freundinnen und Freunde Cubas dieses Kontinentes an die in unseren Ländern Regierenden von diesem Kongress aus stellen!.
In diesem Sinne wünschen wir dem Cuba-Solidaritätskongreß einen erfolgreichen Verlauf.

Schluß mit der US-Blockade! Solidarität mit Cuba!
Venceremos!

»Es gibt Prinzipien, die wertvoller sind als das eigene Leben.«
Fidel Castro 1994

»Die Schaffung realer Chancengleichheit und wahrer Gerechtigkeit für die Menschen aller Nationen, Ethnien, Kulturen, und Religionen, kann man an keinem Ort der Welt weiter aufschieben. Es handelt sich nicht um eine ideologische Frage; es ist bereits eine Frage von Leben und Tod für die menschliche Spezies.«
Fidel Castro 2001

30
An die europäischen Gruppen der Freundschaft und Solidarität mit Cuba
Liebe Genossen und Genossinnen,
 Wir möchten Euch informieren, dass unsere Gesellschaft vor hat, einen Antrag einzureichen, der die Europäische Union dazu auffordert, einen Kooperationsvertrag mit Cuba zu unterzeichnen; Cuba ist das einzige Land, welches zu diesem Zeitpunkt von diesem Privileg (eines Kooperationsvertrages d. Übers.) ausgeschlossen ist.
 Unsere Absicht ist es, dass der Antrag, im Anhang dieses Briefes, von vielen linken Abgeordneten, Demokraten, Katholiken etc. des Europäischen Parlaments in Straßburg unterzeichnet wird, um der Initiative mehr politisches Gewicht zu verleihen.
 Dies würde auch erlauben, in jedem Land die verschiedenen Akteure der Kultur, des Sports, der Kunst, andere religiöser Zusammenschlüsse etc. zusätzlich zu der politischen Bewegung und der sozialen Solidarität einzubinden.
 Wir schlagen allen europäischen Gruppen vor, dieselbe Initiative zu starten, damit sich in jedem Land das Volk anschließen kann und wir uns den europäischen Autoritäten gemeinsam präsentieren können.
 Um diese Kampagne zu starten, benötigen wir euch, eure Hilfe, Rat- und Vorschläge. Deshalb bitten wir um folgendes:
- Untersucht den Text des Antrags, den wir vorschlagen, mit der Absicht, ein Ziel zu erreichen und nicht nur Propaganda zu haben;
- Die Abgeordneten und parlamentarischen Gruppen jedes Landes unter Druck zu setzen, damit sie den Antrag unterstützen;
- Uns per E-Mail die eingereichten Anschlüsse zu zusenden amicuba@tiscalinet.it;
- Wenn alle Unterschriften der Abgeordneten zusammen sind, werden sie gemeinsam mit dem Antrag jedes Landes ausgedruckt. Dieser Prozess sollte bis zum 28. Februar 2001 abgeschlossen werden;
- Die Kampagne nach den landesüblichen Formen zu verbreiten und Unterschriften zu sammeln;
- Die Unterschriften bis zum 30. September 2001 zu sammeln und dem Präsident der Europäischen Kommission bis zum 10. Oktober, weltweiter Tag der Solidarität mit Cuba, zu überreichen.

Wir bitten Euch, eure Meinung und Vorschläge zu dem Vorschlag der Initiative mitzuteilen.
Brüderlich
 Der Präsident (Arnaldo Cambiaghi)
 aus dem Spanischen: Miriam Loschky

31
Europäische Union
Präsident der Kommission der Europäischen Union
Herrn Romano Prodi
Brüssel

Europaweite Unterschriftensammlung

Für ein Kooperationsabkommen der Europäischen Union mit der Republik Kuba
Wir, Bürgerinnen und Bürger Europas, wenden uns an Sie mit dem dringenden Ersuchen, dass die Kommission, deren Präsident sie sind, ein Kooperationsabkommen über die Zusammenarbeit im wirtschaftlichen, kulturellen, sozialen und politischen Bereich mit der Republik Kuba abschließen möge, unabhängig von der unterschiedlichen Organisation der Gesellschaftssysteme in Kuba und Europa, die von der Bevölkerung frei und unabhängig gewählt wurden.

Unsere Forderung findet eine deutliche Unterstützung in der Resolution der Vollversammlung der Vereinten Nationen vom 7. November 2000, die mit 164 gegen 3 Stimmen verabschiedet wurde und mit der die überwältigende Mehrheit der Mitgliedsstaaten der UNO erneut die ökonomische und politische Blockade verurteilen, die Kuba von den USA seit mehr als 40 Jahren auferlegt wird.

Alle Mitgliedsstaaten der Europäischen Union haben für diese Resolution gestimmt. Wir meinen, dass wir nun von dem in der UNO abgegebenem Votum zu konkreten Handlungen übergehen müssen. Diese müssen die negativen Auswirkungen der USA-Blockade stoppen, da sie die gesamte Entwicklung in der kubanischen Gesellschaft behindern und die Leiden des kubanischen Volkes, das der annexionistischen Weltmachtpolitik der USA widersteht, vergrößern.

Wir betonen, dass Kuba das einzige Land Lateinamerikas ist, dem die positiven Auswirkungen eines Kooperationsabkommens mit der Europäischen Union nicht zu Gute kommen. Das steht im Widerspruch zu den Handlungen vieler europäischer Länder, deren Regierungen, staatliche und private Unternehmen sowie parlamentarische Vertretungen schon Protokolle über Zusammenarbeit im gegenseitigen Interesse mit der kubanischen Regierung und mit kubanischen Unternehmen unterzeichnet haben.

Ein Kooperationsabkommen zwischen der Europäischen Union und Kuba kann ein Beitrag für Frieden und Entspannung im karibischen Raum und Lateinamerika sein. Es kann dazu beitragen, die Beziehungen zwischen Kuba und den Vereinigten Staaten so zu verändern, dass die Blockade, ein Überbleibsel des Kalten Krieges, das dem kubanischen Volk viel Leid und Opfer gebracht hat, beendet wird.

Erstunterzeichner (Europaparlamentarier/innen):
Alavanos Alekos (GUE/NGL), Alissandrakis Costas (GUE/NGL), Berger Maria (PSE), Bertinotti Fausto (GUE/NGL), Boudjenah Yasmine (GUE/NGL), Brie André (GUE/NGL), Carlotti Maria Arlette (PSE), Corbey Dorette (PSE), Cossutta Armando (PSE), Di Lello Giuseppe (GUE/NGL), Eriksson Marianne (GUE/NGL), Fava Giovanni (PSE), Frahm Pernille (GUE/NGL), Gorostiaga Koldo (NI), González Laura (GUE/NGL), Kaufmann Yvonne (GUE/NGL), Korakas Efsatrios (GUE/NGL), Krivine Alain (GUE/NGL), Lucas Caroline (VERT/ALE), Manisco Lucio (PSE), McNally Eril (PSE), Morgantini Luisa (GUE/NGL), Nair Sami (PSE), Paciotti Elena (PSE), Proinsiess De Rossa (PSE), Sánchez Garcia Isidoro (ELDR), Sôrensen Patsy (VERT/ALE), Staes Bart (VERT/ALE), Sylla Fodé (GUE/NGL), Vachetta Roseline (GUE/NGL), Vinci Luigi (GUE/NGL)

Vor- und Zuname / Anschrift / Stadt / Land / Unterschrift
Die ausgefüllte Unterschriftenliste bitte senden an:
NETZWERK CUBA – Informationsbüro – e.V. Kreutzigerstr. 18, 10247 Berlin, Fax: 030–29494261

32
Öffentliche Stellungnahme
»Für eine neue und zukunftsfähige EU-Politik gegenüber Kuba«
An den RAT DER EUROPÄISCHEN UNION
- Präsidentin Dr. Angela Merkel, Kanzlerin der Bundesrepublik Deutschland
- Präsident des Rates der EU Dr. Frank-Walter Steinmeier, Bundesminister des Auswärtigen der Bundesrepublik Deutschland
- an alle Mitglieder des Rates der EU und
- den Hohen Vertreter für die Gemeinsame Außen- und Sicherheitspolitik Javier Solana

Im Juni 2007 steht turnusmäßig eine Überprüfung des »Gemeinsamen Standpunkts der Europäischen Union betreffend Kuba« an.

Aufgrund der völkerrechtswidrigen Aktivitäten der US-Regierung gegen Kuba, unterstützt von einzelnen EU-Staaten, steht zu befürchten, dass die derzeitige US-hörige EU-Politik der letzten Jahre gegenüber Kuba über das Jahr 2007 hinaus beibehalten werden soll.

So haben sich bislang weder die Bundesregierung noch die Gremien der EU dafür eingesetzt, die von der überwältigenden Mehrheit der UN-Vollversammlung geforderte Beendigung der US-Blockade gegen Kuba durchzusetzen und erste Maßnahmen gegen die völkerrechtswidrige Politik der USA vorzunehmen. Statt dessen wird die aggressive Außenpolitik der USA von politisch verantwortlichen Personen in einigen EU-Staaten weiterhin mit dem Ziel unterstützt, das Opfer dieser US-betriebenen Subversionsmaßnahmen – also das souveräne Kuba – noch weiter politisch und ökonomisch in die Enge zu treiben. Für demokratisch und humanistisch gesinnte Menschen ist das völlig inakzeptabel.

Die kurzsichtige Politik der deutschen Bundesregierung und der EU gegenüber Kuba muss dringend geändert werden. Das setzt eine andere Sichtweise voraus. Beispielsweise meinte der ehemalige britische Außenminister Brian Wilson am 28. August 2003 in der Zeitung The Guardian: »... Kritik [an Kuba] sollte niemals die Tatsache ignorieren, daß Kubas wichtigster Beitrag für die Welt darin besteht, den lebendigen Beweis dafür zu liefern, daß es möglich ist, Armut, Krankheiten und Analphabetismus in einem Land zu besiegen, das mit allen dreien mehr als vertraut war. Das ist ein ziemlich großer Nutzen. Und die Tatsache, daß es angesichts anhaltender Feindschaft eines zwanghaft besessenen Nachbarn erreicht wurde, macht alles um so erstaunlicher.«

Unseres Erachtens würde sich ein weiteres Beharren der EU auf ihrem seit 1996 geltenden »Gemeinsamen Standpunkt« geostrategisch und geopolitisch als kontraproduktiv auswirken: Seit den letzten Kongresswahlen in den USA zeichnet sich eine außenpolitische Akzentverschiebung ab, die auch einen Wandel in den Beziehungen Washingtons zu seinen lateinamerikanischen und karibischen Nachbarn einläuten dürfte. Ein weiterer Gesichtspunkt ist die seit Jahren zu beobachtende wachsende Zusammenarbeit der lateinamerikanischen und karibischen Staaten, bei der Kuba eine in dieser Region anerkannte konstruktive Rolle spielt. Dass ausgerechnet jetzt die deutsche Politik geneigt erscheint, weiterhin auf US-Präsident Bushs Kurs des politischen und ökonomischen Drucks zu setzen, wird sich vor diesem Hintergrund – auch im Interesse Europas – als kontraproduktiv erweisen: Denn eine auf Verhärtung und auf solchen Druck setzende Politik wird das eigene Ansehen schmälern und die Kooperationsmöglichkeiten für Deutschland – und die gesamte EU – in den meisten Ländern Lateinamerikas und der Karibik auf Jahre hin erschweren oder gar unmöglich machen.

Es ist deshalb an der Zeit, dass die EU eine neue und zukunftsfähige Politik gegenüber Kuba entwickelt und umsetzt:

Der destruktive »Gemeinsame Standpunkt der Europäischen Union betreffend Kuba« aus dem Jahr 1996 muss aufgegeben und statt dessen eine faire und angemessene Basis für die Kuba-Politik der EU entwickelt werden.

Kuba muss seinen eigenen Entwicklungsweg gehen können, und die sich vor allem in letzter Zeit noch verstärkenden völkerrechtswidrigen Destabilisierungsversuche seitens der US-Administration müssen daher unterbunden werden. Die Mitgliedstaaten der EU halten wir für verpflichtet, sich gegenüber ihrem transatlantischen Partner USA dafür einzusetzen, dass die US-Regierung die UN-Resolutionen zur Beendigung ihrer Blockade-Politik endlich erfüllt.

Die Sanktionsmaßnahmen der EU gegen Kuba müssen ohne Bedingungen beendet werden. Statt dessen sollte sich die EU um politisch offene und ehrliche Gespräche mit der kubanischen Regierung bemühen.

Es sollte von der EU anerkannt werden, dass das souveräne Kuba ein Anrecht auf faire und auf sozialökologischen Voraussetzungen basierende Handelsbeziehungen hat.

Einige EU-Mitgliedsstaaten haben aufgrund ihrer kolonialen Vergangenheit darüber hinaus die Verpflichtung, sich innerhalb der EU dafür einzusetzen, dass Kuba ökonomische, technische und wissenschaftliche Hilfe zur Entwicklung seiner Ökonomie in Richtung Nachhaltigkeit erhält. Kuba hat aus eigener Kraft in dieser Hinsicht teilweise bereits bemerkenswerte Erfolge erzielen können (siehe: WWF-/GfN-Studien 2006 und 2005). Das hat unseren Respekt!

Das Leitbild der nachhaltigen und zukunftsfähigen politischen und ökonomischen Entwicklung (siehe Agenda 21) erfordert von der EU selbst auch ein Umdenken und einen Umbau ihrer eigenen Ökonomien.

Wir fordern die deutsche Ratspräsidentschaft sowie die EU und ihre Gremien deshalb nachdrücklich auf, ihre Politik gegenüber Kuba an den vorstehend dargelegten Gesichtspunkten auszurichten. Wir sind sicher: Eine neue und zukunftsfähige Politik der EU gegenüber Kuba ist dringend erforderlich! Sie ist auch möglich!

Erstunterzeichnerinnen:
Dario Azzellini, Sozialwissenschaftler, Autor, Filmemacher, Berlin/Caracas * PD Dr. Johannes M. Becker, Geschäftsführer und Politikwissenschaftler Philipps-Univ. Marburg * Günter Belchaus, Kirchhundem, Ministerialrat a. D. * Konstantin Brandt, Marketing Neues Deutschland Druckerei und Verlag * Reiner Braun, Geschäftsführer der IALANA * John Catalinotto, International Action Center, USA * Monika Christann, Berlin, Bundessprecherin Feministische Partei *Gerda Daenecke, KarEn * Dr. Diether Dehm, MdB Fraktion Die Linke, Europapolitischer Sprecher * Prof. Dr. Heinz Dieterich, Mexico, Sozialwissenschaftler* Hans-Jürgen Ebert, Berlin, Geschäftsführer Solidaritätsdienst International e. V. * Renate Fausten, Vorsitzende FG BRD–Kuba * Dr. Dieter Frielinghaus, Brüssow, Pfarrer LR. * Wolfgang Gehrcke, MdB Fraktion Die Linke * Victor Grossman, Journalist * Petra Grübel, Düsseldorf, Vorsitzende Soli-Cuba e. V. * Joachim Guilliard, Heidelberg, Heidelberger Forum gegen Militarismus und Krieg * Siegfried Gütthoff, Landesvorsitzende WASG Thüringen * Heike Hänsel, MdB Fraktion Die Linke, Entwicklungspolitische Sprecherin * Klaus Hartmann, Bundesvorsitzender des Deutschen Freidenker-Verbandes * Jürgen Heiser, Bremen, Publizist, Atlantik Verlag * Kai Homilius, Verleger * Werner Hörtner, Wien, Journalist, Redakteur der Zeitschriften »Südwind« und »lateinamerika anders« * Ulla Jelpke, MdB Fraktion Die Linke * Jean-Theo Jost, Berlin, Schauspieler * Kristine Karch, stellv. Vorsitzende NETZWERK CUBA – Informationsbüro – e. V. * Jutta Kausch, Vorsitzende Freundschaftsgesellschaft Berlin–Kuba * Rolf Kutzmutz, Potsdam, Fraktionsgeschäftsführer Fraktion Die Linke.PDS * Mark Lamotte, Presidente Amigos de Cuba Belgica * Herbert Lederer, Essen, Rechtsanwalt * Friedrich Mahrer, Wien, Koordinator Enlazando Alternativas 11 * Matthias Oehme, Eulenspiegel Verlagsgruppe * Gisela Oertwig, Solidaritätswerkstatt e. V. * Willi van Ooyen, Frankfurt a. M., Vorsitzender Friedens- und Zukunftswerkstatt * Klaus Pickshaus, Gewerkschaftssekretär, Frankfurt a. M. * Michael H. Ragwitz, freier Journalist, online Redakteur * Klaus von Raussendorff, Bonn, Vereinigung für Internationale Solidarität (VIS) e. V. * Prof. Dr. Wolfgang Richter, Vorsitzender Gesellschaft für Bürgerrechte und Menschenwürde * Kerstin Sack, Hagen, Attac Rat * Dr. Helga Schröder, Berlin, Vorstand mediCuba Deutschland e. V. * Gustav-Adolf Schur, Weltmeister Radsport * Frank Schwitalla, Vorsitzender NETZWERK CUBA – Informationsbüro – e. V. * Ekkehard Sieker, Bad Hönningen, Fernsehjournalist * Prof. Willi Sitte, Halle, Maler * Karl Späth, Luckenwalde, Bildhauer * Frank Spieth, MdB Fraktion Die Linke * Eckart Spoo, Berlin, Journalist, Herausgeber Ossietzky * Heinz Stehr, Vorsitzender DKP * Reinhard Thiele, Berlin, Cuba Si * Peter Trepper, Berlin, Intendant KABARETT KARTOON * Prof. Dr. Frieder Otto Wolf, Ex-MdEP * Gabi Zimmer, MdEP GUE/NGL-Fraktion

NETZWERK CUBA
– informationsbüro – e.V.

weydingerstr. 14-16   10178 berlin
tel.: +49 (0)30 - 24 00 93 38
e-mail: info@netzwerk-cuba.de
internet: www.netzwerk-cuba.de
konto: 32 33 01 04
postbank berlin (BLZ: 100 100 10)

To:

**Taoiseach, Mr Enda Kenny T.D.
Republic of Ireland
The Presidency of the Council of the EU**
and other decisionmakers of the EU and member countries

Uachtaránacht na hÉireann ar
Chomhairle an Aontais Eorpaigh
Irish Presidency of the Council
of the European Union
eu2013.ie

December 18, 2012

Dear President Kenny,
dear excellencies, ladies and gentlemen,

We citizens engaged in friendship and solidarity work for Cuba with our national organisations in many European countries, address this letter to you due to your position as current Head of the Council of the European Union.

As you know, more than 50 years ago the U.S. administration started its blockade against Cuba, 16 years ago the U.S. administration hardened the blockade laws, 10 years ago the U.S. administration established a prison-camp at Guantanamo Bay on Cuban territory containing more than 700 human beings and practiced torture. For more than 50 years the U.S. administration has been trying to topple the legitimate Cuban government and the political system which the Cubans have chosen and created for themselves.

For 15 years now the EU has followed the "Common Position of the EU on Cuba" which – intended or not – functions as a mere complement to the Cold War strategy of the U.S. administration against Cuba, runs counter to principles of international law and violates the sovereignty of the Cuban people.

More and more citizens in the EU find that Position unacceptable. We in Europe should act more fairly and be more future-oriented and constructive towards Cuba. We are looking forward to you as our representative taking steps in this direction.

We regard the votes at the UN General Assembly of all member governments of the EU against the US-blockade as a positive symbol and an important message. But we also recognize, that within the EU this vote has so far led to very limited practical results, and that it is high time for the EU as a whole to go from word to action.

We urge you to prepare and organise the immediate cancellation of the counterproductive "Common Position of the EU on Cuba". It is long overdue to lift this un-diplomatic approach which violates international principles like that of self-determination.

We, active citizens and civil society organizations from all over Europe urge you to intensify contacts and cooperation with Cuba, and would be pleased to see you taking such initiatives. Pressing issues like climate change, desertification, fair trade, technology transfer, etc. are currently dealt with far below the urgently needed level of cooperation required. After the recent U.N. Conference on Sustainable Development in Rio de Janeiro in June 2012 you have to offer opportunities for such steps – for a better and more sustainable future on this globe.

Yours Sincerely,

IRELAND: *Simon McGuinness* (National Coordinator), Cuba Support Group

and

- AUSTRIA: *Michael Wögerer* (President), Österreichisch-Kubanische Gesellschaft and *Prof. Albrecht Konecny* (President of the Board of Trustees)
- BELGIUM: *Raymond Verbinnen*, Vrienden van Cuba/Cubamigos; and *Katrien Demuynck*, Iniciativa Cuba Socialista – Belgium
- BOSNIA AND HERZEGOVINA: *Sead Halilovic* (President), Association of the Bosnian and Herzegovinian Friendship
- DENMARK: *Helene Caprani* (President), Association Denmark – Cuba
- FRANCE: *André Minier* (président), association France-Cuba; and *Jacques Milhas*, Pour Cuba Si France
- GERMANY: *Harri Grünberg* (President), Netzwerk Cuba e.V. (42 member groups)
- HUNGARY: *Vilmos Hanti* (President), Fédération Internationale des Résistants (FIR) - Association Antifasciste; and Fédération Internationale des Résistants (FIR) Office Berlin
- ITALIA: *Sergio Marinoni* (presidente), Associazione Nazionale di Amicizia Italia-Cuba
- LUXEMBURG: *Joël Wunsch* (President) Amistad Luxemburgo-Cuba
- MALTA: *Victor Degiovanni*, Malta-Cuba Association
- NORWAY: *Terje Enger*, Cubaforeningen
- PORTUGAL: *Armanda C. Fonseca*, Associcao Portugal-Cuba
- ROMANIA: *Vasile Orleanu* (Presedinte) Fundatia AVANGARDA; and *Prof. Gheorghe Ungureanu*, President du Partie des Comunistes et d Association "Fidel Castro"
- SLOVENIA: *Igor JURIŠIČ*, president of Slovene - Cuban friendship association
- SPAIN: *Pjuan Sureda Casanor*, Defensen Cuba
- SWEDEN: *Martin Österlin* (President), Swedish-Cuban Association
- UNITED KINGDOM: *Rob Miller* (Director) and *Bernard Regan* (Secretary) Cuba Solidarity Campaign

34

weydingerstr. 14-16 * 10178 berlin
tel.: +49 (0)30 - 24 00 93 38
e-mail: info@netzwerk-cuba.de
internet: www.netzwerk-cuba.de
konto: 32 33 01 04
postbank berlin (BLZ: 100 100 10)

Erklärung des Vorstandes vom 14.12.2012

**10 Jahre »BASTA YA« –
Wir brauchen euch dringender denn je**

Heute vor genau ZEHN Jahren hat sich beim NETZWERK CUBA die Solidaritätsgruppe BASTA YA für die Freiheit der fünf in den USA gefangenen Cubaner gegründet.

Wir, die Mitglieder des Netzwerk-Vorstandes, danken allen heute Aktiven und früheren UnterstützerInnen für die geleistete, nicht immer einfache Arbeit und wünschen künftig noch mehr Erfolge!!

Bei der Gründungsfeier in Anwesenheit des cubanischen Botschafters war ein Vertreter des belgischen Komitees gekommen, Gloria Riva vom nationalen Komitee der USA hatte einen Redebeitrag geschickt, der sehr viel Mut machte. Sie wies auf Nelson Mandela hin, dessen Freilassung der Erfolg einer Kampagne war, die sich über 20 Jahre hinzog. Der Strafverteidiger Heinrich Comes aus Köln hielt eine tolle Rede wie auch der Menschenrechtsanwalt Eberhard Schultz. Von der Presse war nur Michael Opperskalski von »Geheim« anwesend. Und der damalige Vorsitzende des NETZWERK CUBA wies in seiner Rede auf die Notwendigkeit der Gründung des Komitees hin.

Seit der Gründung am 14.12.2002 gingen von den darin engagierten Persönlichkeiten sehr wichtige und kontinuierliche Impulse aus für die Befreiung der Cuban5. Vor allem haben sie unermüdlich und in unterschiedlichsten Formen versucht, diesen Fall von empörender Menschenrechtsverletzung in die Soligruppen für Cuba und in die breite Öffentlichkeit zu tragen. In unterschiedlicher Besetzung wurde BASTA YA in vielen Bereichen aktiv, auf der lokalen wie auch der nationalen Ebene. Ob das die vielen Briefe, E-Mails oder persönlichen Ansprachen waren, Veranstaltungen mit den Angehörigen der Cuban 5, Unterstützung des Komitees in den USA mit Geld und Besuchen, Infotische und Mahnwachen, Anzeigen und Artikel sowie eine große Ausstellung.

Viele der Aktiven haben ihre ganz individuellen Beiträge geleistet und tun dies weiterhin. Besonders hervorheben möchten wir hier stellvertretend Dirk und Josie Brüning, die mit immensem Einsatz die Befreiung der Cuban5 betreiben und mit ihren nahezu täglichen Webseite-Informationen auf www.miami5.de unsere ganze Soliszene auf dem Laufenden halten.

Der NETZWERK CUBA-Vorstand unterstützt gerne entsprechend seinen Möglichkeiten BASTA YA bei dieser Arbeit.

Heute diese Dekade begehen zu können ist allerdings andererseits ein Skandal und höchst bedauerlich: denn trotz der Auflistung unzähliger Argumente und Beweise, trotz Mobilisierung vieler Menschen weltweit und ausgewählter Persönlichkeiten blieben die herrschenden Eliten des Imperiums, der USA, weiter taub und stur, und sie betreiben nach wie vor ihre anticubanische Hetze und Subversion.

Dies aber sollte uns anspornen, für die gerechte Sache Cubas zu kämpfen und noch mehr für die Freiheit der fünf politischen Gefangenen zu tun!
Viva Cuba! Volverán!

35
Rede von James D. Cockcroft, Autor, USA:
»Der Kampf für die Befreiung der Miami 5 und das Rechtssystem der USA«
(Übersetzung nach Tonbandaufnahme aus dem Englischen von J. Michel-Brüning)

Vielen Dank für die Einladung und dafür, auf der Zehnjahresfeier des Netzwerks Cuba bei Euch sein zu dürfen, nur wenige Monate nach dem 44. Jahrestag der cubanischen Revolution, mit der ich und viele andere in den Vereinigten Staaten während unseres ganzen Erwachsenenlebens solidarisch waren.

Für mich ist es eine besondere Ehre, weil ich darum gebeten wurde, über die fünf Personen zu sprechen, die nicht nur cubanische Patrioten, sondern Patrioten der Menschheit und Patrioten der Welt sind. Und in unserem Kampf um ihre Freiheit werden wir einen entscheidenden Sieg erringen gegen die aktuelle Praxis des Imperialismus der Vereinigten Staaten in globalem Maßstab, ohne Rücksicht auf alle humanitären Werte, welcher Art auch immer oder auch auf internationales Recht.

Len Weinglass bat mich heute morgen per E-Mail darum, das zu betonen, was schon mein Vorredner erwähnte, dem ich nur folgendes hinzufügen kann – worauf auch Amnesty International offiziell hinwies -nämlich die fünfjährige oder noch längere Trennung zwischen Rene und Olga und Gerardo und Adriana. Zwei Frauen, denen von den Vereinigten Staaten nicht erlaubt wird, ihre Ehemänner während Jahren der Haft und Folter zu besuchen. Amnesty International selbst sagte, dass diese Situation eine Bestrafung der Familie ist, die an Folter grenzt, gegen alle Standards der Menschenrechte und auch gegen internationales Recht.

Ich bin gebeten worden, über die derzeitige **Situation der Fünf im Rechtssystem der Vereinigten Staaten** zu sprechen. Und um dem nachzukommen, werde ich mir die Freiheit nehmen, das Rechtssystem selber vor Gericht zu stellen im Kontext dessen, was als »Bush-Doktrin« bekannt ist, aber in Wirklichkeit, wie ich es schon während meiner derzeitigen Reden in Deutschland, in verschiedenen Städten gesagt habe, auch eine »Clinton-Doktrin« und in der Tat eine Lehrmeinung der beiden maßgeblichen Parteien ist. Sie lässt sich bis auf die 1950er Jahre zurückverfolgen, diese Doktrin, die Welt wirtschaftlich und militärisch zu beherrschen. Was die **»Bush-Doktrin«** betrifft, so könnt ihr sie im Internet auf der Website des Weißen Hauses nachlesen, weil sie gerade im vergangenen September dort auf über 20 Seiten zur Verfügung gestellt wurde. Und wenn ihr nicht dazu kommt, »Dead white Man« von Michael Moore, also, Entschuldigung, (lacht) »Stupid white Man« zu lesen, lest bitte während eures nächsten Urlaubs diese 20 Seiten, denn sie werden euch beides deutlich machen, sowohl die Paranoia und geisteskranke Politik Bushs und die der Administration, als auch seine abschreckende rassistische Dimension des fortwährenden Präventivkrieges in Übersee und die **Zerstörung des Rechtssystems und der bürgerlichen Freiheiten** zuhause. Am 20. Mai 2002 proklamierte Präsident Bush seine Initiative für ein neues Cuba. Das heißt den Regierungswechsel oder demokratischen Übergang, was dasselbe bedeutet und die Erhöhung der direkten Bezahlung durch Millionen von Dollar seitens der Vereinigten Staaten für die so genannten antikommunistischen Dissidenten in Cuba, aktuell für die 75 Söldner, die kürzlich in Cuba vor Gericht gestellt wurden. Ein Teil der nationalen Sicherheitsstrategie der Bush-Doktrin vom letzten September auf der Website umschließt etwas, das innere Wachstumsstrategie genannt wird, die Förderung des freien Marktes im Sinne der neoliberalen Wirtschaftspraktiken der letzten 20 oder mehr als 20 Jahre: Privatisierung, Auslöschung von Sozialprogrammen, wie beispielsweise das eurer Krankenkassen, Kürzungen im Bildungswesen und innerhalb der wirtschaftlichen Infrastruktur die Auslöschung des öffentlichen Verkehrswesens und der öffentlichen Gesundheitsförderungsprogramme und so weiter.

Dieses selbe Dokument wird euch beide Schlüsselpositionen zeigen, die der **wirtschaftlichen und die der militärischen Doktrin**, aber insbesondere die der wirtschaftlichen Doktrin, die als das Kernstück der kapitalistischen Länder bekannt ist, der wirtschaftlichen Zentren der Metropolen der Macht des Kapitalismus der Europäischen Union, Japans und Asiens, – nicht die des Südens. Das bedeutet für Europa z. B. die Ausmerzung von Konzessionen zur Abmilderung des Kapitalismus durch Sozialprogramme, Sozialfürsorge oder finanzielle Unterstützung, mit anderen Worten, den Export der amerikanischen Art von Kapitalismus oder auf die Art der Vereinigten Staaten – ohne Regulierung.

Also, wenn ihr, so wie ich, wisst, wie die fünf Patrioten der Welt gerade dieser Doktrin getrotzt haben, die Bush zurzeit rund um den Globus anwendet, ist das der Grund, warum eure Arbeit hier in Europa, genauer gesagt, in Deutschland, so wichtig ist. Eure 6000 Unterschriften beispielsweise, nur aus Deutschland, halfen auf diese Weise, die Freilassung der fünf Cubaner aus der einen Monat und einen Tag andauernden schrecklichen Isolationshaft in einer Spezialeinrichtung zu erreichen, die weltweit als eine Art Folter angesehen wird. Sie wurden kurz vor dem Ausbruch der Bombenangriffe des 20. März auf den Irak in diese spezielle Isolationshaft verbracht, gleichzeitig mit hunderten von unbekannten, meistens arabischen oder islamischen Gefangenen oder anderen Dissidenten gegen den Irakkrieg und gegen Imperialismus, denn die Vereinigten Staaten führten gewaltsam eine gravierende Steigerung in der Zerstörung von Menschenrechten für unsere Einwanderergemeinschaft herbei, für die 7 Millionen Araber und für unsere Gefangenen. Sogar während ich hier spreche, ist einer von je 140 Einwohnern der Vereinigten Staaten im Gefängnis, das ist das höchste Aufkommen an Gefangenen per Capita in der Welt, darunter sind überproportional viele afrikanische Amerikaner – »Schwarze« – oder Latinos und jetzt sind es natürlich arabische und asiatische, – islamische Amerikaner.

Wenn wir auf die Anregung schauen, die uns die fünf Cubaner geben, als die prominentesten Personen aus unserer Sicht, obwohl die ganze Welt noch nichts von ihnen weiß, die sich gegen die **Doktrin des Staatsterrorismus** erheben, die von den Vereinigten Staaten ausgeübt wird und die, weil sie bei der Entdeckung von Schiffsladungen voll explosiven Materials und der Aufdeckung von anderen terroristischen Plänen der cubanischen Mafioso-Terroristen, »Los Gusanos«, so effektiv waren, die dann illegaler und ungerechterweise, ohne ein gebührendes Verfahren zu langen Gefängnisstrafen verurteilt wurden – wegen Spionage(!) – während sie doch sogar das FBI mit Informationen über die terroristischen Angriffspläne belieferten, deren Ausführung nicht nur cubanische Zivilisten hätte verletzen können, sondern möglicher Weise auch andere in den Vereinigten Staaten, dann haben wir, abgesehen von diesen Personen, ein einziges Land auf der Welt, das sich erhebt und dem Rest der Welt sagt: »Der Kaiser trägt keine Kleider!«, das dem Rest der Welt sagt, dass diese Regierung in Washington nicht nur all' die internationalen Gesetze und moralischen Werte all' der unterschiedlichen Religionen verletzt, sondern auch seine eigene Verfassung.

Und obwohl ein, zwei oder drei hervorragende Mitglieder des Repräsentantenhauses – gewöhnlich sind es afrikanische Amerikaner – sich von Anfang an gegen die Zerstörung der US-Verfassung ausgesprochen haben, hat im Grunde niemand der maßgeblichen Politiker, weder der demokratischen, noch der republikanischen Fraktion, im Kongress der Vereinigten Staaten etwas getan, um diese militante und faschistische fortschreitende Zerstörung der »10 Amendments« [10 Zusätze«] zur US-Verfassung aufzuhalten, die weltweit als die »Bill of Rights« bekannt sind.

Außer einem konservativen Senator, Senator Byrd, der wahrscheinlich das älteste und dienstälteste Mitglied der Vereinigten Staaten ist, sagte es. Er stammt aus der viele Jahre zurück liegenden Zeit, in der er die Apartheid im tiefen Süden der Vereinigten Staaten verteidigte, von wo er kommt – heute ist er ein konservativer Demokrat – doch er sprach sich gegen die Zerstörung der amerikanischen Verfassung aus, und er kann keine Öffentlichkeit dafür erhalten. Daher musste er sich an das Internet wenden, an die Adresse www.moveon.org, die eine linksliberale Website für Menschenrechte ist, um seine Reden innerhalb der restlichen US-amerikanischen Öffentlichkeit und der Welt in Umlauf bringen zu können.

Ich möchte jetzt auf die **Situation der Fünf** zu sprechen kommen, der sie sich zurzeit stellen müssen: Es gibt eigentlich zwei zurzeit laufende Berufungsanträge, die beide von ihren Anwälten in ihrem Namen gestellt wurden. Es gibt den Antrag im Namen aller Fünf am 11th Circuit Court [elften Bezirksgericht] von Atlanta, und dann gibt es auch den für Antonio über seinen Rechtsanwalt Leonard Weinglass gestellten Antrag, den bekannten Rechtsanwalt von Mumia, und dieser Antrag wurde im letzten November gestellt. Aber die Gerichtshöfe werden in beiden Fällen von streng konservativen Richtern bestimmt, die voraussichtlich gegen diese Anträge entscheiden werden. Der Weinglass-Antrag für Antonio und nebenbei auch der für alle Fünf basiert offenkundig auf der Notwendigkeit des »Change of Venue« [Verlegung der Gerichtsverhandlung an einen anderen Ort], da sie keine faire Gerichtsverhandlung in Miami bekommen konnten.

Die schöne Sache an dem Weinglass-Antrag für Antonio ist jedoch, dass es ein Berufsvergehen seitens der Staatsanwaltschaft offenbart. Wenn ihr die Staatsanwaltschaft hier als die Justiz der Vereinigten Staaten seht und zur Kenntnis nehmt, dass der Generalstaatsanwalt von Bush, John Ashcroft, der innerhalb der Regierung für die Justizabteilung verantwortlich ist, und über den Len Weinglass bei seinen Recherchen herausfand, dass Ashcroft selber seinen eigenen Fall von Selbstverteidigung durch einen Antrag auf »Change of Venue« gewann wegen einer unfairen, unproportionalen Verteilung der Interessen innerhalb der Geschworenen vor Ort [Anm. d. Übersetzerin: Die Geschworenen konnten wegen ihrer vor Ort vorherrschenden Vorurteile gegenüber dem Verhandlungsgegenstand nicht neutral sein.] Er machte sich den selben Präzedenzfall zunutze, den die fünf Cubaner für sich zu nutzen versuchen: einen Fall, der als »Pamplin versus Mason« aus dem Jahr 1968 bekannt ist. [Anm. d. Übersetzerin: »Pamplin gegen Mason«, war ein Fall, der in einer kleinen Provinzstadt in Texas gegen einen schwarzen Bürgerrechtler verhandelt wurde und wegen der bekannten Vorurteile innerhalb der Kleinstadt gegen Schwarze an einen anderen Ort verlegt wurde] Und Ashcroft gewann seinen Fall, indem er diesen Präzedenzfall für sich in Anspruch nahm. Aber er will es den fünf Cubanern nicht genehmigen, oder die Richter wollen es ihnen nicht erlauben, den Präzedenzfall in ihrer Argumentation für ein »Change of Venue« in Anspruch zu nehmen. Ich bedaure es, euch darüber in Kenntnis zu setzen, dass wir euch nicht sagen können, wann die Anhörungen dieser Anträge verhandelt werden, noch euch sagen zu können, wann das Gerichtssystem, nachdem die Anträge verhandelt wurden, seine Entscheidungen bekannt geben wird.

Es gibt in diesen Zeiten **keine Gerechtigkeit in den Vereinigten Staaten**.

Die Vereinigten Staaten können jeden verfolgen, sie können mich verhaften, wenn ich in die Vereinigten Staaten zurück gehe, falls die Alarmstufe gegen Terroristen entsprechend hoch sein sollte. Jeder kann mich ohnehin verhaften. Doch, sie haben übrigens jetzt unter dem Patriot Act I und in seiner verstärkten Fassung Patriot Act II in der Sicherheitsliste für die Heimat eine Menge von schwarzen Listen, die Millionen von Künstlern und Künstlerinnen, Intellektuellen und Arbeitern und Studenten erfasst, außerdem noch zehn Millionen Menschen in Übersee, die nicht einmal US-Bürger sind, also Menschen aus anderen Ländern. – Ja! – Sie haben, wie sie es nennen, die Mutter aller schwarzen Listen, und sie machen es dir schier unmöglich, mit Selbstvertrauen in Bezug auf deine eigene Freiheit in die Vereinigten Staaten zu gehen. Jedem Deutschen werden Fingerabdrücke abgenommen, und er wird z. B. fotografiert. Jeder Bürger dieser Welt wird so behandelt, ihm werden Fingerabdrücke abgenommen, und er wird fotografiert. Also, deshalb bereiten wir vom Komitee, »Free the Cuban Five« in den Vereinigten Staaten eine vierseitige **Anzeige in der New York Times** vor. Die Kosten betragen 40.000 $, die wir noch nicht haben.

Wir bitten euch dringend, euch daran zu beteiligen, auf die Art, wie ihr zu all jenen Unterschriften beigetragen habt. Und wir bitten euch ebenso dringend, euch an den E-Mail-Nachrichtendienst anzuschließen, den das »Free the Five« – Komitee in den Vereinigten Staaten eingerichtet hat, damit Ihr die E-Mails erhalten könnt, die euch über die Geschehnisse auf dem laufenden halten.

Von der Anzeige gibt es sehr viele Entwürfe, wurde mir gesagt, und dass es noch keine Endfassung für eine Kopie gibt, sie muss offenbar sehr sorgfältig formuliert werden.

Das Wichtige an esto Anuncio, esto Aviso, dieser Anzeige ist, den »Black-out« der Nachrichten zu beseitigen, die Mediensperre, die über die fünf Kubaner nicht nur innerhalb der Vereinigten Staaten verhängt wurde, zu durchbrechen. Und das wird uns ermöglichen, den »Black-out« der Nachrichten zu beseitigen, dasselbe, was wir in einigen anderen historischen Fällen in der Geschichte der Verteidigung der Menschenrechte von politischen Gefangenen in den Vereinigten Staaten tun mussten, bis hin zurück zu dem Fall von Carlos Feliciano in Puerto Rico, zu nationalen Fällen in den Sechzigern und Siebzigern, bis zu Mumia selbst, um sein Leben zu erhalten und für so viele andere berühmte Fälle. Denn es würde uns einen großen Schritt vorwärts bringen, wenn diese Anzeige veröffentlich werden könnte und wir ermuntern euch, dazu beizutragen.

Ich habe nun die mir zustehende Zeit verbraucht, und daher überbringe ich euch jetzt noch herzliche Grüße von all' den neuen Solidaritätskomitees, die sich in den Vereinigten Staaten gebildet haben. »No to war against Cuba!« [Nein zum Krieg gegen Cuba!] Also, wir demonstrieren gegen die umgekehrten Protestkundgebungen der »Gusanos«.

Ich überbringe euch herzliche **Grüße von den Gegnern der Neoliberalisten**, einer Bewegung, die auf ihren Märschen fast immer das Banner der fünf Kubaner voranträgt.

Und obwohl ich nicht die Ehre hatte, mich von der Begegnung mit ihnen inspirieren zu lassen, bin ich so frei, die Grüße der fünf Brüder zu überbringen, die unfairer Weise in meinem Heimatland, den Vereinigten Staaten, eingekerkert sind. Und ihr solltet wissen, dass ihre Anwälte sich darum bemühen, sie nach Miami zurückzubringen, statt sie dort bleiben zu lassen, wo sie jetzt sind. Es werden dazu ernste Schritte unternommen. Danke für eure Gastfreundschaft.

36
Rede von Katrien Demuynck, Vertreterin des Belgischen Komitees zur Befreiung der 5, Koordinatorin für Europa: »Die Kampagne zur Befreiung der MIAMI 5«

Vielen Dank. Ich möchte mich zunächst bei den Organisatoren der Veranstaltung dafür bedanken, dass sie mich hier sprechen lassen.

Ich glaube, dass wir schon genug Informationen erhalten haben durch den cubanischen Compañero und auch durch James. Deshalb möchte ich mich vor allem auf das konzentrieren, worin die Kampagne besteht und wie wir sie vielleicht voran bringen können, um natürlich so schnell wie möglich die Rückkehr der Fünf zu erreichen.

Die Geschichte der Kampagne
Die Kampagne als solche ist sehr jung. Sie begann vor kaum zwei Jahren im Sommer 2001. Es gab sofort eine große Unterstützung in den Vereinigten Staaten selbst für das Komitee für die Befreiung der Fünf, das dort von Gloria La Riva und Alicia Hrapko geleitet wird, außerdem von Claudia Camba aus Argentinien.

Es war so, dass wir uns in den ersten Kontakten über E-Mail in den Jahren 2001 und 2002 entschlossen, eine erste weltweite internationale Kampagne ins Leben zu rufen, einen ersten internationalen Aktionstag.

Erste Kampagne 2002
An dieser ersten Kampagne, die im September 2002 stattfand, nahmen 24 Länder teil. Man wird vielleicht sagen: Das nicht viel. Andererseits finde ich, dass es schon etwas ist, denn wie Sie wissen, ist das erste, was nötig ist, das Schweigen zu brechen. Also kommen wir in diesem Moment mit jeder Kampagne, mit jedem Komitee; das zu funktionieren beginnt, einen Schritt weiter in dieser sehr wichtigen, ja vielleicht wichtigsten Sache.

Dieser erste Aktionstag war ein Impuls, um viele weitere Komitees weltweit zu gründen. Ich weiß momentan nicht die exakte Ziffer aber vor kurzem teilte mir Sergio Corrieri vom ICAP mit, dass es schon mehr als 120 auf der ganzen Welt gibt, die daran arbeiten. Gut, im Januar 2003 gab es einen wichtigen Event auf Weltniveau, zumindest für die Völker an ihrer Basis: das Weltsozialforum in Porto Alegre.

Und wir verständigten uns vom einen Kontinent zum andern, zu versuchen, an diesem Ort die Gründung einer Arbeitsgruppe zu erreichen, die sich mit den Fünf befasst, was auch gelang. Und seit diesen Kontakten mit Claudia Camba und Gloria La Riva beschlossen wir außerdem zu versuchen, all diese Aktivitäten ein bisschen besser zu koordinieren.

Und so geschah es, dass man mich fragte, ob ich nicht für Europa zuständig sein wollte. Das ist nichts, was ich mir verdient hatte. Es war einfach Zufall. Und in jenem Augenblick schlugen wir dort in Porto Alegre vor, einige Maßnahmen zu ergreifen, um sozusagen ein paar Richtlinien zu erarbeiten, an denen sich die Komitees weltweit orientieren könnten, um auf diese Art und Weise die gemeinsamen Anstrengungen bestmöglich zu nutzen und zu vereinen. Nun, das erste war natürlich, auf internationaler Ebene mit der Petition weiter zu kommen, die, glaube ich, am Stand des Komitees »Basta Ya« ausliegt und auch an unserem. Stand der »Initiativa Cuba Socialista« aus Belgien.

Anzeige in der New York Times
Der zweite Punkt war der, das Schweigen zu brechen und die Seiten in der New York Times zu kaufen, worüber uns James schon erzählt hat. Wir wissen, das dies sehr teuer ist. Darum glaube ich, dass eine der Sachen, die wir tun müssen, darin besteht, dass wir versuchen, Geld zu sammeln, was sicher nicht einfach ist, aber wir müssen es versuchen, um wirklich diese Seiten dort realisieren zu können.

Kontakt zu RechtswissenschaftlerInnen
Ein anderer Punkt, den ich für sehr wichtig halte, ist der, sich an Juristen zu wenden und an Studierende der Rechtswissenschaften, damit sie sich mit dem Fall beschäftigen. Das ist von Europa aus nicht leicht, da das hiesige Rechtssystem sich sehr von dem der USA unterscheidet, aber ich halte es für sehr wichtig, dass auch auf diesem Niveau Druck entsteht. Eine andere Entscheidung in Porto Alegre war unter anderem die, nochmals internationale Aktionstage zu initiieren, und zwar vom 30.März bis zum 7.April. Das war der Stichtag, an dem die Anwälte die Appellation vor dem Gerichtshof von Atlanta einreichen mussten.

Verstärkte Aggression der USA
Gut, dies alles wurde beschlossen. In der Zwischenzeit – mittlerweile war es Ende Januar – verstärkte sich, wie Sie alle wissen, die Aggressivität der Vereinigten Staaten trotz der Meinung der Völker, trotz der großen Demonstrationen für den Frieden überall auf der Welt. Und eine Konsequenz dieser Aggressivität, dieses Anwachsens ihrer Aggressivität war unter anderem die, dass sie zwischen dem 28.Februar und dem 3.März die fünf Compañeros einmal mehr in Isolationszellen steckten.

Die Isolationshaft
Sie alle wissen, dass dies eine unmenschliche Situation ist. Wir – und mit Sicherheit auch einige von Ihnen – hörten die Berichte von Olga und Adriana in Genf, wo sie beschrieben, wie diese Isolierung aussieht einschließlich der Tatsache, dass Olga, eine der Compañeras, die zu uns sprachen, zum Zeitpunkt ihrer Rede kein einziges Lebenszeichen von ihrem Ehemann hatte.

Nach Angaben der USA geschah es aus Gründen der nationalen Sicherheit, dass man sie auf diese Weise isolierte. Weinglass selbst sagte bei mehreren Gelegenheiten, dass die Fünf zu dieser Zeit schlimmeren Bedingungen ausgesetzt gewesen seien, als sie Mumia Abu-Jamal im Todestrakt zu ertragen hatte. Das heißt, es war eine sehr schwierige Situation. Aber ich glaube, dass genau diese Situation als zusätzliche Kraft diente für unseren Aufruf zum Aktionstag der internationalen Solidarität. Wir nutzen zum Beispiel von Belgien aus das Internet als Waffe, die sie nicht aus dem Weg räumen können. Von Belgien aus entwarf zum Beispiel ein Compañero des Komitees, der sehr gut Englisch spricht, einen Modellbrief an Ashcroft. Nun, dieser Brief fand weltweite Verbreitung, und mir wurde hinterher klar, dass er selbst aus dem Senegal und aus dem Kongo geschickt wurde.

Die Aktionen in Europa
Es gab Reaktionen aus verschiedenen Ländern. In Europa zum Beispiel bereiteten sich acht Länder auf diese Solidaritätskampagne für die Fünf vor. Weltweit waren es schon dreißig. Es gab nun schon einige Länder und Gruppen mehr. Außerdem muss ich sagen, dass es in gewissen Ländern verschiedene Gruppen gab, die solche Aktionen durchführten, so dass mich am 30.März, als wir in Brüssel mit der ersten Aktion dieser Kampagne anfingen, nachts eine Mail von Weinglass erreichte mit der guten Nachricht, dass die Fünf wieder in den normalen Strafvollzug überführt worden seien. Und Weinglass sagte sofort, dies sei aufgrund der internationalen Solidarität erreicht worden.

Sehen Sie, vielleicht ist es ja nur ein kleiner Erfolg. Ich war einerseits sehr zufrieden in jener Nacht, andererseits war ich mir völlig bewusst, dass die da machen, was sie wollen. Heute holen sie sie raus, morgen stecken sie sie wieder rein. Es wird von uns, von unserer Stimme und von unserem Aufruf abhängen, ob sie sich erlauben können, in dieser Art weiterzumachen.
Das Schweigen durchbrechen
Um konkreter zu werden: Unsere wichtigste Aufgabe besteht, glaube ich, darin, das Schweigen zu durchbrechen. Für uns hier in Europa ist das natürlich das wichtigste, worauf wir hinarbeiten müssen.

Aber wir müssen uns klar machen, dass es wichtiger ist, in den Vereinigten Staaten das Schweigen zu brechen. Wir müssen hier arbeiten, aber es ist die öffentliche Meinung dort, die nötig sein wird, sie aus dem Gefängnis zu holen.

Also möchte ich noch einmal den Aufrufwiederholen, Geld zu sammeln, um jene Seiten in der New York Times zu kaufen, die sehr wichtig sind. Es gibt dafür Präzedenzfälle in der Geschichte. Es mag vielleicht seltsam erscheinen, aber zum Beispiel die Kampagne für Angela Davis bekam einen direkten, sehr starken Impuls, als es gelang, den Fall zu publizieren. Mumia Abu-Jamal ist noch am Leben Dank der Tatsache, dass man Pressekampagnen durchführte. Darum ist dies, wie ich meine, von wesentlicher Bedeutung. Wir müssen dafür Geld sammeln.
Petition für internationale Unterstützung
Zweitens müssen wir natürlich weiter an der Petition arbeiten, an der internationalen Unterstützung und am Aufruf. Die internationale Bewegung ist von äußerster Wichtigkeit. Wir müssen mit der Presse arbeiten. Das müssen wir erreichen, obwohl es sehr schwierig ist. Ich weiß aus eigener Erfahrung, wie extrem schwierig es ist, sie dazu zu bringen, dass sie die Fünf überhaupt mit einem Wort erwähnen, geschweige denn mit einem guten.

Aber wir müssen daran weiterarbeiten. Wir müssen Augenblicke wie diesen nutzen oder auch den Besuch eines Cubaners. So wurde beispielsweise in Belgien die Compañera Aleida Guevara von der Sozialdemokratischen Partei eingeladen.

Wir waren an allen Orten anwesend, wo sie redete; konnten Unterschriften und Geld sammeln. Sie ihrerseits sprach natürlich überall das Thema an. Das half uns in Belgien sehr, ohne dass wir dafür Geld ausgeben mussten. Schließlich sind wir, die wir hier versammelt sind, alle arm. Wir müssen versuchen, die Möglichkeiten zu nutzen, die sich uns bieten.
Verbindungen zur Antikriegskampagne
Darüber hinaus glaube ich, und das, was ich von meinen Vorrednern gehört habe, bestärkt mich in dieser Idee, dieser Überzeugung, dass es sehr sehr wichtig ist, die Kampagne für die Fünf mit der Antikriegskampagne zu verbinden. Es ist ein und dieselbe Kampagne. Obwohl es nicht für alle Leute leicht zu verstehen ist, müssen wir diese Tatsache erklären. Ich glaube, dass es heute schon klarer ist, heute, da hohe Repräsentanten der Regierung der Vereinigten Staaten im Brustton der Überzeugung offen vor den Medien sagen: Nach Irak Cuba.

Wir wissen alle, dass die Aggressivität gegen Cuba in den letzten Monaten mit unglaublichem Tempo gewachsen ist. Die Regierung der Vereinigten Staaten hat es sich nach dem Fall der Mauer in Berlin, wo wir uns gerade befinden, erlaubt, die Oberhoheit zu übernehmen. Das beißt, es gibt kein Gleichgewicht mehr, es gibt im Moment überhaupt keine Balance auf der Welt. Sie haben die militärische Macht, die finanzielle Macht, jede erdenkliche Macht und sie erlauben sich alles. Das ist das Erste.

Das Zweite ist: Der 11.September hat ihnen die Möglichkeit gegeben, eine Paranoia zu schaffen, eine Angstpsychose, die ihnen erlaubt hat, das zu brechen, was sie immer ein wenig aufgehalten hat: das berühmte Vietnam-Syndrom, das sie immer davon abgehalten hat, wo es ihnen gerade einfällt, nordamerikanische Truppen hinzuschicken. Gut, zur Zeit erlauben sie sich aufgrund dieser Angst, dieser Psychose, die sie nach den Attentaten des 11.September erreicht haben, alles Mögliche und bis jetzt wird das so vom Volk der Vereinigten Staaten akzeptiert.

Ich möchte die Gelegenheit nutzen, um einen kleinen Ausschnitt eines Briefes von Ramon

vorzulesen, eines Briefes vom September 2002, das heißt Monate vor der Aggression gegen den Irak, in dem eine sehr klare Vision deutlich wird, ein Aufruf, sich zu vereinen gegen solches Unrecht, gegen eine neue Weltordnung, die ausschließlich zum Krieg hinführt. Dies sind Ramons Worte: »*Ich möchte, liebe Brüder, eure Aufmerksamkeit darauf lenken, dass dies ein idealer Moment ist, uns zu vereinen, zu verstärken und alle Kräfte des Guten in der Welt zu erheben in diesem Kampf gegen den Imperialismus und den Kapitalismus in all ihren Formen und Manifestationen. Es ist der Imperialismus mit seiner aggressiven und verbrecherischen Natur, der Kriege und Zerstörung gebiert, die so nötig sind für den Erhalt seiner selbst. Das ist der wahre Feind aller Völker unseres Planeten. Die Welt / muss sich verändern. Diese so ungerechte, aus dem Gleichgewicht geratene, instabile und zerstörerische Weltordnung muss verschwinden, und ein neues soziales System.. gerechter und ausbalancierter für alle, also eine viel bessere Welt, ist möglich und notwendig. Und der Sieg ist nahe, er ist in Reichweite unserer Hände. Wir müssen uns nur zusammenschließen und für ihn kämpfen und hoffentlich wird unser kleines und bescheidenes Bemühen auf die eine oder andere Weise dazu beitragen. Ihr sollt wissen, dass wir stets an eurer Seite sind, dass ihr immer auf uns zählen könnt bei jedem Werk und jeder Aufgabe zum Wohle der Armen und Unterdrückten der Menschheit. Rechnet mit unserer ewigen Loyalität gegenüber allem Guten in der Welt. Uns bleibt nur zu hoffen, dass wir uns schon bald mit euch vereinen und gemeinsam den Sieg feiern können.*
Mit brüderlichen Grüßen Ramón Labañino Salazar«

Also müssen wir die Kampagne für die Befreiung der Fünf und gegen die Aggression der Vereinigten Staaten verstärken.

Ich bin der Überzeugung, dass wir die beiden Themen immer miteinander verbinden müssen; so steht es auch in der Broschüre unserer deutschen Compañeros. Ich würde gerne schließen mit einer Einladung. Wir werden versuchen, das europäische Netz bei der Kampagne für die Fünf zu verstärken. In diesem Jahr gibt es keine Konferenz der europäischen Solidaritätsbewegungen. Also möchte ich gerne diejenigen, die können, die die Möglichkeit dazu haben, einladen, am 4.Oktober am Solidaritätsevent »Che presente« in Brüssel teilzunehmen, der unter dem Motto steht: »Befreien wir die Fünf, bekämpfen wir den Krieg und den Terrorismus der Vereinigten Staaten«.

Ich hoffe Sie dort wiederzusehen. Ich hoffe, dass Sie mit viel Mut beim Kampf um die Befreiung der Fünf weitermachen.

Und seien wir gewiss, dass die 5 zurückkehren werden!

37
Pressemitteilung
»Seien wir Realisten, versuchen wir das Unmögliche«
Solidaritätsveranstaltung anläßlich des 40. Jahrestages der Ermordung Che Guevaras und des 9. Jahrestages der Verhaftung der Cuban 5

Am 8. Oktober 1967, vor 40 Jahren, wird der Arzt und Revolutionär Ernesto Rafael Guevara de la Serna, genannt **Che Guevara**, in Bolivien mit Unterstützung des us-amerikanischen Geheimdienstes CIA gefangenengenommen und am nächsten Tag ohne Gerichtsverhandlung erschossen. **Che Guevara**, der zehn Jahre zuvor im Rahmen der kubanischen Revolution eine außerordentlich wichtige Rolle gespielt hat, arbeitet nach dem Sieg der Revolution im Jahre 1959 auf Kuba unter anderem als Industrieminister an der Seite Fidel Castros. Im Jahr 1965 verläßt er die karibische Insel, um sich am Befreiungskampf im Kongo zu beteiligen. Ein Jahr später beginnt er seine Guerillatätigkeit in Bolivien.

Seit seinem Tod gilt er in den Ländern Lateinamerikas vielerorts als Volksheld und revolutionäres Idol. So berufen sich die fortschrittlichen Kräfte auf dem amerikanischen Kontinent – die zur Zeit in immer mehr Ländern die politischen und gesellschaftlichen Verhältnisse zum Wohle der Bevölkerungsmehrheit neu gestalten – bei diesen Veränderungsprozessen auch auf Ideen und das Wirken **Che Guevaras**. Aber auch in den westlichen Industriestaaten und anderen Teilen der Welt engagieren sich bis heute Millionen Menschen für die von **Che Guevara** verkörperten Ideale der sozialen Gerechtigkeit, des Friedens und der Freiheit von Unterdrückung und kolonialer Bevormundung.

Mit der Solidaritätsveranstaltung soll nicht nur an den Freiheitskämpfer und Revolutionär **Che Guevara** erinnert werden; es soll auch darüber diskutiert werden, welche Bedeutung seine Ideen und sein Handeln heute haben, sowohl im Hinblick auf die aktuellen Entwicklungen in Lateinamerika als auch für die Linke in Deutschland beziehungsweise in Westeuropa.

An der Podiumsdiskussion nehmen teil:
- **die Botschafter der Republik Kuba Gerardo Peñalver**
- **die Botschafterin der Republik Venezuela, Blancanieve Portocarrero,**
- **der Botschafter der Republik Bolivien, Walter Prudencio,**
- **der Bundestagsabgeordnete der Linkspartei, Wolfgang Gehrcke,**
- **Rolf Priemer vom DKP-Parteivorstand sowie**
- **Franz Schütz von der ver.di Jugend Bayern und zugleich Vertreter der Cuba Solidaritätsgemeinschaft GRANMA**

Zugleich soll mit der Veranstaltung auch an jene Menschen erinnert und für deren Freiheit eingetreten werden, die verfolgt und inhaftiert sind, weil sie sich für revolutionäre Veränderungen im Sinne **Che Guevaras** engagiert haben. Dazu gehören auch die Cuban 5: Gerardo Hernández, René González, Ramón Labañino, Antonio Guerrero und Fernando González. Die Fünf Kubaner hatten Gruppen von Exilkubanern in Miami/USA unterwandert, um auf diese Weise geplante terroristische Anschläge gegen Kuba zu verhindern. Denn obwohl sich die Vereinigten Staaten angeblich im weltweiten Kampf gegen den »internationalen Terrorismus« befinden, ist die US-Regierung gegen die von ihrem Boden aus operierenden antikubanischen Terrorgruppen nicht vorgegangen, im Gegenteil: Die USA unterstützen sie bis heute.

Die **Cuban 5** wurden in Florida in 26 Anklagepunkten der Verschwörung zur Spionage und im Fall von Gerardo Hernández auch wegen Verschwörung zum Mord angeklagt. Nach einem beispiellosen sechs Monate dauernden Prozeß im Juni 2001 wurden die fünf Kubaner von einem Gericht in Miami-Dade – trotz fehlender Beweise und gegenteiliger Zeugenaussagen hoher Militärs – in allen Punkten der Anklage für schuldig befunden. Einige Monate später verurteilte man sie zu hohen Haftstrafen; drei von ihnen erhielten eine lebenslängliche und zwei 19 beziehungsweise 15 Jahre Haft, die sie in fünf verschiedenen weit über die USA verstreuten Hochsicherheitsgefängnissen antreten mußten.

Im Mai 2005 gab die **Arbeitsgruppe für Willkürliche Inhaftierungen der Menschenrechtskommission der Vereinten Nationen** eine Stellungnahme zu dem Fall ab und bezeichnete die Inhaftierung der **Cuban 5** als einen »Verstoß gegen Artikel 14 des Internationalen Paktes für Zivile und Politische Rechte«. Seither haben verschiedene Verhandlungen zur Berufung zu den Urteilen gegen die **Cuban 5** unter internationaler Beobachtung stattgefunden.

Auf der Solidaritätsveranstaltung in Berlin werden
- **der Völkerrechtler und Bundestagsabgeordnete der Linkspartei Norman Paech** sowie
- **der Bremer Rechtsanwalt Eberhard Schultz**,
die beide als Prozeßbeobachter an dem letzten Berufungsverfahren im vergangenen August in Atlanta teilgenommen haben, über den Stand der Prozesse gegen die **Cuban 5** berichten.
Bei der Podiumsdiskussion diskutieren neben den beiden Juristen außerdem
- **der kubanische Botschafter Gerardo Peñalver,**
- **die Journalisten Horst Schäfer und Ekkehard Sieker**
- **sowie Monika Schierenberg der Gruppe eco mujer**
über die Hintergründe des Falles und die Möglichkeiten zur aktiven Solidarität mit den inhaftierten fünf Kubanern.

Die Solidaritätsveranstaltung endet mit einem Kulturprogramm.
Mitwirkende sind:
- die Musikgruppe Cantaré,
- Diether Dehm, begleitet von Michael Letz,
- Gina Pietsch, begleitet von Uwe Streibel, Frank Viehweg sowie
- Manfred Wekwerth und Renate Richter

Veranstalter sind:
das NETZWERK CUBA e.V.
die Cuba-AG der DKP
das ANTIEISZEITKOMITEE

Medienpartner:
die Tageszeitung junge Welt

Veranstaltungsort:
DGB-Haus am Wittenbergplatz,
Keithstraße 1-3; 10787 Berlin

Zeit:
Samstag, 6. Oktober 2007
Beginn 15.00 Uhr bis ca. 22.30 Uhr

Pressekontakt:
Ekkehard Sieker Mobil: 0163 / xxx xx xx
Weitere **Einzelheiten des Veranstaltungsprogramms**
entnehmen sie bitte der Anlage.

Berlin, den 4.Oktober 2007

38

Sehr geehrte Herr/Frau ....,
mit Erstaunen und Verwunderung habe ich erfahren, dass Sie als Teilnehmer/in einer Veranstaltung eines sog. »International Committee for Democracy in Cuba« (ICDC) am 25. und 26. April dieses Jahres in den Räumen der Konrad-Adenauer-Stiftung in Berlin mit dem Titel »Democracy in Cuba: Seeking Common Initiatives« aufgeführt werden.

Die Veranstaltung richtet sich offensichtlich gegen die eigenständige und selbstgewählte Entwicklung des souveränen Staates Kuba und hat überhaupt keine Berührungspunkte zur aktuellen Entwicklung in diesem Land. Eine Einmischung in die inneren Angelegenheiten eines Landes, wie sie von der Konferenz und ihren Veranstaltern gewünscht wird, unterstützt bewusst die aggressive, völkerrechtswidrige Politik der US-Regierung gegen Kuba, die u. a. gekennzeichnet ist durch eine jahrzehntelange, mehrfach durch die Vereinten Nationen (auch mit den Stimmen Deutschlands) verurteilte politische, wirtschaftliche, kulturelle und wissenschaftliche Blockade. Seit dem Beginn der Präsidentschaft von Bush jr. in den USA sind weitere erneute Verschärfungen dieser US-Strategie gegen Kuba durchgeführt worden, beispielsweise der sog. »Plan Bush« von einer »US-Kommission für die Unterstützung eines freien Kubas«, in dem eine Vielzahl von feindseligen und subversiven Aktionen gegen den souveränen Inselstaat und deren finanzielle Unterstützung angekündigt werden.

ANMERKUNGEN   **241**

Die Teilnahme an einer Veranstaltung, die eine solche auf Konfrontation und Aggression fußende Politik unterstützen will, ist auf gar keine Weise tolerierbar, ja war für mich bisher überhaupt unvorstellbar und wäre ein Skandal. Durch Ihre geplante Teilnahme, Herr/Frau .... verlassen Sie den Boden von Menschenrecht und Demokratie, sowie einer Außenpolitik, die auf einer respektvollen und friedlichen Basis aufbaut. Sie unterstützen vielmehr eine Politik, die sich sowohl gegen das Grundgesetz, in dem u. a. von »dem Frieden der Welt zu dienen« gesprochen wird, als auch gegen die entsprechenden UN-Vereinbarungen richtet.

Ich erwarte von Ihnen eine deutliche, unmissverständliche Stellungnahme gegen die geplante Konferenz und gegen eine Teilnahme Ihrer Person auf derselben. Es ist nicht ausreichend, solche auf Konfrontation und Einmischung gerichtete Veranstaltungen nur zu ignorieren, es muss sehr deutlich klargestellt werden, dass solche Aktivitäten niemals geeignet sind, das friedliche Zusammenleben der Staaten und Völker der Welt zu fördern, sondern ganz im Gegenteil eine völkerrechtswidrige, aggressive Politik, die nicht in Ihrem und meinem Interesse liegen kann, aufwertet. Eine Teilnahme sollte natürlich überhaupt nicht in Erwägung gezogen werden.

Wir hoffen, von Ihnen recht bald entsprechende Verlautbarungen zu vernehmen und danken für Ihre Aufmerksamkeit.

Mit freundlichen Grüßen

Herrn Außenminister
Dr. Frank-Walter Steinmeier
Auswärtiges Amt
11013 Berlin

Sehr geehrte Herr Dr. Steinmeier,
mit Erstaunen und Verwunderung haben wir erfahren, dass Sie als Teilnehmer einer Veranstaltung eines sogenannten »International Committee for Democracy in Cuba« (ICDC) am 25. und 26. April dieses Jahres in den Räumen der Konrad-Adenauer-Stiftung in Berlin mit dem Titel »Democracy in Cuba: Seeking Common Initiatives« aufgeführt werden.

Die Veranstaltung richtet sich offensichtlich gegen die eigenständige und selbstgewählte Entwicklung des souveränen Staates Cuba und hat überhaupt keine Berührungspunkte zur aktuellen Entwicklung in diesem Land. Eine Einmischung in die inneren Angelegenheiten eines Landes, wie sie von der Konferenz und ihren Veranstaltern gewünscht wird, unterstützt bewusst die aggressive, völkerrechtswidrige Politik der US-Regierung gegen Cuba, die u. a. gekennzeichnet ist durch eine jahrzehntelange, mehrfach durch die Vereinten Nationen (auch mit den Stimmen Deutschlands) verurteilte politische, wirtschaftliche, kulturelle und wissenschaftliche Blockade. Seit dem Beginn der Präsidentschaft von Bush jr. in den USA sind weitere erneute Verschärfungen dieser US-Strategie gegen Cuba durchgeführt worden, beispielsweise der sogenannte »Plan Bush« von einer »US-Kommission für die Unterstützung eines freien Cubas«, in dem eine Vielzahl von feindseligen und subversiven Aktionen gegen den souveränen Inselstaat und deren finanzielle Unterstützung angekündigt werden.

Die Teilnahme an einer Veranstaltung, die eine solche auf Konfrontation und Aggression fußende Politik unterstützen will, ist auf gar keine Weise tolerierbar, ja war für uns bisher überhaupt unvorstellbar und wäre ein Skandal. Durch Ihre geplante Teilnahme, Herr Dr. Steinmeier, verlassen Sie den Boden von Menschenrecht und Demokratie, sowie einer Außenpolitik, die auf einer respektvollen und friedlichen Basis aufbaut. Sie unterstützen vielmehr eine Politik, die sich sowohl gegen das Grundgesetz, in dem u. a. von »dem Frieden der Welt zu dienen« gesprochen wird, als auch gegen die entsprechenden UN-Vereinbarungen richtet.

Wir erwarten von Ihnen eine deutliche, unmissverständliche Stellungnahme gegen die geplante Konferenz und gegen eine Teilnahme Ihrer Person auf derselben. Es ist nicht ausreichend, solche auf Konfrontation und Einmischung gerichtete Veranstaltungen nur zu ignorieren, es muss sehr deutlich klargestellt werden, dass solche Aktivitäten niemals geeignet sind, das friedliche Zusammenleben der Staaten und Völker der Welt zu fördern, sondern ganz im Gegenteil eine völkerrechtswidrige, aggressive Politik, die nicht in Ihrem und unserem Interesse liegen kann, aufwertet. Eine Teilnahme sollte natürlich überhaupt nicht in Erwägung gezogen werden.

Wir hoffen, von Ihnen recht bald entsprechende Verlautbarungen zu vernehmen und danken für Ihre Aufmerksamkeit.

Mit freundlichen Grüßen
Vorstand NETZWERK CUBA – Informationsbüro – e. V.
Kristine Karch, stellvertretende Vorsitzende

Anlage:
Zur Information unseren offenen Brief an Frau Bundeskanzlerin Merkel in dieser Angelegenheit.

39

Liebe Cuba-Freundinnen und -Freunde,
wir möchten noch mal auf die ICDC-Konferenz vom 24. – 26.4.07 in Berlin verweisen.

Neue Informationen bekommt ihr auf unserer homepage www.netzwerk-cuba.de und wir können euch schon mitteilen, dass sowohl der Bundestagspräsident, Norbert Lammert, also auch die parlamentarische Staatssekretärin Karin Kortmann nicht an der Konferenz teilnehmen werden.

Am 24.4.07 soll vor dem offiziellen Beginn der Konferenz ein NGO-Forum mit Nichtregierungsorganisationen, die in/mit Cuba arbeiten, stattfinden.

(Siehe letzte Seite im Programm).

Wir möchten nun alle Gruppen bitten, sich anzumelden, um an diesem Treffen teilzunehmen und damit für eine lebhafte Diskussion zu sorgen.

Das gleiche gilt für die Konferenz, sowohl für Gruppen, als auch für Einzelpersonen.

Wir möchten euch auch bitten, uns Rückmeldungen zu geben, wer sich angemeldet hat, und ob ihr eine Zusage oder Absage bekommen habt.

Außerdem möchten wir alle diejenigen, die Briefe an mögliche TeilnehmerInnen geschickt haben, bitten, uns eventuelle Rückmeldungen zwecks Koordination/Überblick mitzuteilen.

Wir wollen versuchen, euch immer auf den neusten Stand zu halten.

Das Netzwerk hatte Briefe an Wulffen, Zilla, Steinmeier, Poppe, Pöttering, Meckel, Lammert, Burchardt und Kortmann verschickt. Ebenso waren auch schon einige Mitgliedsgruppen aktiv.

Antworten bis jetzt vom Büro Lammert und Kortmann (siehe oben).Außerdem haben wir schon Rückmeldungen von einigen im Programm als angefragt bezeichneten TeilnehmerInnen, dass sie nichts von der Konferenz wussten, also nicht angefragt waren/sind.

Mit solidarischen Grüßen
NETZWERK CUBA

40

Agente CIA Frank Calzón recibido en Berlín con gritos de »¡Gusano!«
JEAN-GUY ALLARD
Con gritos de »¡Gusano!« y »¡Asesino!«, el agente de la CIA Frank Calzon fue recibido el martes 24 en Berlín a su llegada al show que preparó el Departamento de Estado para manipular a la opinión pública europea en contra de Cuba.

Después de varias denuncias en la prensa por estar enteramente financiado por Washington y manipulado por la CIA, el evento, anunciado anteriormente como una respetable cumbre europea sobre el futuro de la Isla, se desplomó.

Los pocos participantes que quedaron inscritos en el reducido programa son esencialmente los habituales contratistas del aparato de propaganda norteamericano, entre los cuales está el redondo secretario vitalicio del Center for a Free Cuba.

Pomposamente titulada Democracia en Cuba: Buscando Iniciativas Comunes, la conferencia anticubana de Berlín fue recortada a la mitad del tiempo previsto, por falta de inscripciones y de ponentes.

Los que quedaron tuvieron la mala sorpresa de verse recibidos en la entrada del edificio de la derechista Fundación Konrad Adenauer por un centenar de manifestantes solidarios con la Isla, con decenas de afiches denunciando, entre otras cosas, al propio Calzón y su socio terrorista Carlos Alberto Montaner.

Como elocuente expresión de lo ridículo en esta asamblea de nostálgicos del batistato, en un momento de delirio colectivo, el moderador calificó a Montaner como el »más grande escritor de las letras cubanas«.

Una falta de tacto que ofendió a muchos, entre ellos, al ministro aleman de Relaciones Exteriores, Frank-Walter Steinmeier, quien pronto negó tener intención alguna de estar presente en tal circo.

Los pocos que no estaban identificados con el habitual circo, decepcionaron a los agentes del »anticastrismo« miamense, al asegurar que el bloqueo era un fracaso y que era ilusionarse, de parte de Estados Unidos, prever un eventual final de la Revolución cubana.

El comisionado alemán de los Derechos Humanos, Günter Nooke (CDU), del cual los organizadores esperaban una declaración anticubana, aseguró que la Revolución se veía »robusta« y que ningún cambio era previsible en el actual contexto, añadiendo que los votos en la ONU sobre el bloqueo demostraban claramente que Cuba no se encontraba aislada.

Se ha sucedido en la tribuna la acostumbrada brocheta de los »ex«: el ex presidente checo Václav Havel, el ex presidente polaco Lech Walesa, el ex mandatario uruguayo Luis Alberto Lacalle, y el »ex« líder albanés Rexhep Meidani, todos conocidos por su servilismo visceral frente al imperio y su anticomunismo enfermizo. El »ex« Aznar, apurado, pasó por Berlín el día anterior y dejó una cinta de video.

41
Konkrete Vereinbarungen – AG1 »Los 5«
1) Gegenseitige Information zu geplanten und realisierten Aktivitäten im Zusammenhang mit dem Fall der ›Los 5‹ durch Nutzung der gemeinsamen E-Mail-Adresse -> free-the-five@cubanismo.net.
a. Die in der Sitzung vertretenen Gruppen sind bereit und haben zugestimmt Informationen zu Aktivitäten/Aktionen, die auf der jeweiligen lokalen, regionalen, nationalen Ebene geplant werden oder bereits stattgefunden haben in Form eines kurzen Textes (max. 1 DIN A4-Seite) und mindestens in englischer oder spanischer (und ihrer eigenen »National«-sprache) an die Mailadresse -> free-the-five@cubanisimo.net zu schicken
b. Um diesen Austausch möglich zu machen, wird eine E-Mail-Liste in CRM erstellt. Verantwortlich hierfür ist Katrien Demuynck.
c. Zu diesem Zweck haben alle Teilnehmer der AG des Europäischen Solidaritätstreffens mit Cuba ihre Emailadressen lt. Teilnehmerliste überprüft und zugestimmt, dass diese die Empfängeradressen für die gegenseitigen Informationen sind
2) Um die gegenseitige Information sicher zu stellen und die Möglichkeit der Kommunikation unter den Gruppen zu erleichtern, wurde eine »comisión de concertación« vorgeschlagen und mit einstimmigem Votum beschlossen. Die Kommissionsmitglieder sind die 6 Compañer@s (aus 6 Ländern):
   - Katrien Demuynck, Belgien
   - Manuel López, Ukraine

- Rob Miller, Großbritannien
- Marco Papaccio, Italien
- Vania Ramírez León, Schweden
- Petra Wegener, BRD

Diese Compañer@s sind verantwortlich dafür:
- Den Informationsaustausch bzgl. lokaler/regionaler/nationaler Aktivitäten zu den »Los5« einzurichten und aufrecht zu erhalten
- Die Emailadresse -> free-the-five@cubanismo.net, von der aus die Infoverbreitung realisiert und gesichert wird, zu nutzen

Die »concertación« steht untereinander in Kontakt, um den Fortschritt/die Ergebnisse dieser Arbeitsform innerhalb von ca. 6 Monaten in einem direkten Kontakt, einer noch festzulegenden Art (Treffen oder telefonisch/via skype, etc.) einzuschätzen

3) Der Vereinbarung mit den Organisationen unterliegend, unterstützten die Vertreter der Gruppen den von der IADL (INTERNATIONAL ASSOCIATION OF DEMOCRATIC LAWYERS) gemachten und von Jan Vermont und Katrien Demuynck (Belgien) vorgestellten Vorschlag, ein wichtiges Europäisches Hearing zu organisieren.
Es wurde einstimmig beschlossen, zu versuchen, dieses Hearing im Frühjahr 2014 durchzuführen.
a. Die Organisation des Hearings schließt einen finanziellen Beitrag für das erforderliche »fundraising« ein. Ein Aspekt, der sehr deutlich unterstrichen wurde.
b. Der erste zu realisierende Schritt besteht darin, einen ersten Entwurfs der für ein solches Hearing erforderlichen Rahmenbedingungen vorzulegen.
c. Zwei Compañer@s der »comisión de concertación«, Katrien Demuynck und Rob Miller übernahmen die Verantwortung, für die (erste) Koordinierung zum Hearing. Hierzu werden sie eng mit Jan und der IADL (INTERNATIONAL ASSOCIATION OF DEMOCRATIC LAWYERS) als Organisation zusammenarbeiten.
d. Im Februar/März 2013 werden sie alle Informationen im Zusammenhang mit der Machbarkeit das Hearings zu organisieren und den dafür zu erfüllenden Bedingungen rundsenden.
4) Die Organisationen sind willens, bei der Zusammenstellung von Videobotschaften bedeutender Persönlichkeiten für die Freiheit der »Los5« zusammenzuarbeiten. Die Koordinierung dieser Arbeit erfolgt durch die Compañer@s aus Italien.
5) Am 12. September 2013, dem Tag, an dem sich die Verhaftung der Cuban Five zum 15. Mal jährt, werden wir vor allen US-Botschaften und US-Konsulaten in Europa Aktionen für die Freiheit der Los5 durchzuführen, um sicherzustellen, dass so viele Reports, wie möglich aus diesen diplomatischen Missionen nach Washington gelangen.
6) Zusätzlich wurde der Aktionsplan der Arbeitsgruppe als Grundlage für seine Umsetzung entsprechend der jeweiligen konkreten Bedingungen in den Ländern angenommen.

Für Aktionsplan – von AG 2 – »EU-Politik und Cuba«
In der Arbeitsgruppe wurde über die bisherigen Erfahrungen mit diesem Themenbereich aus den verschiedenen Staaten diskutiert.
Angeregt wurden folgende gemeinsame Aktivitäten:
1. Gemeinsame Briefe an die jeweils aktuelle EU-Ratspräsidentschaft (bisher Dänemark, Zypern, in 2013 wird es Irland sein)
2. Aufforderung an Regierungen und Parlamente ihr positives Abstimmungsverhalten in der UN-VV gegen die US-Blockade auch konkret umzusetzen (13.11.2012)
3. Hilfsaktionen für die Beseitigung der Schäden, die durch Hurrikan SANDY verursacht worden sind
4. Durchführung von Aktionsmonaten in den nationalen Parlamenten und des EU-Parlaments, in denen gemeinsam und miteinander abgestimmt gegen den gemeinsamen Standpunkt sowie die US-Blockade vorgegangen werden soll

5. Sammlung, Auswertung und Ausarbeitung von angemessenem Informationsmaterial (inkl. Fallbeispiele der Blockadefolgen in Europa)
6. Unterstützung von Wirtschaftsbeziehungen mit Cuba (Informationen zu Investitionsmöglichkeiten)
7. Nutzung von Social Media zu ausgewählten aktuellen Ereignissen und Themen (twitter, videoclips etc.)

Das NETZWERK CUBA wird ein Protokoll der Diskussionen der AG erstellen und mit Fragen zur Umsetzung und Unterstützung ergänzen (»wer will welche Aktivität koordinieren?«) an alle TeilnehmerInnen versenden. So soll gewährleistet werden, dass zumindest einige der Aktionsvorschläge umgesetzt werden.

Für drei der Aktionsvorschläge haben sich bereits Gruppen als Verantwortliche gemeldet: 1, 4 und 5. Bei einigen Gruppen besteht Bedarf, dies mit den lokalen Mitgliedern und Vorständen abzustimmen.

Das NETZWERK CUBA wird darüber hinaus versuchen, zu gegebener Zeit bei den jeweils Verantwortlichen nachzufragen, ob die Aktivitäten begonnen worden sind und erfolgreich verlaufen.

Aktionsplan der AG 3 Medienpolitik

In dieser Arbeitsgruppe wurden die unterschiedlichen positiven und negativen Erfahrungen sowohl mit den traditionellen als auch mit den neuen Medien diskutiert.

Wir waren uns einig, dass wir alle Medien nutzen müssen, um eine objektive Berichterstattung über Cuba zu ermöglichen und die Blockade der Mainstreammedien zu durchbrechen. Notwendig ist hierbei eine europäische Kooperation der Solidaritätsbewegung und eine Überwindung der Sprachbarrieren.

Folgende Aktivitäten wollen wir bzw. haben wir auf den Weg gebracht:

1. Europäische Koordinationsgruppe
Eine europäische Koordinationsgruppe bestehend aus Compañer@s aus Serbien, Griechenland, Österreich, Schweiz und Deutschland. Um die gemeinsame Arbeit und Kommunikation zu erleichtern, wird eine nicht moderierte Mailingliste eurocuba_coord eingerichtet (verantw. NETZWERK CUBA). Ob diese Liste als allgemeine Liste für die europäischen Solidaritätsgruppen zum Austausch über anstehende Aktionen ausgeweitet werden kann, muss noch weiter diskutiert werden. Weitere InteressentInnen an dieser Arbeit haben können sich mit einer Mail an eurocuba_coord-subscribe@lists.riseup.net in diese Liste eintragen.

2. Europäische Webseite eurocuba.org
Ausgehend von der bereits existierende (fünfsprachige) Webseite http://www.eurocubasoli2012.de, die das NETZWERK CUBA für die Vorbereitung des Europatreffens eingerichtet hat, wird eine gemeinsame europäische Webseite eurocuba.org eingerichtet. Im ersten Schritt werden auf dieser Seite Links (http://www.eurocuba.org/links.html) zu allen uns bekannten Gruppen in Europa aufgeführt, Sie soll als zentraler Anlaufpunkt dienen, sowohl für Menschen, die Interesse an Cuba haben und auf der Suche nach Informationen sind, als auch für Companer@s die wissen wollen was sich in der europäischen Soli-Bewegung tut. Für den Ausbau der Links ist die Koordinationsgruppe verantwortlich. Ebenso muss diese Gruppe diskutieren, wer außer dem NETZWERK CUBA für die Pflege dieser Seite verantwortlich ist. In einem zweiten Schritt soll diskutiert werden, wie diese Seite weiter zur Unterstützung unserer Arbeit genutzt werden kann.

3. Dokumentation des Europatreffens
Die Dokumentation des Europatreffens erfolgt ebenfalls auf dieser Seite im Bereich http://www.eurocuba.org/cubasolidaritaetstreffen-2012.html.

4. Pool von ÜbersetzerInnen/DolmetscherInnen
Um die Sprachbarrieren zu überwinden wurden für die Sprachen deutsch, englisch, spanisch und französisch Listen ausgelegt, in die sich bereits einige Compañer@s eingetragen haben. Diese Lis-

ten müssen noch ausgewertet werden und die Koordinationsgruppe wird sich überlegen, wie wir damit arbeiten wollen.

In regelmäßigen Abständen wird sich die Koordinationsgruppe sich über den Stand der Aktivitäten austauschen und auftretende Schwierigkeiten und/oder Probleme analysieren.

42

weydingerstr. 14-16 * 10178 berlin
tel.: +49 (0)30 - 24 00 93 38
e-mail: info@netzwerk-cuba.de
internet: www.netzwerk-cuba.de
konto: 32 33 01 04
postbank berlin (BLZ: 100 100 10)

Aufruf
Humanitäre Hilfe für Cuba wegen Hurrikan SANDY

11.11.2012

Die 140 Teilnehmerinnen und Teilnehmer am XVI. Europatreffen der Cubasolidarität wurden im Rahmen der dreitägigen Zusammenkunft in Berlin (Bundesrepublik Deutschland) von cubanischen Experten präzise über die verheerenden Folgen des Hurrikans Sandy in den ostcubanischen Provinzen informiert.

Hurrikan »Sandy« hat vor Kurzem in mehreren Provinzen der Karibikinsel immense Schäden angerichtet und beispielsweise Teile der Stadt Santiago de Cuba zerstört. Mit Windgeschwindigkeiten von über 180 km/h haben neun Meter hohe Flutwellen (über doppelt so hoch wie in New York) und intensive Regenfälle etliche Häuser, Infrastrukturen, landwirtschaftliche Anbaugebiete etc. zerstört. Im Osten des Landes kamen trotz der umsichtigen Vorsichtsmaßnahmen bedauerlicherweise elf Menschen ums Leben, so viele wie seit Jahren nicht mehr. Nach der bisherigen Bestandsaufnahme wurden 200.000 Wohngebäude beschädigt unzählige Häuser zerstört. Das UN World Food Program sagte hierzu: »Sandy is possibly the single most destructive hurricane experienced by eastern Cuba in the last 50 years.«

Die Teilnehmerinnen und Teilnehmer aus über 30 Staaten Europas weisen zudem darauf hin, dass die Berichterstattung über die von Hurrikan Sandy verursachten Schäden in der Karibik in den Mainstreammedien nur selten erwähnt werden, hingegen die Lage in New York ausführlich und eindringlich geschildert wird. Das ist ein weiteres Beispiel für die skandalösen Doppelstandards in der westlich-nordamerikanischen Berichterstattung über Cuba.

Die aufwändigen und kostspieligen Sicherheitsvorkehrungen in Cuba wurden trotz der schwierigen wirtschaftlichen Lage vorgenommen und verhinderten schlimmere Zerstörungen und mehr Opfer. Schon am folgenden Tag nach dem Hurrikan begannen die Aufräumarbeiten auf Hochtouren. Die UN und internationale Hilfsorganisationen haben die bisherige Qualität der cubanischen Krisenbewältigung wiederholt gelobt und als Vorbild empfohlen. Dies sollte gerade von den auf Menschenrechten pochenden Institutionen in Europa deutlich honoriert werden.

Aufgrund der außergewöhnlichen Schwere der Zerstörungen und Schäden durch den Hurrikan in Cuba rufen wir die Bürgerinnen und Bürger, die Sozialverbände und Kirchen, sowie die Regierungen in Europa und die EU nachdrücklich dazu auf, umfangreiche Spenden, Hilfsgüter sowie Finanzmittel zur Hilfe in Cuba zu übermitteln.

<u>Bankverbindung:</u> Spendenkonto, Postbank Berlin BLZ 100 100 10, Konto Nr. 32 33 01 04

Autoren und Kontakt

Heinz-W. Hammer, Jahrgang 1954. Politisch engagiert seit 1969. Gründungsvorsitzender des NETZWERK CUBA – Informationsbüro – e. V. von 1993 bis 1999. Seit 1990 Vorsitzender der Freundschaftsgesellschaft BRD–Kuba e. V., Regionalgruppe Essen.

Frank Schwitalla, Jahrgang 1951. Politisch aktiv seit 1968. Seit 1978 Mitglied der Freundschaftsgesellschaft BRD–Kuba. Von 1999 bis 2009 Vorsitzender des NETZWERK CUBA – Informationsbüro – e. V., Mitglied des Vorstandes des NETZWERK. Mitglied der Gruppe »Bremen–Cuba: Solidarität konkret«.

Kontakt:
NETZWERK CUBA – Informationsbüro – e. V.
Weydingerstr. 14-16
10178 Berlin
Fon +49 (0)30 2400 9338
www.netzwerk-cuba.de
www.netzwerk-cuba-nachrichten.de
info@netzwerk-cuba.de

Spendenkonto
Postbank Berlin, BLZ 100 100 10
Konto Nr. 32 33 01 04

Kampagne »Freiheit für die 5 inhaftierten Cubaner«
www.freiheit-fuer-die-cuban5.de
www.miami5.de

Anzeige